케이팝 인문학

## 케이팝 인문학

1판 1쇄 찍음  2021년 1월 22일
1판 1쇄 펴냄  2021년 1월 29일

지은이  박성건 이호건
펴낸이  신주현 이정희
진행  김성신
디자인  조성미
용지  월드페이퍼
제작  (주)아트인
펴낸곳  미디어샘
출판등록  2009년 11월 11일 제311-2009-33호
주소  03345 서울시 은평구 통일로 856 메트로타워 1117호
전화  02) 355-3922 | 팩스  02) 6499-3922
전자우편  mdsam@mdsam.net

ISBN 978-89-6857-171-8 03670

이 책의 판권은 지은이와 미디어샘에 있습니다.
이 책 내용의 전부 또는 일부를 재사용하려면 반드시
양측의 서면 동의를 받아야 합니다.

www.mdsam.net

# 케이팝 인문학

박성건 ─ 이호건 지음

차례

**프롤로그**
'테스형'에는 소크라테스가 없다?    9

## 케이팝은 언제나
- 케이팝 열풍, 현진영과 와와부터 BTS까지    19
- 자신을 사랑해야 타인도 사랑한다    26

## 동심 소환
- 최초의 어린이 가수 하춘화에서 〈미스터트롯〉 정동원까지    34
- 어린이 가수가 소환한 동심    40

## 대중가수는 '안티'를 먹고 산다
- 안티와 사생팬 사이    49
- 콤플렉스와 슬기로운 안티 생활    55

## 커피 지옥
- 다방 커피와 '싸구려 커피'    65
- 나는 권태를 예찬한다    72

## 나에게 돈을 보여줘

- 강남에서 부르는 노래　　　　　　　　　　　　　　81
- 속물은 또 다른 속물을 낳고　　　　　　　　　　　89

## 입영전야

- "어색해진 짧은 머리를" 보여다오　　　　　　　　99
- 그녀가 고무신을 거꾸로 신는 이유?　　　　　　105

## 트로트 열풍

- 트로트, 다시 태어나다　　　　　　　　　　　　113
- 아모르 파티, 네 운명을 사랑하라!　　　　　　　121

## 가족의 노래

- 불효자는 놉니다, 쉬지 않고 놉니다　　　　　　130
- 집으로 출근하는 우리, 가족　　　　　　　　　137

## 자식을 위한 사랑 노래
- 자식에게 뭘 바랄까? **145**
- 자식이 부모 뜻대로 되지 않는 이유 **150**

## 친구와 함께라면
- 우정은 흔들리는 것이다 **159**
- 우정, 그대는 그 사람을 가졌는가? **164**

## 결혼은 미친 짓일까
- 노래 속 결혼에는 로맨스가 없다 **172**
- 결혼은 사랑의 완성일까? **178**

## 학교를 졸업하면 공부도 졸업일까?
- '취업걱정반'이 된 〈여고 졸업반〉 **186**
- 학교 밖에서 배우는 삶 **192**

## 크리스마스, 캐롤
- 썰매를 타고 달릴까, 말까 **201**
- 크리스마스 선물은 '선물'일까 '뇌물'일까? **207**

## 고향 앞으로!
- 저 푸른 초원 위에는 머나먼 고향이 **215**
- 유전자의 명령, 고향을 그리워하라! **221**

## 영원한 발라드
- 세기의 발라드 콤비, 이문세와 이영훈 228
- 사랑은 왜 변할까 234

## 행운의 스타
- 노래의 주인은 따로 있었다 242
- '깜짝 스타'는 존재하지 않는다 249

## 너희가 힙합을 아느냐?
- 힙합, 이유 있는 열광 259
- 사람을 몰입하게 하는 힘, 이야기 266

## 인생은 한 잔 술
- 노래가 건네는 술 한 잔 275
- 술에 취해 인생에게 시비 걸지 말지어다 282

## 휴대전화, 소통과 단절 사이
- 삐삐 쳐도 아무 소식 없기에 291
- 연락되지 않는 휴대전화는 고문도구 297

## 낙엽 따라 이별하기
- 잊히지 않는 가을 노래, 〈잊혀진 계절〉 306
- 낙엽이 지면 사랑도 간다 314

프롤로그

### '테스형'에는 소크라테스가 없다?

"아~ 테스형! 세상이 왜 이래? 왜 이렇게 힘들어?" 가황歌皇이라 칭송받는 나훈아가 〈테스형〉에서 그리스 철학자 소크라테스를 목놓아 불렀습니다. 가요계의 황제라 불리는 그조차 인생살이는 만만치 않았나봅니다. 일면식도 없던 일개 철학자에게 하소연을 할 정도니 말입니다. 목마른 사람이 우물을 파야 하듯, 인생 상담을 누구에게 받을지는 전적으로 당사자의 마음일 것입니다. 하지만 철학적으로만 따져보면, 인생살이에 대한 고민이 있을 때 소크라테스를 찾는다? 이는 상당히 애매한 상황입니다. 물론 딱히 틀렸다고 말하기는 어렵습니다. 하지만 제대로 번지수를 찾았다고 말하기는 더더욱 어렵지요. 소크라테스가 4대 성인聖人으로 불리고는 있으나 다른 사람에게 모범이 될 만큼 인생을 '폼'나게 살지는 못했기 때문입니다.

기실 소크라테스의 삶을 자세히 들여다보면, 딱히 인생에 대한 조언을 구하고 싶은 마음이 생기지는 않습니다. 그는 평생토록 변변한 직업을 가진 적이 없어서 가장으로서의 역할에 충실했다고 보기 어렵고요.(그 결과, 부인 크산티페를 세기의 악처惡妻로 불리게 만들었습니다) 그가 주로 하는 일이라고는 길거리에서 사람들을 붙잡고 돈 안 되는(?) 질문들—예컨대, 착하다는 것은 무엇인가, 용기란 무엇인가 따위—을 던지며 상대를 난처하게 만드는 일이 고작이었습니다. 그렇다고 딱히 결론에 이르는 것도 아니었습니다. 그의 문답은 항상 상대로 하여금 "아직도 저는 그것에 대해 잘 모릅니다"라는 무지無知의 고백을 받아내는 정도에 그쳤지요. 질문에 대한 해답을 제시하거나 상대방에게 따뜻한 위로의 말을 건네지도 않았습니다.(해서, 그를 미워하는 사람도 많았습니다) 철학자라고는 하지만 후대를 위해 책 한 권 남긴 적도 없습니다. 운이 좋게도 글깨나 쓴다는 제자의 책에 자기 이름이 자주 언급되어 훗날 사람들이 '대단한 철학자였나 보다'라고 추정할 따름입니다. 수천 곡의 노래를 손수 만들고 불러서 수많은 히트곡을 남긴 가황과는 달리 그는 직접 책을 쓰지도 않았고, 그렇기에 철학사에 족적을 남길 만한 저작도 없는 실정입니다. 그런 이유로 인생살이에서 팍팍함을 느낀 가황이 수많은 철학자들 중에서 왜 굳이 '테스형'을 선정했는지에 대해서는 여전히 의문입니다.

철학을 좀 아는 사람의 눈으로 관찰하면 〈테스형〉의 가사 속에는 딱히 소크라테스의 흔적이 보이지 않습니다. 말하자면, 나훈아의 〈테스형〉에는 소크라테스가 없습니다. 그럼에도 불구하고 가황은 소크라테스를 소리 높여 외칩니다. 왜 그랬을까요? 구체적인 사연은 알 수 없지만, 상상의 회로를 가동해볼 수는 있겠습니다. 어쩌면 가황이 말한 '테스형'은 기원전 5세기경 고대 그리스에서 활동했던 '소크라테스Socrates, BC469?~BC399'를 지칭하는 것이 아닐지도 모릅니다. 추정컨대, '테스형'

이란 철학자 일반을 대변하는 용어가 아닐까요? 보통 사람들의 희로애락을 음악에 담아서 대중과 소통하는 음악가가 인생의 의미와 본질에 대해 깊이 탐구한 '철학자들'에게 질문을 하고 있는 것은 아닐까요? 그렇다면 가황이 말한 '테스형'은 소크라테스가 될 수도 있겠지만, 여타의 철학자—가령, 세네카나 에피쿠로스, 데카르트나 칸트, 스피노자나 니체, 심지어 공자孔子나 장자莊子까지—도 될 수 있습니다. 요컨대 가황은 대중이 느끼는 인생살이의 고달픔에 대해 이름난 철학자들에게 그 이유를 따져 묻고 있는 것입니다. "인생이 왜 이래" 하면서 말이지요.

자기 분야에서 최고의 자리에 오르고 싶은 사람이라면 이 부분을 눈여겨볼 필요가 있습니다. 바로 이 지점이 가황으로서의 진면목이 엿보이는 대목이기 때문입니다. 별칭처럼 그는 가요계에서 최고의 지위에 오른 사람입니다. 그것도 단발성이 아니라 오랜 세월 동안 정상의 자리를 지킨 사람입니다. 본디 정상의 자리는 오르기보다 지키기가 더욱 어려운 법입니다. 특히나 하루가 멀다 하고 인기 순위가 뒤바뀌는 요즘 가요계의 추세 속에서도 그의 지위는 여전히 굳건합니다. 그것이 가능한 이유는 다른 가수들이 가지지 못한 그만의 무언가가 있기 때문입니다. 무엇일까요? 우리가 주목한 지점은 바로 '철학'입니다. 그는 대중가수이지만 철학의 가치를 훤히 꿰뚫어보고 있었습니다. 대중의 마음을 파고드는 공감력은 인간 본성의 근본에서 나온다는 사실을 누구보다 잘 알고 있었던 것입니다. 그는 세상에 대해, 사랑에 대해, 인생에 대해 철학자 일반인 '테스형'에게 묻는 것입니다.

가황의 위력이라고 할까요! 그가 외치는 "테스형"은 여느 철학자의 언설言說보다 대중에게 잘 먹혔습니다. 그의 노래가사가 그 어떤 철학 문장보다 훨씬 호소력이 짙고 파급력이 컸습니다. 그 결과, 평소 철학(또는 철학자)이라는 단어만 나와도 귀를 막아버리는 사람들조차 가황이 부르는 '테스형'에는 열렬한 환호를 보냈습니다. 나훈아는 대중의 마음을 사로잡는 음악으로 최고의 자리에 올랐지만, 한편으로는 다른 가수들은 별 관심을 보이지 않는 철학을 대중가요에 접목하여 새로운 차원으로 승화시켰기에 가황이라는 영예로운 칭호를 얻을 수 있었습니다. 대중가수이지만 철학의 가치와 묘미를 알기에 진정 황제라 불러도 손색이 없지요.

가요계의 황제가 철학의 가치를 알아챘듯이, 뛰어난 철학자 또한 음악의 가치를 도외시하지는 않았습니다. 독일 철학자 니체Friedrich Wilhelm Nietzsche 는 "음악이 없다면 인생은 한낱 실수일 뿐"이라고 말한 바 있습니다. 그에게 있어 음악은 세계를 표현하는 수단으로 철학적 언어와 크게 다르지 않지요. 음악과 철학은 다른 듯 보이지만 공통점이 많습니다. 음악은 소리를 매개로 느낌이나 정서, 사상을 표현하는 예술입니다. 즉 음악이란 소리를 통해 세계를 표현하는 예술입니다. 철학자 쇼펜하우어Arthur Schopenhauer 는 "음악이 현상을 표현하는 것이 아니라 모든 현상의 내면적인 본질을 표현하는 것"이라 했습니다. "시청 앞 지하철역에서 너를 다시 만났었지"라는 동물원의 노랫말은 단지 지하철역에서 우연히 옛 애인을 만났다는 사실만을 묘사하는 것은 아닙니다. 그녀와의 만남으로 인해 불현듯 떠오른 과거의 기억, 타인의 아내가 되어버린 옛사랑에 대한 아련함, 그녀에 대한 아쉬움 등 남성의 내면에 숨어있는 '본질'까지 노래하고 있지요.

철학이란 무엇일까요? 철학은 세계의 근본 원리와 삶의 본질을 탐구하는 학문입니다. 음악이 소리를 통해 세계를 표현한다면, 철학은 언어와 개념을 통해 세계와 현상을 설명합니다. 무릇 철학자라면 동물원의 노래에서 남성이 느꼈던 아련함에서 프루스트Marcel Proust 의 '무의지적 기억'의 회상이나 금지된 것을 욕망하는 바타유Georges Bataille 적 '에

로티즘'의 흔적을 찾으려 할 것입니다. 지하철역에서 옛 애인을 만났을 때, 남성을 설레게 한 본질이 바로 그것이기 때문입니다. 이렇듯 음악과 철학은 우리가 사는 세계와 우리가 접하는 현상의 본질을 표현하고 탐구한다는 측면에서 친연성이 높습니다. 다만 표현하는 도구가 다를 뿐이지요. 따라서 음악과 철학은 같은 뿌리에서 나온 두 갈래의 줄기라 할 수 있습니다.

그래서일까요? 음악의 성인이라 불리는 루트비히 판 베토벤Ludwig van Beethoven은 "음악은 모든 지혜, 모든 철학보다 드높은 계시다"라고 주장하기도 했습니다. 음악이 철학보다 수준이 높다는 뜻으로 읽힙니다. 음악의 대가답게 자부심이 묻어나는 말인데, 아마도 철학의 성인인 소크라테스가 들었다면 몹시 분개할 법한 발언입니다. 하지만 동양의 또 다른 성인 공자孔子는 베토벤의 주장에 동의할지도 모릅니다.《논어論語》〈술이述而〉편에는 공자가 제齊나라에서 순임금의 음악을 듣고서는 "삼 개월 동안 고기 맛을 잊어버릴 정도로 음악을 하는 것이 이런 경지에 이를 줄 몰랐다三月不知肉味 日圖爲樂之至於斯也"며 고백한 기록이 있고, 〈태백泰伯〉편에서는 "시는 사람을 계발하고, 예는 사람을 성립시키며, 음악은 사람을 완성시킨다興於詩 立於禮 成於樂"라며 음악의 가치를 높게 평가하기도 했습니다. 이렇듯 음악은 철학만큼이나 심오합니다.

♪

백범 김구 선생은 일제강점기 시절에 기록한《백범일지》의 〈나의 소원〉에서 이렇게 썼습니다. "나는 우리나라가 세계에서 가장 아름다운 나라가 되기를 원한다." 백범이 말하는 아름다운 나라는 어떤 모습일까요? 그는 경제력이 강한 나라도, 군사력이 막강한 나라도 원하지 않았습니다. 그가 진정으로 원한 것은 바로 문화의 힘입니다. "오직 한 없이 가지고 싶은 것은 높은 문화의 힘이다." 이어지는 문장에서 그 이유를 밝혔습니다. "문화의 힘은 우리 자신을 행복되게 하고 나아가서 남에게 행복을 주겠기 때문이다." 백범은 문화수준이 높아야 일차적으로 우리가 행복해지고, 나아가 다른 사람에게 행복을 줄 수 있기 때문에 간절히 그것을 원했습니다. 하지만 애석하게도 백범의 소원은 그의 생애 동안에는 이루어지지 않았습니다. 생의 대부분을 나라 잃은 설움 속에서 독립을 위해 싸웠고 말년에야 잠시 해방의 기쁨을 맛보기도 했지만 문화를 운운하기에는 너무나도 암울한 시대였습니다. 주권조차 없는 민족에게 문화란 지나친 사치에 불과하니까요.

세월이 흘러 21세기에 접어들면서 드디어 백범의 소원이 조금씩 현실이 되어가고 있는 듯합니다. 여러 문화컨텐츠 분야에서 이른바 한류韓流 열풍이 거세게 불고 있기 때문입니다. 봉준호 감독의 영화 〈기생충〉이 〈칸영화제〉의 황금종려상을 수상한 데 이어 영화의 본고장인 미국에서 〈아카데미상〉 오스카상을 수상하는 기염을 토했습니다. 한국의 드라마가 세계인의 안방을 점령한 지도 꽤나 오래되었습니다. 이외에도 케이푸드, 케이뷰티 등 다양한 분야에서 대한민국의 문화가 세계인의 이목을 끌고 있습니다. 게다가 케이팝의 성장도 빼놓을 수가 없습니다. 싸이의 〈강남스타일〉에 이어 BTS가 미국 시장에서 큰 성공을 이루는 등 가요계도 한류 열풍을 이끄는 선두 주자가 되었습니다. 이제 케이팝이 미국 빌보드 차트에서 순위에 올랐다는 소식은 더 이상 놀랄 만한 뉴스가 아닌 상황이 되어버렸습니다. 한마디로 케이팝 전성시대라 할 만합니다. 이쯤되면 백범이 그토록 바라던 소원이 드디어 실현되었다고 봐도 되지 않을까요?

그럼에도 아쉬움이 없지는 않습니다. 케이팝이란 용어는 본디 대중음악이란 의미의 'popular music'과 대한민국의 'Korean'의 합성어로 한국의 대중가요를 뜻하는 단어입니다. 하지만 현실에서 이 표현은 해외에서 인기를 얻고 있는 아이돌 음악에 국한해서 사용되고 있는 실정입니다. 케이팝이라는 용어가 한류 열풍 이후에 생긴 것이라 어쩔 수 없는 측면도 있습니다. 하지만 이는 분명 잘못된 용례이며 고쳐야 할 부분입니다. 왜냐하면 케이팝을 아이돌 음악으로만 국한시켜 사용할 경우 한류의 확장가능성을 스스로 제한하는 꼴이 되기 때문입니다. 따라서 차제(此際)에 케이팝을 아이돌 음악 이전의 한국대중음악까지 포괄하려는 노력이 필요합니다.

책의 제목을 《케이팝 인문학》이라 정한 것도 이러한 이유에서입니다. 책에서는 최근의 아이돌 음악만이 아니라 1950~1960년대 흘러간 트로트에서부터 1970~1980년대 유행가, 1990년대 이후에 히트곡 등 한국의 대중가요를 폭넓게 다루고 있습니다. 이 노래들은 모두가 한국을 대표하는 케이팝입니다. 그동안 사람들에게 사랑을 받았던 한국의 대중가요는 모두가 케이팝입니다. 하여, 이번 기회를 통해 '케이팝=아이돌 음악'이라는 왜곡된 인식을 바로잡고, 한국의 대중가요사에서 많은 사랑을 받았던 주옥 같은 노래들을 당당히 케이팝의 반열에 올리고자 합니다.

책에서 우리는 음악과 인문학, 대중가요와 철학의 만남을 시도했습니다. 그것도 많은 사람들이 즐겨 듣던 대중가요(케이팝)와 그 속에 숨어 있는 정서와 사상적 배경을 철학적 언어로 보충하고자 했습니다. 쇼펜하우어에 따르면, "음악은 최고의 보편적 언어"입니다. 이런 의미에서 보자면, 모든 음악가는 철학자입니다. 음악을 통해 세계와 현상의 본질을 드러내기 때문입니다. 하지만 안타깝게도 음악을 단지 정서적 감흥 수준에서 듣는 것에 그치는 경우가 많습니다. 이는 창작자의 철학적 배경을 이해하지 못하여 심층의 본질에까지 다가서지 못했기 때문에 생겨난 일입니다. 김연자의 트롯 〈아모르 파티〉가 독일철학자 니체가 말한 '네 운명을 사랑하라'는 뜻의 'Amor fati'에서 나왔다는 사실을 모르는 사람에게는 경쾌하게 반복되는 가사는 단지 별 의미 없는 '훅 송 hook song'에 불과할 수 있습니다. 따라서 음악과 철학은 손을 맞잡아야 합니다. 음악은 철학의 입을 빌려 자신의 모습을 보다 명료하게 드러내야 하고, 철학은 음악의 옷을 입고 사람들의 가슴 깊숙이 파고들어야 합니다. 철학이 없다면 음악은 의미 없는 울림이 되기 쉽고, 음악이 없다면 철학은 분별없는 외침이기 쉽습니다.

  이 책은 총 20개의 테마를 다루고 있습니다. 부모와 자식, 친구 등 사람과 관련된 주제에서부터 결혼, 졸업, 크리스마스, 입대 등 인생에서 만나게 되는 각종 이벤트에 대한 이야기, 그리고 술, 커피, 전화기 등 일상에서 접하는 사물에 이르기까지 다양한 주제와 관련된 음악과 철학적 논의를 이어갑니다. 최근 한국가요에서 열풍이 불고 있는 트롯 열풍, 케이팝 열풍, 힙합 열풍 등에 대한 배경과 인문학적 관점도 소개하고 있습니다. 책의 구성이 이러하다보니 이 책을 처음부터 끝까지 순서대로 읽을 이유는 없습니다. 각자 관심 가는 테마부터 펼쳐놓고 읽어도 충분합니다. 그러다보면 자기도 모르게 전체를 다 읽은 후 아쉬워하는 자신의 모습을 발견하게 될지도 모릅니다.

  철학자 스피노자 Baruch de Spinoza 는 "모든 인간은 자신의 능력만큼 신神을 만난다"고 했습니다. 세상 만물은 모든 사람에게 자신의 모습을 있는 그대로 보여주지 않습니다. 개개인의 능력과 수준만큼만 자신의 모습을 드러낼 뿐입니다. 러시아의 혁명가이자 사상가인 미하일 바쿠닌 Mikhail Bakunin 은 "모든 것이 지나갈 것이고, 세계도 소멸하겠지만 교향곡 9번은 영원할 것"이라고 말했지만, 그것은 그가 베토벤 교향곡에 정통했기 때문에 가능한 일입니다. 클래식 음악에 대한 배경지식이 없는 이에게는 베토벤의 교향곡도 지루하고 잠을 부르는 음악이 될 수 있습니다. 음악 또한 아는 만큼 보이고, 이해한 만큼 들리기 때문입니다. 인문학을 통해 음악의 본질에 다가갈 수 있다면 그전에는 느끼지 못했던 새로운 음악 세계를 경험할 수 있습니다. 요컨대, 인문학은 음악에 맛을 더하는 감미료입니다. 음악에 인문학이라는 'MSG'를 첨가하면 맛이 더욱 깊어지지요.

물론 음악을 단지 즐거움과 감상의 대상으로 활용해도 문제될 것은 없습니다. 음악을 어떻게 요리하고 맛볼지는 각자의 자유지요. 하지만 본질을 모른 상태에서는 참된 맛을 알지 못하고, 깊이 없이는 심취하기 어렵습니다. 거듭 강조하지만, 음악과 인문학은 함께 할수록 좋습니다. 인문의 옷을 입은 음악은 사람들에게 더욱 의미 있게 다가설 수 있고, 음악의 날개를 단 인문학은 더욱 친근하게 읽힐 수 있기 때문입니다. 이 책을 통해 보다 많은 사람이 음악에는 깊이를, 인문학에는 친근감을 더했으면 합니다. 나아가 한류의 새로운 기록을 계속해서 갱신해 나가고 있는 케이팝 열풍에 조금이나마 힘을 보태는 계기가 되기를 기원해봅니다.

박성건 · 이호건

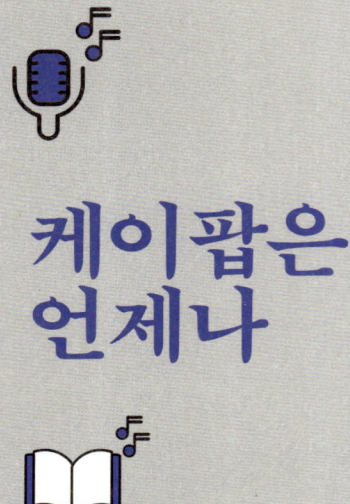

케이팝은
언제나

## 케이팝 열풍, 현진영과 와와부터 BTS까지

1989년 9월, 서울 이태원의 모 나이트클럽에서는 댄스경연대회가 열렸습니다. 이날 경연대회에서는 이전부터 춤꾼들 사이에서 입에 오르내렸던 두 팀의 대결이 관심을 끌었지요. 바로 강원래와 구준엽, 그리고 박남정과 프렌즈 멤버들 간의 대결이었습니다. 강원래와 구준엽은 비록 아마추어지만 강남에서 춤 잘추기로 소문이 자자했고, 박남정과 프렌즈는 이미 프로로 한참 활동하고 있던 시절이었습니다. 당시 프렌즈 멤버로는 양현석과 이주노가 있었는데, 이들은 방송에 출연하는 유명한 댄서들이었기 때문에 과연 아마추어가 프로를 이길 수 있을 것인가에 사람들은 관심이 집중되었지요.

이 대결에서 누가 이겼을까요? MBC 무용단들마저 찾아와 지켜보는 가운데 진행된 이 경연에서 1등은 놀랍게도 아마추어인 강원래와 구준엽이 차지했습니다. 얼마 후 강원래와 구준엽은 DJ였던 최진열의 제안을 받습니다. 가수 이수만이 제작 중인 현진영의 백댄서가 되는 거였지요. 그렇게 강원래와 구준엽은 이수만이 운영하는 에스엠SM이라는 기획사에 들어가 현진영과 와와의 멤버가 됩니다. 이때까지만 해도 에스엠이 오늘날 케이팝 인기의 상징적인 회사가 될 것이라는 점에 대해 이수만 본인도, 현진영도, 강원래와 구준엽도 몰랐을 거예요.

가수 이수만은 1977년 〈행복〉을 불러 히트하기는 했지만 가수보다는 방송인으로서 성공적인 경력을 써내려갔습니다. 그는 가수로 활동하다가 미국 유학을 떠난 후 1985년에 귀국해 제작자로서의 삶을 시작한 인물이에요. 흥미로운 사실은, 이수만이 2000년대 케이팝 신화를 이끌었던 한국가요계에서 가장 크게 성공한 제작자이기는 하지만 1996년 H.O.T 1집을 발표하기 전까지는 실패에 실패를 거듭했던, 흥행 성적만 놓고 보면 매우 낮은 타율의 제작자라는 점입니다. 현진영의 일부 음반을 제외하면 김광진, 한동준을 비롯하여 그 외에 이름조차도 잊힌 노래들을 만들었고, 대략 10년의 기간 동안 이렇다 할 성과를 내지 못했어요. 하지만 이수만은 두 가지에서 미래를 내다보았는데, 하나는 포인트 안무로 명명된 '가위춤'과 10대의 욕망을 채워줄 또래의 우상 집단인 보이 그룹과 걸 그룹의 전성시대였지요.

우선 이수만은 1980년대 후반 미국 가수 바비 브라운과 MC해머가 즐겨 사용한 '로저래빗' 춤이 국내에서도 유행할 것으로 보고 이름을 가위춤으로 바꾼 후 현진영과 와와가 〈슬픈 마네킹〉을 부를 때 추도록 했어요. 물론 가위춤은 이태원 문나이트에서 윌리라는 미군이 먼저 추면서 서태지와 아이들의 이주노를 비롯하여 문나이트를 들락거리는 댄서들은 모두 익혀왔던 춤이지만 이것의 상업성을 보고 무대에서 먼저 선보인 사람은 단연 이수만이었지요. 그는 가수와 댄서들이 함께 가위춤을 출 때 그 무대를 보며 20세 전후의 젊은이들이 열광한다는 사실을 깨달았습니다. 그의 예측은 1994년 현진영의 〈흐린 기억 속의 그대〉가 빅히트하면서 정확히 증명되었고요.

그러던 중 현진영이 향정신성의약품 사용으로 인해 징역을 선고받고 활동을 중단하는 일이 발생했습니다. 그 일을 계기로 이수만은 가수들을 통제할 필요성과 함께 매니지먼트의 중요성도 깨닫습니다. 한편, 김광진과 한동준이 불렀던 서정적인 발라드가 사람들의 감정에 호소할 수는 있지만 매출을 일으키는 데는 한계가 있음을 절감했습니다. 매년 거대한 매출을 기록하며 수익을 창출하고 성장해야 하는 기업을 운영하는 측면에서는 부적절하다는 점도, 많은 수업료를 내고 나서야 알게 되었던 거지요.

두 번째로 이수만이 예측한 미래는 십대 소녀들이 보이그룹의 강력한 추종자로 급부상할 것이라는 점이었습니다. 1992년 2월 17일 서울올림픽 체조경기장에서 열린 미국의 5인조 보이그룹 뉴키즈온더블록 New Kids On The Block 의 공연은 대성황을 이루었어요. 비록 공연 도중 여고생 관객 한 명이 관중에게 압사하는 사건으로 커다란 충격을 안겨주었지만 보이그룹에 열광하는 소녀팬들의 반응은 그에게 많은 깨달음을 안겨주었습니다. 그날 사건은 한국 공연시장의 무질서가 극명하게 드러난 것이기도 했고, 한편으로는 춤추며 노래하는 다섯 명 이상의 보이그룹이 10대 여성 청소년들에게 강력한 팬덤을 형성할 수 있다는 것을 알려준 사건이었습니다. 이때 이수만은 뉴 키즈 온 더 블록과 그들의 팬들에게서 거대한 상업적 영감을 얻었어요.

이러한 깨달음 끝에 이수만은 두 가지를 접목한 보이그룹 H.O.T를 1996년에 선보였고, 그것은 10년에 걸친 시도와 시행착오 끝에 알아낸 노하우의 결과였습니다. 돌이켜보건대 만약 이수만이 H.O.T를 제작하지 않고 유명 방송진행자이자 DJ로서 간간히 자신의 음반을 내는 가수에 머물렀다면, 아마도 지금의 케이팝 열풍은 존재하지 않았을지도 모릅니다.

　　오늘날 케이팝의 성공 이유로 여러 원인을 찾아볼 수 있겠지만 한국 아이돌 그룹의 탄생 과정에 필수적인 '연습생 제도'를 빼놓을 수 없습니다. 케이팝의 인기가—대표해서 말하자면—방탄소년단의 인기가 어깨 들썩이는 멋진 사운드, 멤버들의 외모, 노래실력, 랩, 춤 등의 개인 기량, 제작자 방시혁의 뛰어난 통찰력, 팬클럽 아미의 열성적인 응원이 결합되었다고 보는 것은 대부분의 평론가들의 공통된 의견입니다. 그런데 멤버들이 동시에 무대에서 보여주는 화려한 퍼포먼스가 없었다면 아마도 현재의 케이팝은 전 세계 10대들을 열광시키지 못했을 겁니다.

　　그들은 어떻게 한 치의 오차도 없이 세계의 음악팬들이 열광하는 춤을 출 수 있었을까요? 그 이유는 바로 오랜 기간의 연습생 생활에 있습니다. 오디션을 통해 연습생으로 들어간 10대의 예비 아이돌 가수들은 미래에 부와 명예를 위해서 한때의 젊음을 기꺼이 바치는 선택을 했어요. 이 연습생 제도는 H.O.T가 청소년들의 우상으로 떠오른 이후 오디션을 정례화해야 할 만큼 두터운 층을 형성했지요. 다수의 청소년들이 SM, JYP, YG의 연습생으로 들어가는 것을 최고의 기회로 여겼고, 그곳에서 오랜 경쟁을 통해 스스로를 단련하면서 미래를 준비했습니다. 풍부한 연습생 자원들 중에서 최고만을 선별하여 새로운 아이돌 그룹으로 데뷔시켰고, 그러는 과정 속에서 경쟁력있는 새로운 스타들이 끊임없이 탄생하게 된 거지요. 마치 유럽의 축구클럽이 유소년 클럽을 통해 스타를 발굴하듯 한국에서는 케이팝 유소년 클럽의 양성을 통해 BTS를 비롯한 대형스타가 탄생한 것입니다.

　　이렇게 이수만이 시행착오를 통해 만들어낸 성공방식은 2000년대에 양현석과 박진영이 바통을 이어받아 3대 기획사로 발전시켰고, 이것이 오늘날 케이팝이라는 새로운 장르가 탄생한 배경이 되었습니다. 그 과정에서 1990년대 중반 JYP에 들어가 박진영에게 주류 가요계의 삼라만상을 습득해 또 다른 성공모델을 찾아낸 인물이 있는데, 그가 바로 방시혁입니다.

사람들은 방시혁이 뛰어난 머리(이수만과 방시혁이 서울대학교를 졸업한 것은 흥미로운 우연입니다)로 BTS(방탄소년단)라는 세계적인 아이돌 그룹을 탄생시켰을 것으로 생각하지만, 그 또한 1995년부터 작곡가로 활동하면서 BTS가 데뷔하는 2010년 전후의 15년 내외의 기간 동안 1할 이내의 낮은 타율로 히트곡을 냈던, 그저 그런 작곡가에 불과했습니다. 방시혁은 이수만과 같이 발라드와 아이돌을 동시에 제작했지만 뚜렷한 성과는 내지 못하고 있었지요. 가령, 가수 임정희는 뛰어난 가창력을 가진 발군의 발라드 가수지만 상업적으로는 확장성이 부족하다는 사실을 절실히 깨달았습니다. 그는 10대 여성들의 욕구를 채워줄 보이그룹에 집중했고, 그 결과 BTS의 성공신화를 이끌어낼 수 있었습니다.

아이돌 그룹을 통해 거대한 성공을 이루어낸 이수만과 방시혁의 공통점은 무엇일까요? 우선 둘다 명문대 출신이란 점이 눈에 띕니다. 하지만 그것이 가요계의 프로듀스로 성공한 것과는 개연성이 부족합니다. 팬들이 제작자의 학벌을 감안하여 노래를 듣지는 않습니다. 우선 회사의 이름에서 두 사람의 철학을 찾아볼 수 있습니다. 이수만은 자신의 이름을 따서 에스엠SM이라는 사명으로 창업했는데, 이는 지나친 자신감으로 비춰질 수도 있습니다. 하지만 달리 생각하면 스스로에 대한 강한 믿음으로 해석할 수 있습니다. 그러니까 자신이 실패를 하더라도 궁극적으로는 성공에 다다르는 과정에 불과하기 때문에 포기하지 않고 나아가겠다는 강한 믿음 말이지요. 말하자면 자기 자신에 대한 강한 믿음으로 극심한 경쟁과 수많은 우연이 작용하는 가요계의 질곡을 헤쳐나가겠다는 자기다짐이라고나 할까요?

　방시혁은 어떨까요? 그가 세운 회사의 이름은 다소 유치해 보이지만 빅히트엔터테인먼트입니다. 빅히트는 모든 가요계 종사자들이 바라는 세속적인 성공의 표현입니다. 이는 인기, 돈에 대한 노골적인 표현 같아 보이지만 한편으로는 매우 솔직한 표현이라고도 할 수 있습니다. 사람들은 대부분 돈을 좋아하지만, 자신이 돈을 좋아한다는 의사 표시를 드러내놓고 하지 않기 때문이지요. 그런 행위는 비도덕적이거나 저급한 수준의 속물들이나 갖는 태도라는 인식이 있습니다. 하지만 방시혁은 빅히트에 대한 갈망을 결코 숨기지 않았습니다. 이처럼 두 사람은 이중적인 태도가 존재하는 사회에서, 이수만은 주위의 비난을 무릅쓰고 연습생 제도와 10대를 위한 틴에이지 심포니를 만들었고, 방시혁은 히트를 되뇌이며 케이팝의 새로운 장을 써내려갔습니다.

　이런 과정을 통해 이수만은 아마도 사람들이 '에스엠의 주가가 어쨌네' '슈퍼엠, 레드벨벳이 어쨌네' 하며 입에 오르내리는 동안에 자신의 첫 히트곡 〈행복〉을 흥얼거리고 있을지도 모릅니다. 방시혁 또한 마찬가지예요. 사람들은 BTS의 승승장구를 보면서 "BTS의 다음은 무엇이냐" 하며 호사하는 동안에 한 발자국 더 전진하면서 남들이 도달해보지 못한 산의 정상에 깃발을 꽂은 후 세상을 내려다보며 흐뭇한 미소를 짓고 있지는 않을까요? 아무튼 수많은 실패와 시행착오 끝에 한국의 케이팝을 세계무대에 우뚝 세운 그들의 노력에 박수를 보냅니다.

　방시혁은 성공모델에는 눈여겨볼 점이 하나 더 있습니다. 그는 SM, YG, JYP 등 기존 빅3 기획사에서 하나의 히트곡이 나오기를 학수고대하며 춤과 노래를 만드는 방식에서 탈피하여 스토리텔링으로 앨범을 발표하면서 케이팝 인기의 새로운 전환점을 맞이했습니다. 그 정점이 바로 《Love Yourself 承 her》였습니다. 방탄소년단은 전작에서 '학교 3부작' '청춘 2부작'을 통해서 10대 청소년들이 분노를 받아줄 소재—즉, 학교폭력과 입시 등—의 문제를 시리즈로 언급하면서 그들에게 위로와 안식처를 제공했습니다. 이러한 시도는 크게 성공했고, 그 성공을 토대로 세 번째 시리즈를 준비하면서 "스스로를 사랑하라"는 메시지를 던짐으로써 자신을 사랑하는 것이 결국 세상의 고통과 문제를 맞설 수 있는 해결책임을 세계의 청소년들에게 전했습니다. 말하자면, 방시혁과 방탄소년단이 전 세계 청소년들이 열광하는 케이팝이라는 거대한 성을 쌓을 수 있었던 것은 부정적인 현실을 비판하는 것에 그치지 않고, 자신을 믿고 스스로를 사랑하는 마음을 가져야 한다는 보편적인 정서를 스토리텔링함으로써 언어와 인종, 국가를 뛰어넘는 공감을 이끌어냄으로써 성공에 이를 수 있었다고 해석할 수 있겠습니다.

**Listen to the Music!**

▶ 이수만 〈행복〉

▶ BTS 〈Dynamite〉

## 자신을 사랑해야 타인도 사랑한다

케이팝 열풍이 아시아를 넘어 팝의 본고장이라 불리는 미국 대중음악계를 강타하고 있습니다. 케이팝의 '미국 상륙작전'을 이끈 '맥아더 장군'은 누가 뭐래도 인기 보이그룹 BTS입니다. BTS는 CNN 선정, 2010년대 음악을 변화시킨 10대 아티스트에 비욘세, 테일러 스위프트, 드레이크 등과 함께 뽑히기도 했어요. BTS는 자신들만의 독창적인 장르를 창조함으로써 음악 산업의 새로운 변화를 이끈 아티스트 10에 선정되었고, 2009년 원더걸스의 〈노바디〉와 2012년 싸이의 〈강남스타일〉이 거둔 성과를 압도적으로 넘어서면서 케이팝의 글로벌화에 앞장섰습니다.

 BTS의 성공 비결은 무엇일까요? 여러 요인들이 복합적으로 작용한 결과겠지만, 자신들의 메시지를 스토리텔링한 것도 빼놓을 수 없는 요소입니다. 2011년 결성하여, 2013년 빅히트엔터테인먼트의 첫 번째 남자 아이돌그룹으로 데뷔한 그들은 음악 속에 자신들의 이야기와 세상에 전하고 싶은 메시지를 담아 팬들과 공감하려고 노력했지요. 뮤직비디오나 노래 가사 속 이미지로 자신들의 메시지를 전달하는 시도는 이른바 'BTS 세계관(BTS Universe, 약칭 'BU')'이 되었고, BU는 팬들과의 연결고리는 물론 거대한 팬덤 문화를 형성하는 기초가 되었습니다. 2013년 데뷔 이후 10대의 꿈, 행복, 사랑을 아우르는 '학교 3부작'을 시작으로 '청춘 3부작'으로 이어지는 스토리라인을 발표함으로써 10대 소년에서 어느새 청년으로 성장한 청춘들의 이야기를 노래했습니다. 2015년 《화양연화 pt.1》《화양연화 pt.2》에 이어 발표한 'Love yourself' 시리즈는 "진정한 사랑의 시작은 나 스스로에 대한 사랑"이라는 메시지로 전 세계 청춘들의 열광적인 호응을 얻었습니다.

팬들은 왜 "Love yourself"라는 메시지에 열광했을까요? "너 자신을 사랑하라"는 노랫말이 청춘들의 심금을 울렸기 때문입니다. Love yourself는 자기애自己愛를 가지라는 뜻인데, 자기애란 말 그대로 '자기 자신을 사랑하는 마음'을 뜻합니다. 사람들은 흔히 타인이 나를 사랑하지 않더라도 나 자신은 스스로를 사랑하고 존중해야 한다고 말합니다. 자기애가 강한 사람은 타인의 야박한 평가에 대해서도 스스로를 지킬 수 있는 힘을 갖고 있습니다. 그런데 과유불급過猶不及이란 말도 있듯, 자기애가 지나치게 강해지면 문제가 되기도 합니다. 사람들은 입으로는 '너 자신을 사랑하라'고 말하지만, 정작 자기애가 지나치게 강한 사람은 싫어하는 경향이 있지요.

정신분석학에서는 자기애를 '나르시시즘Narcissism'이라 불러요. 나르시시즘은 그리스 신화에 나오는 나르키소스Narcissos라는 소년의 이름에서 유래된 말이지요. 나르키소스는 호수에 비친 자기 모습에 반하여 지나치게 사랑하다가 결국에는 물에 빠져 죽고 말았습니다. 프로이트가 이 이야기를 정신분석학에 사용하면서 널리 알려졌는데, 그는 나르시시즘을 자아의 중요성이 너무 강조되어 자기 자신을 지나치게 사랑하게 되는 인격 장애의 일종으로 보았습니다. 자기 자신에 대한 사랑이 지나치면 그것에 몰두하느라 타인과 원만한 관계를 맺는데 어려움을 겪을 수 있기 때문이지요. 그래서 사람들은 자기애가 지나치게 강한 사람을 '이기주의자'라고 평하며 가까이 하기를 꺼려합니다.

자기애가 강한 사람은 모두 이기주의자일까요? 아니에요. 자기애와 이기주의는 비슷한 듯 보이지만 전혀 다른 개념입니다. 사전적 의미로 살펴보면, 자기애는 '자기를 사랑하는 마음'인 반면 이기주의는 '자기의 이익만을 생각하고 타인이나 사회의 이익은 고려하지 않는 경향'을 말합니다. 이기주의란 타인을 생각하는 '이타주의'나 공공의 이익을 우선시하는 '공리주의'와는 대립되는 개념으로, 자기는 사랑하지만 타인은 사랑하지 않는 마음이라고 말할 수 있어요. 요컨대, 자기애와 이기주의는 둘 다 자기를 사랑한다는 점에서는 동일하지만 타인을 사랑하는지 아닌지에는 차이가 있습니다. 자기를 사랑하면서 동시에 타인도 사랑하는 경우는 자기애인데, 자기만 사랑하고 타인을 사랑하지 않으면 이기주의가 됩니다. 사전적 의미로는 그렇다는 뜻이지요.

그런데 철학자 중에는 "이기주의자는 자기 자신도 사랑하지 않는다"고 주장하는 사람도 있습니다. 대표적인 사람이 독일 철학자 에리히 프롬 Erich Pinchas Fromm 입니다. 그는 《자유로부터의 도피》에서 이렇게 주장했습니다. "이기주의적 인간은 근본적으로 자기 자신을 좋아하지 않는다. 아니, 오히려 자기에 대한 깊은 혐오감을 품고 있음을 알 수 있다. 이기주의는 바로 이 자기애의 결여에 근거하고 있다. 자기도취적 인간은 다른 사람은 물론 자기 자신도 사랑하지 않는다." 프롬도 이기주의와 자기애는 전혀 다른 마음이라고 보았습니다. 심지어 그는 이기주의자를 타인은 물론 자기 자신조차도 사랑하지 못하는 사람이라고 주장했습니다. 왜 그럴까요?

얼핏 생각하면, 자기 이익에만 몰두하는 이기주의자는 자기애가 지나친 사람으로 해석하기 쉽습니다. 하지만 프롬의 관찰은 이와 다릅니다. 왜 이기주의자는 자기 자신마저 사랑하지 못하는 것일까요? 프롬은 또 다른 책《사랑의 기술》에서 이렇게 썼지요. "이기적인 사람은 지나칠 정도로 자기 자신을 돌보고 있는 것 같지만 사실은 진정한 자아를 돌보는 데 실패한 것을 은폐하고 보상을 받으려고 노력하고 있을 뿐이다." 프롬에 따르면, 이기주의자가 이기주의적 태도를 보이는 근본 이유는 진정한 자아를 돌보는 데 실패했기 때문입니다. 자기 자신을 사랑하는데 실패하고 오히려 자신에 대해 혐오감을 품고 있어서, 이를 은폐하고 보상하기 위한 노력의 일환으로 이기주의적 태도를 갖는다는 겁니다. 말하자면, 이기주의자는 자기애를 갖는 데 실패해서 이에 대한 방어기제로 이기주의에 빠진다는 거지요.

프롬의 주장대로라면, 진정으로 자기 자신을 사랑하는 사람은 절대 이기주의자가 될 수 없습니다. 자기를 깊이 사랑하는 사람은 타인에 대한 혐오를 품을 이유가 없기 때문입니다. 심지어 에리히 프롬은 자기애가 타인을 사랑하는 조건이 된다면서 이렇게 말했지요. "자신에 대한 사랑과 타인에 대한 사랑 사이에 '분업'은 있을 수 없다. 타인을 사랑하는 것이 자기를 사랑하는 조건이 된다." 자기애가 타인에 대한 사랑으로 확장된다는 뜻입니다. 진정한 자기애를 가진 사람이 타인을 사랑하지 않는다는 것은 불가능합니다. 역으로, 타인을 사랑하지 않는 사람이 자기 자신을 사랑한다는 것도 불가능하지요. 요컨대, 자기애와 타인애는 한 뿌리에서 나온 것으로 서로 분리되지 않습니다.

자기애에 대한 이러한 사상은 중세 독일의 신학자이자 사상가인 마이스터 에크하르트 Meister Eckhart 수사의 말에도 잘 나타나 있습니다.

그는 이렇게 주장했습니다. "만일 그대가 그대 자신을 사랑한다면, 그대는 모든 사람을 그대 자신을 사랑하듯 사랑할 것이다. 그대가 그대 자신보다도 다른 사람을 더 사랑하는 한, 그대는 정녕 그대 자신을 사랑하지 못할 것이다." 에크하르트 수사도 자기애와 타인에 대한 사랑은 서로 분리될 수 없다고 보았습니다. 자기를 진정으로 사랑하는 사람은 타인을 사랑하지 않을 수 없기 때문이지요. 자신을 진정으로 사랑하는 사람은 세상 모든 것이 사랑스러워 보이기 때문에 타인도 사랑스러워 보일 수밖에 없다는 논리예요. 결국 자기애는 타인을 사랑하기 위한 전제조건인 셈입니다.

사실 이기주의가 문제가 되는 것은 이기주의자가 타인을 사랑하지 않기 때문이 아닙니다. 이기주의자의 진짜 문제는 그가 자신마저도 사랑하지 않는다는 데 있습니다. 사람들은 왜 자기 자신을 사랑하지 못하는 것일까요? 그 이유는 타인과 비교하기 때문이지요. 오늘날 현대인들은 기본적으로 경쟁하는 시스템에서 살아가고 있습니다. 학교에서는 성적으로 경쟁하고, 사회에 나와서는 능력이나 성과로 경쟁합니다. 이러한 경쟁사회에서는 끊임없이 자신을 타인과 비교하며 살 수밖에 없습니다. 그 과정에서 사람들은 유독 성공한 사람이나 잘난 사람과 자신을 자주 비교합니다. 그러다 보니 자기 자신은 언제나 잘난 것도 없고, 별로 뛰어난 것도 없는 그저 그런 사람처럼 보일 때가 많지요. 매번 1등하고만 비교를 하니 우월감보다는 열등감을 갖게 되는 거예요. 요컨대, 우리는 타인과 비교하는 과정에서 우월감보다는 열등감을 느끼기 쉽고, 그 결과 자신을 사랑하지도 못하는 겁니다.

자기애를 갖기 위해서는 어떻게 해야 할까요? 타인과 비교하지 않으면 될까요? 그럴 수만 있다면 좋겠지만, 타인과 어울리며 살아가는 이상 다른 사람과 비교하지 않기란 거의 불가능에 가깝습니다. 함께 있으면 저절로 비교하게 되지요. 조금 더 근원적으로 들어가면, 사실 우리가 자신을 사랑하지 못하는 가장 큰 이유는 '타인과 비교를 하기 때문'이 아닙니다. 보다 근본적인 이유는 '자기 자신에 대한 믿음이 없기 때문'입니다. 구체적으로 말하면, 자신이 가진 잠재력과 가능성을 믿지 못하기 때문이에요. 철학자 중에서 자기애를 가장 강조한 사람은 독일 철학자 니체가 아닐까 싶습니다. 알다시피 니체는 '아모르 파티'를 주장했는데, '너 자신의 운명을 사랑하라'는 뜻이지요. '운명애'라고도 번역되는 아모르 파티는 곧 자기 자신을 사랑하라는 뜻이기도 합니다.

    니체는 잘난 사람, 못난 사람 할 것 없이 모든 사람을 향해 '아모르 파티'를 주장했습니다. 왜 그랬을까요? 그 이유는 모든 인간에게는 무한한 잠재력과 가능성이 숨겨져 있다고 믿기 때문입니다. 관련된 그의 주장을 들어볼까요. "우리 모두는 우리 안에 숨겨진 정원과 식물을 갖고 있다. 달리 비유하면 우리 모두는 언젠가 분출하게 될 활화산이다. 그러나 이것이 얼마나 가까운 시간에 혹은 먼 후에 이루어질지는 아무도 모른다. 심지어 신 조차도." 니체는 모든 인간은 가능성을 가진 존재라고 보았지요. 다만 지금은 그 가능성이 숨겨져 있거나 분출되지 않은 상태라서 발견하지 못했을 수는 있습니다. 그렇기 때문에 먼저 스스로가 자신에게 숨겨진 가능성을 믿고 자신을 사랑해야 합니다. 자신의 잠재력과 가능성을 믿는 사람은 남들이 보기에 다소 부족해 보일지 모르지만, 스스로는 자신의 미래를 긍정함으로써 자기 자신을 사랑할 수 있게 됩니다. 타인의 평가에 연연하지 않고 자신의 가능성을 믿어야 해요. 요컨대, 자신의 잠재력과 가능성을 믿는 사람은 현재 상황이 만족스럽지 못하더라도 여전히 자기 자신을 사랑할 수 있습니다.

    BTS의 이야기로 돌아가보겠습니다. BTS는 멋진 춤과 강력한 사운드, 화려한 퍼포먼스로 승부하는 여느 아이돌 그룹과 달리 'Love yourself' 시리즈를 통해 전 세계 청춘들에게 용기와 희망의 메시지를 전하고 있습니다. 더 나아가 전 인류에게 사랑의 복음을 전파하고 있지요. 자기애를 기초로 인류애로의 확장을 꾀하고 있는 겁니다. 예수님이 "네 이웃을 내 몸 같이 사랑하라"고 말씀으로 인류를 구원하려 했듯이, BTS도 "Love yourself"라는 메시지로 청춘을 구원하고 있는 셈이지요. 이런 의미로 보자면, BTS는 21세기 '지저스 크라이스트 슈퍼스타'라 불러도 좋지 않을까요?

아무튼 BTS는 자신들만의 이야기를 통해 많은 사람의 공감을 이끌어냈고, 케이팝 열풍의 선두에 섰습니다. 그들은 자신만의 독특성 singularity으로 전 세계에 통용되는 보편성universality을 이끌어냄으로써 가장 한국적인 것이 가장 세계적인 것임을 입증했지요. 아울러 음악 산업의 변방에 위치한 케이팝이 세계시장의 중심에 설 수 있다는 잠재력과 가능성을 확인시켜주었고요. 앞으로도 케이팝 열풍이 계속 이어지기를 기대해봅니다.

동심
소환

## 최초의 어린이 가수 하춘화에서
## 〈미스터트롯〉 정동원까지

1961년 서울 종로 4가 천일극장에는 6세 천재소녀 하춘화의 공연을 보기 위해 북새통을 이루었습니다. 동화예술학원 출신 하춘하와 삼남매는 6세 하춘화, 8세 김영환(기타), 9세 정선(아코디언)으로 구성된 어린이 그룹이었습니다. 이미 한 해 전 천재소녀로 통했던 하춘화는 이날 공연에서 천재성을 입증하며 장안의 화제로 떠올랐습니다.

 레코드도 쉽게 들을 수 없던 시절, 노래공연이 몇 안 되는 서민의 중요한 즐길거리 중 하나였던 시절, 어린이가 부르는 성인의 노래는 어른들의 감탄을 자아낼, 묘기에 가까운 것이었기에 최고의 방송콘텐츠였습니다. 그 결과, 전국의 쇼단장들은 물론 방송국마저 하춘화 쟁탈전에 뛰어들 정도로 그녀는 어릴 때부터 뜨거운 관심을 얻었지요. 하춘화는 인기에 힘입어 다음 해인 1962년 음반 발매의 기회를 얻었습니다. 하춘화가 도레미레코드를 통해 발표한 〈효녀심청 되오리다〉는 한국가요사에서 최초의 어린이가수 음반으로 기록됩니다.

흥미로운 사실은 하춘화가 방송에 등장하자 많은 사람이 어린이를 돈벌이에 이용한다며 강하게 비판했다는 점입니다. 어린이가 연예계에 등장하여 인기를 얻는 것에 대한 비판적인 시각은 이후에도 끊임없이 제기되었습니다. 속물들이 판을 치는 성인 사회에 순수한 어린이가 상업적으로 이용만 당하고 어린 시절의 즐거움을 빼앗기지 않을까 하는 우려와 동시에 어른들도 쉽게 벌기 힘든, 큰돈을 어릴 때부터 버는 것에 대한 질투심도 한몫했으리라 짐작됩니다. 사람들의 우려에도 불구하고 하춘화 이후로 재능 있는 어린이 가수나 배우를 발견하면, 끊임없이 상업적인 무대에 세우려는 시도는 지속적으로 이어졌습니다. 대한민국 가요사에서 어린이 가수가 하나의 트렌드로 발전한 시기가 딱 한번 있는데, 그때가 바로 1970년이었습니다.

1970년 다섯 살이었던 박혜령은 지구레코드를 통해 〈검은 고양이 네로〉를 발표해 인기를 얻었습니다. 이 노래는 1969년 이탈리아의 어린이 동요 콘테스트인 제11회 〈제키노 도로Zecchino d'Oro〉에서 3위를 수상한 곡으로 다섯 살 여자 어린이 크리스티나 다베나Cristina D'Avena가 부른 〈검은 고양이가 갖고 싶었어Volevo un gatto nero〉가 원곡입니다. 이 곡은 1969년 일본에서 여섯 살이었던 미나카와 오사무가 〈검은 고양이 탱고黒ネコのタンゴ〉로 변안해 일본 오리콘 차트 1위를 차지한 후 한국에도 전해져 발표하게 되었습니다. 박혜령의 〈검은 고양이 네로〉가 국내에서도 인기를 얻자, 일본 텔레비전 방송에 출연해 미나카와와 함께 노래를 부르기도 했습니다.

박혜령이 인기를 얻자 경쟁사인 오아시스레코드사는 1971년 어린이 가수들의 컴필레이션 음반을 발표했는데, 앨범의 타이틀은 〈3세의 천재 꼬마 강남주의 아빠와 엄마〉였습니다. 음반 속에서 강남주가 부르는 〈아빠와 엄마〉는 세 살이라고 보기에는 믿기지 않는 또렷한 발음으로 노래를 불러 많은 사람을 놀라게 합니다. 세월이 흘러 2009년 SBS TV 교양 프로그램 〈있다 없다〉에서 강남주가 실제로 세 살에 음반을 발매했는지 여부를 확인하기 위해 수소문한 적이 있습니다. 취재 결과 세 살 때 음반을 낸 것은 사실이었고, 그녀는 지금 평범한 가정주부로 살고 있었습니다.

이후 어린이 가수에 대한 사람들의 반응은 예전만 못해졌지만, 그 명맥은 1980년대에도 여전히 이어졌습니다. 가요계에서 금실 좋은 부부로 소문났던 작곡가 정민섭과 가수 양미란은 주위의 부러움을 샀지만 안타깝게도 양미란이 1980년 골수암으로 사망하고 말았습니다. 비슷한 시기 팝음악계는 배우 안소니 퀸과 어린이 찰리가 부르는 〈Life Itself Will Let You Know〉가 빅히트하고 있었습니다. 그러자 정민섭은 배우 최불암과 자신의 딸 정여진이 함께 이 곡을 불러 발표하는 계획을 세우고 녹음을 추진했지요.

신구초등학교 3학년(10세)이었던 정여진은 이 노래를 녹음하다가 엄마 생각 때문에 울었던 사연 때문에 당시 국민들을 가슴 뭉클하게 했습니다. 그런데 얼마 후 그녀에게 또 한 번의 불행이 닥쳤습니다. 1987년 아버지인 정민섭마저 폐암으로 사망하고 말았거든요. 정여진은 이후 동생과 함께 애니메이션과 CF계에서 작곡가 노래로서 활동했습니다. 당시 정여진이 부른 만화주제가로는 1970~1980년대 어린이들을 안방에 붙잡아놓았던 〈마루치 아라치〉〈마징가Z〉〈개구리 왕눈이〉〈아톰〉〈사랑의 학교〉〈그레이트 마징가〉 등이 있습니다.

한편, 노래제목 때문에 본명을 도난당한 경우도 있습니다. 〈연가〉〈아빠는 엄마를 좋아해〉〈토요일 밤에〉를 불러 인기를 얻었던 부부가

수 버블검의 이규대는 1984년 딸과 함께 〈내 이름(예솔아!)〉를 발표해 히트한 일이 있었습니다. 이때 사람들은 이규대의 딸이 이름을 실제로 이예솔로 알고 있었지만 실명은 이자람입니다. 1990년대로 넘어가면 더클래식이 부른 〈마법의 성〉**1994**이 히트하며 사람들로 하여금 어린 시절의 추억을 다시 한 번 떠올리게 했습니다. 〈마법의 성〉은 김광진 본인이 부른 버전도 있으며 열네 살 중학생 백동우와 함께 부른 버전도 좋은 반응을 얻어냈었지요.

어린이 가수에 대한 사람들의 관심은 성인들의 어린 시절에 대한 그리움, 다시 말해 경제적 문제, 사회 생활, 가족 관계는 자신의 어깨를 짓누르는 현실적 부담 없이 순수했던 어린 시절을 떠올리기 때문인 것으로 풀이됩니다. 이연실이 1973년 발표한 〈찔레꽃〉**이연실 작사, 외국곡, 이연실 노래**은 1960~1970년대 한국의 어려운 가정환경 속에서 자란 아이들의 모습이 잘 녹아나 있어서 현재까지 많은 사람의 마음속에 남아 있는 명곡으로 평가받습니다. 〈찔레꽃〉은 가정을 책임지게 된 엄마가 시골 장터에 산나물이나 떡을 팔러 간 사이 아이가 찔레꽃을 먹으며 하루종일 뒷동네를 돌아다니며 엄마를 기다린다는 이야기입니다.

🎵
엄마일 가는 길에 하얀 찔레꽃
찔레꽃 하얀 잎은 맛도 좋지
배고픈 날 가만히 따먹었다오
엄마 엄마 부르며 따먹었다오

밤깊어 까만데 엄마 혼자서
하얀 발목 바쁘게 내게 오시네

밤마다 보는 꿈은 하얀 엄마 꿈
산등성이 너머로 흔들리는 꿈

〈찔레꽃〉 중에서

세월이 흘러 2000년대로 넘어가면 어린이 가수들은 철저한 상업 시스템 속에서 배출됩니다. 이제 한국의 어린이들은 가수로 데뷔하기 위해 기획사에 연습생으로 들어가 오랫동안 트레이닝을 거친 후 아이돌 가수로 데뷔하는 것이 관행이 되었고, 이러한 아이돌 육성 시스템은 어린이 가수로 입문하기 위한 정규 코스라 여겨졌습니다. 이제 가요계는 타고난 천재가 발붙이기 힘든 곳이 되었어요. 아무리 뛰어난 천재라도 체계적인 시스템에 의해 육성된 자를 뛰어넘기 어려워졌습니다. 이제 개인의 역량만으로 곧바로 가수로 데뷔하는 것은 사실상 불가능한 시대가 된 것이지요.

하지만 2020년 들어 기류가 살짝 바뀌었습니다. 모 방송국의 트로트 오디션 프로그램 〈미스터 트롯〉에 등장한 정동원은 1960~1970년대 향수를 소환한 어린이입니다. 정동원은 부모의 이혼으로 할아버지 손에 키워지면서 트로트를 접했습니다. 할아버지는 정동원을 위해 연습할 수 있는 공간을 마련해주며 트로트 가수로서 각종 방송에 출연해 성장할 수 있도록 물심양면 지원했습니다. 하지만 할아버지마저 폐암으로 생을 마감하여 다시 한 번 시련을 맞게 되었지요. 이러한 정동원의 사연이 전국에 알려지면서 많은 사람에게 감동을 주었습니다. 정동원은 2019년 〈효도합시다〉를 발표했는데, 이 노래에서 1961년 최초의 어린이 가수 하춘화가 불렀던 〈효녀심청 되오리다〉를 떠올리지 않을 수 없습니다. 1960년대 어린이 가수 하춘화에 수많은 어른들이 열광했듯,

2020년 가수 정동원의 구성진 노랫가락에 여전히 많은 어른들이 박수를 보내고 있습니다. 이는 예나 지금이나 어린이 가수들의 모습 속에서 자신의 어린 시절의 순수함을 떠올리기 때문이 아닐까요? 어른들이 어린 시절을 그리워하는 한, 어린이 가수는 계속해서 양산될 것입니다.

**Listen to the Music!**

▶ 하춘화 〈효녀 심청 되오리다〉

▶ 이연실 〈찔레꽃〉

▶ 정동원 솔로곡 모음

## 어린이 가수가 소환한 동심

진달래 먹고 물장구 치고 다람쥐 쫓던 어린 시절에
눈사람처럼 커지고 싶던 그 마음 내 마음

소년, 소녀들의 합창으로 시작되는 가수 이용복의 〈어린 시절〉은 아이들의 낭랑한 목소리와 함께 어른들의 향수를 자극하는 노랫말로 인기를 끌었습니다. 당시 많은 어른이 노래를 들으면서 봄이 되면 진달래 꽃잎을 따먹고, 여름이면 동네 앞 개울가에서 물장구를 치고, 산에서는 다람쥐를 쫓던, 어린 시절의 추억을 떠올렸지요. 생각해보면 어린 시절이 어른 때보다 경제적으로 풍족할 리 없습니다. 그럼에도 어른들은 어린 시절을 그리워합니다. "그때가 참 좋았지!" 하면서요. 아마도 어른들의 어린 시절은 가난했지만 마음만은 풍요로웠던 시절로 기억되지 않았나 싶습니다.

어른들은 왜 어린 시절을 그리워하는 것일까요? 그 이유야 제각각일 테지만, 어린 시절이 아무리 그리워도 시간을 거꾸로 되돌릴 수는 없는 법입니다. 게다가 현재에 머물 수도 없습니다. 인간은 자신이 원하든 원하지 않든 세월의 흐름을 쫓아가야 합니다. 사람은 누구나 갓난아기로 태어나서 유년기, 청소년기를 거쳐 어른으로 성장해야 하지요. 그 과정에서 몸도 달라지고 마음도 변하기 마련입니다. 이처럼 아이에서 어른으로 성장해가는 과정을 사람들은 '사회화'라 부릅니다. 사회화란 사람이 사회의 한 성원으로 생활하도록 기성세대에 동화되는 것을 의미합니다. 달리 말하면, 어린아이가 어른들의 세상으로 편입되는 과정이라 할 수 있는데, 이는 아이들이 어른들의 질서를 수용하는 과정이기도 합니다. 아이는 사회화의 과정을 거치면서 어른들이 만들어놓은 질서를 받아들이게 되고, 그 결과 어린아이 때 가졌던 마음도 변하고 말지요.

어린아이와 어른의 마음은 어떻게 다를까요? 아이의 마음과 어른의 마음이 어떻게 다른지를 잘 보여주는 문학작품이 있습니다. 생텍쥐페리Antoine de Saint-Exupery가 쓴 동화 《어린 왕자》입니다. 거기에 이런 대목이 있습니다.

📖

어른들은 숫자를 좋아한다. 어른들에게 새로 사귄 친구 이야기를 하면 어른들은 제일 중요한 것은 도무지 묻지 않는다. 어른들은 '그 친구의 목소리가 어떠냐? 무슨 장난을 좋아하느냐? 나비를 수집하느냐?' 이렇게 말하는 일은 절대로 없다. '나이가 몇이냐? 형제가 몇이냐? 몸무게가 얼마냐? 그 애 아버지가 얼마나 버느냐?' 하는 것이 어른들이 묻는 말이다.

어린 왕자는 어른들의 마음을 이해할 수 없어요. 어른들은 다른 사람을 볼 때 '사람 그 자체'를 보지 않고 자꾸 숫자로만 평가하는 버릇이 있습니다. 자녀가 친구를 사귀어도 친구의 성품이나 취미 같은 것에는 관심이 없고, "걔 아버지는 연봉이 얼마냐, 친구가 살고 있는 아파트는 몇 평짜리냐?" 하는 것들에만 관심을 둡니다. 사람보다는 숫자를 알고 싶어 합니다. 반면, 아이들은 숫자에는 별 관심이 없지요. 친구의 목소리, 좋아하는 놀이, 취미 활동 등이 궁금하거든요. 한마디로 어른의 마음은 아이보다 계산적이어서 숫자로 평가하길 좋아합니다.

왜 어른들은 유독 숫자에 관심이 많은 것일까요? 여기에 대해서는 스위스 출신 철학자이자 소설가인 알랭 드 보통 Alain de Botton의 말에서 힌트를 얻을 수 있습니다. 그는 《불안》에서 이렇게 적었습니다. "어른이 된다는 것은 속물들이 지배하는 세계에서 우리 자리를 차지한다는 의미다." 보통에 따르면, 어른이 되면 어린아이 시절의 마음을 잊어버린 채 속물적 속성이 지배하는 어른들의 세계에서 자리를 잡게 됩니다. 그 결과, 누구나 어른들처럼 변하고 말지요. 결국 아이들이 사는 세계와 어른이 사는 세계는 동일한 세계가 아닙니다. 각각의 세계를 구성하는 지배 원리가 서로 다르거든요. 아이들의 세계는 '동심'이 지배하지만, 어른들의 세계는 '숫자'로만 평가됩니다. 어른들의 세계는 속물들이 가득합니다. 그래서 어른들의 세계에 발을 들이는 순간 누구라도 속물로 변하기 십상이지요. 요컨대, 아이들은 어른이 되는 사회화 과정에서 어린 시절의 마음을 잃어버리고 속물로 바뀝니다.

어른이 되는 사회화 과정에서 어린 시절의 마음, 동심童心을 잃어버리는 것은 어쩔 수 없는 것일까요? 어린아이의 순수함을 잃어버려서 조금 안타깝기도 하지만, 어른들의 세계에 적응하기 위해서는 불가피한 선택인지도 모릅니다. 인간은 본디 사회적 동물이에요. 따라서 어른이 되면 다른 사람과 어울릴 수밖에 없고, 그 과정에서 일정 부분 그들의 질서를 받아들여야 합니다. 그렇지 않으면 자칫 원만한 사회생활을 하는 데 실패할 수도 있습니다. 하지만 그럼에도 그 상태를 마냥 긍정할 수는 없지요. 어른들의 질서를 받아들인다고 해서 어린아이 때의 마음을 잃어버리는 것은 결코 올바른 태도가 아닙니다.

맹자孟子가 이런 말을 했습니다. "대인군자는 적자지심赤子之心을 잃지 않는 사람이다." 여기서 적자지심이란 어린아이의 천진난만한 동심을 가르킵니다. 결국 대인은 어른이 되어서도 어린아이 때의 마음을 잃지 않는 사람이에요. 물론 대인이라고 마냥 어린아이의 마음에 머물러 있다는 뜻은 아닙니다. 대인군자도 어른들의 질서를 도외시할 수는 없습니다. 대인은 비록 속물이 지배하는 어른들의 세계에 발을 들였지만, 여전히 어린아이의 순수성을 잃어버리지 않는 사람입니다. 그래서 '소인'이 아니라 '대인'입니다. 요컨대, 맹자는 어른이 되어도 어린아이의 마음을 잃어버리지 말라고 했습니다.

왜 어른이 되어도 동심을 잃지 말아야 할까요? 안타깝게도 맹자는 그 이유까지 구체적으로 언급하지는 않았지요. 명나라 사상가인 이탁오李卓吾의 주장으로 유추해보겠습니다. 그는 《분서焚書》라는 책에서 이런 말을 했습니다. "무릇 동심이란 진실한 마음이다. 만약 동심이 불가능하다고 한다면, 이것은 진실한 마음이 불가능하다고 이야기하는 것과 마찬가지다. (…) 어린이는 사람의 처음 모습이고, 동심은 사람의 처음 마음이다. 처음 마음이 어찌 없어질 수 있는 것이겠는가?" 이탁오에 따르면, 어른도 동심을 가져야 하는데 그 이유는 동심이 바로 '진실한 마음'이기 때문입니다. 그가 말하는 동심은 아이의 마음이기도 하지만 사람의 처음 마음, 초심初心이기도 하지요. 결국 동심을 지킨다는 것은 초심을 지키는 것이고, 초심을 지켜야 순수한 마음을 가진 진실한 사람이 되는 것입니다.

하지만 이론과 실천은 별개입니다. 인간인 이상 처음 마음을 변함없이 지키기란 결코 쉬운 일이 아니지요. 예를 들면 이런 경우예요. 남성들은 결혼하기 전에는 애인에게 "나랑 결혼만 해주면 세상에서 가장 행복한 사람으로 만들어주겠다"면서 온갖 공약을 남발합니다. 하지만 그 약속이 결혼 후에도 계속 지켜진다는 보장은 없습니다. 경험으로 보자면, 처음 마음을 지키지 못하는 사람이 더 많지 않나 싶고요. 남성들은 왜 처음에 가졌던 마음을 결혼 후까지 유지하지 못하는 것일까요? 처음 가졌던 마음이 거짓이었을까요? 그렇지는 않습니다. 결혼 전에 했던 말은 그 당시로는 진실한 마음에서 나온 것이에요. 하지만 막상 결혼 생활을 해보면, 아내를 행복하게 하는 것보다 더 시급하고 중요한 일이 많다는 사실을 자각하게 됩니다. 그래서 처음 약속을 지키지 못하게 된 것이지요. 이유야 어찌되었건, 남성은 결혼 후 사회화 과정에서 동심(처음 마음)을 잃어버렸습니다. 그 결과, 남성은 아내에게 이른바 '뻥친 사람'이 되고, 진실하지 못한 사람으로 낙인찍히고 맙니다. 안타까운 일이지요.

어른이 되어서도 동심을 잃지 않으려면 어떻게 해야 할까요? 이탁오는 동심을 잃어버리는 이유에 대해 이렇게 말했습니다. "동심은 왜 갑자기 없어지는 것일까? 처음에는 견문이 귀와 눈으로부터 들어와 우리 내면의 주인이 되면 동심이 없어지게 된다." 이탁오가 보기에, 인간은 자라면서 견문見聞, 보고 듣는 것이 많아지고, 그것이 우리 안으로 들어와서 내면의 주인이 되면 동심이 없어집니다. 예를 들어볼게요. 어떤 아이가 생일 날 부모님께 예쁜 손편지와 함께 엄마가 손수 만든 장난감 인형을 선물로 받았어요. 생일 선물을 받은 아이는 세상 누구보다 행복하다고 생각했습니다. 그런데 친구의 생일날 초대를 받아서 갔더니 그

집 부모는 아이에게 값비싼 게임기와 로봇 장난감을 선물로 준 거예요. 그걸 본 아이는 자신이 받았던 생일 선물이 보잘것없게 느껴지면서 갑자기 자신이 초라하고 불행하다는 생각이 들었어요. 이 상황이라면 아이는 동심을 지키고 있다고 볼 수 있을까요? 이 경우라면 동심을 잃어버렸다고 보는 편이 타당할 겁니다. 친구의 화려한 생일 선물을 지켜본 견문이 아이로 하여금 동심을 잃게 만들었습니다.

아무래도 어른이 되면 아이 때보다 견문, 보고 듣는 게 많아지기 마련이지요. 이때 보고 듣는 것에 그치지 않고, 그것들이 자기 내면으로 들어와서 주인처럼 자리를 잡으면 그때부터 동심이 없어지고 속물처럼 변하고 맙니다. 가령, 평소에 타던 자동차에 만족하고 있었는데 친구의 수입차가 눈에 들어온 뒤로는 '나도 어떻게 하면 수입차를 탈 수 있을까'를 고민하고 있다면, 이는 견문 때문에 동심을 잃어버린 셈입니다. 이탁오는 견문 외에도 도리道理, 명성, 평판 등이 동심을 없애는 주범이라고 보았습니다. 어른이 되어도 동심을 잃지 않으려면 그러한 것들이 내면의 주인이 되는 것을 경계해야 합니다. 그것들을 받아들이되 중심에 자리 잡도록 방치해서는 곤란해요.

이탁오는 동심을 잃어버리게 만드는 주범으로 견문, 도리, 명성, 평판 등을 꼽았는데, 이것들의 공통점이 있습니다. 모두가 타인의 의해서 결정되는 요소라는 점이지요. 견문은 내가 외부의 것을 보고 들은 결과입니다. 도리나 명성, 평판도 타인이 나를 평가해주는 요소입니다. 요컨대 타인의 시선으로 나를 바라보는 습성이 생기면 이것이 동심을 없애는 요인이 됩니다. 하지만 인간은 어른이 되면서 타인의 시선을 마냥 무시하고 살 수는 없습니다. 사회의 한 구성원으로 자리 잡기 위해서는 어른들의 보편적 질서를 받아들이지 않을 도리가 없습니다. 하지만 그 과정에서 자신이 가진 동심, 즉 처음의 마음마저 잃어버리는 것은 결코 현명한 자세가 아닙니다. 어른의 세계를 받아들이지만 초심을 잃지 않는 사람, 몸은 나이 먹지만 마음만은 어린아이의 순수함을 간직한 사람이 참되고 진실한 마음을 보유한 대인입니다.

이용복의 노래 〈어린 시절〉로 돌아가보겠습니다. "진달래 먹고 물장구 치고 다람쥐 쫓던 어린 시절"이라는 노래를 듣고 어린 시절의 향수에 젖는 사람이라면 동심의 순수함을 기억하고 있다고 봐도 무방할 것입니다. 그는 마르셀 프루스트Marcel Proust의 소설《잃어버린 시간을 찾아서》에서 나오는 '마들렌' 체험처럼, 이용복의 노래를 듣고 어린 시절에 대한 무의지적 기억이 소환되었습니다. 그런 사람은 맹자가 말한 '적자지심'을 잃지 않은 상태입니다. 그는 어른이 되어 속물 세계에 발을 들였지만 아직까지 동심의 싹은 유지하고 있는 사람이기도 하지요. 반면, 〈어린 시절〉을 듣고도 친구에게 빌려주었다가 못 받은 돈이 생각난다면, 그는 '적자지심'을 잃어버렸을 가능성이 높습니다. 어른들의 세계에 적응하느라 오래전에 동심의 싹마저 뽑아버린 사람인지도 모릅니다.

이런 이유 때문에 어른들이 판치는 가요계에도 가끔씩 어린이 가수가 필요한 게 아닌가 싶습니다. 어린이 가수들이 불러주는 노래가 어른들로 하여금 오래전 잃어버린 동심을 떠올리게 만들기 때문이지요. 어린이의 노래를 통해 어른들은 자신 안에 남아 있는 동심의 잔여량을 체크해볼 수 있습니다. 하지만 어린이 가수의 노래라고 해서 모두 그러한 기능을 해주는 것 같지는 않아요. 분명 어린이 가수가 부르는 노래지만 도무지 '어린이스럽지' 않은 가사도 있기 때문입니다. 예컨대, 〈미스터트롯〉으로 유명해진 정동원의 〈효도합시다〉가 그런 경우예요.

정동원의 노랫말 "여러분 여러분 효도합시다. 늦기 전에 효도합시다"는 아무래도 어린이 입에서 나올 수 있는 말은 아니지 싶습니다. 그 말은 평생을 불효자로 살다가 부모님이 돌아가신 뒤 한탄과 후회를 절감한 어른들이라야 할 수 있는 말이기 때문이에요. 말하자면, 효도에 대해 만시지탄晩時之歎을 경험해본 사람만이 할 수 있는 말인데, 이제 겨우 열세 살(2007년생)인 어린이의 입에서 튀어나오니 아무래도 어색합니다. 이성적으로만 생각하면, 정동원의 〈효도합시다〉를 듣고 돌아가신 부모님을 떠올리는 어른이 얼마나 있을까 싶은데, 만약 있다면 둘 중 하나일 거예요. 그 어른이 지나치게 순수하거나 정동원이 천재이거나. 아무튼 어른들도 가끔씩은 어린이 가수를 노래를 들어볼 필요가 있겠습니다. 자기 마음속에 동심이 얼마나 남아 있는지를 확인하기 위해서라도요.

# 대중가수는 '안티'를 먹고 산다

## 안티와 사생팬 사이

2000년대 들어 한국사회에서 '안티'는 매우 뜨거운 주제로 떠오르고 있습니다. 연예인의 사생팬부터 좌파와 우파가 반목하는 상황에서 정치인에 대한 안티까지 일반화되면서 안티로 인해 당사자가 피해를 보는 경우가 많아졌어요. 특별한 이해관계나 원수질 일이 없는데도 말입니다. 안티는 왜 생기는 것일까요? 그리고 언제부터 생긴 것일까요? 이 물음에 답하기 위해서는 한국 가요계에 있었던 안티의 역사를 살펴볼 필요가 있습니다. 왜 안티가 한국사회에서 문제거리가 되고 있는 것일까요?

우선 한국 가요계에서 안티 때문에 사회적인 이슈가 된 최초의 사건을 말하자면 무엇보다 먼저 나훈아 테러 사건을 떠올릴 수 있습니다. 나훈아는 1972년 6월 4일 서울 시민회관에 열린 〈연예쇼페스티벌〉에 출연했습니다. 그런데 나훈아가 앵콜곡으로 〈찻집의 고독〉을 부를 때 한 남성이 단상에 올라와 악수를 청하는 척하더니 갑자기 깨진 사이다

병으로 왼쪽 얼굴을 찔렀지요. 피범벅이 된 나훈아는 곧바로 부근 신경외과로 향했고, 얼굴을 꿰매는 수술을 받아 큰 위기를 모면할 수 있었습니다. 상해를 입힌 김모씨는 곧바로 경찰에 붙잡힌 후 "영웅심에 일을 저질렀다고"고 진술했습니다. 세간에는 당시 라이벌이었던 남진의 사주로 벌어진 사건이라는 호사가들의 소문도 있었으나 훗날 사실이 아님이 밝혀졌습니다. 남진 또한 1989년 11월 4일 타워호텔에서 공연을 하고 나오던 도중 칼로 허벅지를 관통당하는 테러를 당한 일도 있었습니다. 나훈아와 남진에 대한 테러는 안티를 넘어서서 사망에 이를 수도 있는 심각한 범죄입니다.

    1980년대가 되면서 가요팬의 연령이 점차 10대와 20대로 내려가고 있었고 록이나 하이틴 스타가 나오기 시작하면서 본격적으로 안티팬이 등장하기 시작합니다. 1980년대 가요계에서 많은 안티로 인해 시련을 당한 가수로는 헤비메탈밴드 백두산의 보컬리스트였던 유현상을 빼놓을 수 없습니다. 당시 백두산은 〈어둠속에서〉1987를 발표한 후 헤비메탈 밴드로서는 유일하게 KBS TV 〈가요톱10〉에 진출하기도 했지만 당시 사회 분위기로서는 받아들이기 힘든 외모와 의상 때문에 기성세대의 비난 세례를 받았고, 급기야 팀을 해체할 수밖에 없었지요. 이후 보컬이었던 유현상은 생계를 위해 헤비메탈을 버리고 제작자로 나서려고 음악적으로 앞서 있던 일본으로 건너갔습니다.

    일본에서 유현상은 인기가수 나카모리 아키나를 보며 연습실에 자주 놀러왔던 경복여상의 스쿨밴드의 보컬 이지연을 떠올리고 곧바로 앨범제작에 들어갔습니다. 이지연은 유현상의 조련을 받아 1988년 〈그 이유가 내겐 아픔이었네〉를 불러 빅히트하면서 고교생 하이틴스타로 떠올랐지요. 그녀는 특히 남성들에게 인기가 많았는데 이것이 결국 여성들의 반감을 사게 되면서 어느 날부터는 관객의 환호가 야유로 바뀌기 시작했습니다. 예를 들면 이지연이 무대에 서면 안티 관객들이 단체로 뒤로 돌아서서 야유를 쏟아내곤 했어요. 관객들의 이러한 행동은 이제 막 데뷔한 고교생 가수에게는 큰 상처가 되었을 겁니다.

게다가 악성 루머도 꼬리에 꼬리를 물었습니다. 이지연이 당시 라디오 DJ였던 김희애의 프로그램에 출연하여 욕을 했다거나, "라이벌이었던 이상은의 따귀를 때렸다" "매니저 유현상과 동거를 하고 있다" 등 확인되지 않은 루머가 입소문으로 퍼져나갔습니다. 당시만 해도 국내 연예계에서는 악성 루머에 어떻게 대처해야 하는지에 대한 노하우가 전무했기에, 그러한 상황이 되면 가수 스스로 감내해야만 했습니다. 결국 이지연은 그 상황을 견디지 못하고 자신의 아픔을 보듬어주었던 무명의 밤무대 가수와 사랑에 빠져 도미渡美해버렸습니다.

유현상은 백두산 해체 이후 천신만고 끝에 이지연의 매니저로 재기를 노렸으나 그녀가 미국으로 떠나고 망연자실할 수밖에 없었습니다. 하지만 가요계에 들어온 이상 그곳에서 생계를 유지해야 했고 결국 트로트로 장르를 바꾸어 다시 가수로서 도전하기로 마음먹었습니다. 그는 조용필의 매니저였던 대하기획의 장의식 사장을 찾아가 도움을 청한 후 재기에 들어갔습니다. 그러던 중 장 사장의 소개로 86아시안게임 금메달리스트이자 '아시아의 인어'라 불리며 국민적 사랑을 받았던 수영선수 최윤희를 워커힐 호텔 커피숍에서 만났습니다. 그것이 운명적인 만남이 되었고, 둘은 끈끈한 사랑에 빠져들었지요.

하지만 대중은 그들의 사랑에 박수를 쳐주지 않았습니다. 당시 두 사람의 나이차는 열세 살(1954년생과 1967년생)이었고, 스타 수영선수 출신의 최윤희에 비하면 유현상은 한물간 가수나 매니저에 불과했기 때문이지요. 그들은 최윤희 모친의 극심한 반대에 시달렸고, 결국 두 사람은 경기도 남양주 광릉에 있는 봉선사라는 절에서 비밀결혼식을 올립니다.

안타깝게도 당시 대중의 평가는 별 볼 일 없는 록커 출신 가수인 유현상이 국민적인 스타를 낚아챈 도둑으로 간주하고 비난했습니다.(당시 최윤희는 오늘날 피겨스케이팅 스타인 김연아 선수와 위상이 비슷했습니다)

1990년으로 넘어가볼까요? 당시 국내 가요계는 발라드와 댄스가 기존의 성인가요를 밀어내며 공고한 자리를 구축해나가고 있었습니다. 하지만 그 사이에서 긴 치마와 리본 달린 모자를 쓴 청순미의 강수지가 등장하여 중고등학교 남학생들의 마음을 뒤흔들어놓았습니다. 그러자 비슷하게 청순한 이미지를 가진 또 다른 가수 하수빈이 등장하여 하나의 트렌드를 형성할 정도였어요. 그런데 1992년 청춘 하이틴 스타 강수지에게 스캔들이 나돌았습니다. 검정색 선글라스의 대명사였던 가수 심신과의 열애설이 터진 거지요. 당시 심신은 여고생들의 우상으로 큰 인기를 얻던 상태였는데, 열애설이 터지자 심신의 팬들이 강수지의 안티 팬이 되었습니다. 그로 인해 강수지는 안티 팬 때문에 큰 고초를 겪기도 했습니다. 당시만 해도 인터넷이 없었기 때문에 안티들은 편지로 악의를 표시했는데, 혈서를 보내거나 얼굴 사진을 가위로 조각내서 보내는 등의 방식으로 비난의 감정을 드러냈습니다. 결국 두 사람은 결별하면서 안티 사건은 일단락됐는데, 강수지와 비슷한 청순 이미지의 가수 하수빈 또한 안티로 인해 비슷하게 마음고생을 하기도 했습니다.

안티들이 표적이 된 사건은 이후에도 계속 이어졌는데, 1990년대 후반에는 문희준과 간미연 사건으로 다시 한 번 이슈로 떠올랐습니다. 1996년 가수 이수만이 기획한 H.O.T의 등장은 아이돌 가수와 케이팝의 시초로 볼 수 있는 중요한 사건이라 할 수 있습니다. 당시 H.O.T의 멤버들은 서태지와 아이들을 넘어서는 우상 중의 우상으로 떠올랐어요. 그들의 인기가 어느 정도인지는 공연날 벌어지는 에피소드만 봐도 알 수 있습니다. 그들이 잠실주경기장에서 첫 공연을 하는 날, 당시 교육청에서는 각 학교에 고교생 조퇴금지령을 내릴 정도였고, 공연 당일에는 지하철 막차 시간을 연장할 정도로 그들의 위상과 영향력은 엄청났습니다. 뜨거운 인기의 이면에는 팬들의 그릇된 사랑도 함께 따라오기 마련인데, H.O.T의 멤버 문희준이 베이비복스의 멤버 간미연이 사귀고 있다는 열애설이 떠돌기 시작했습니다. 이 일은 일부 팬들의 강한 분노를 샀고, 문희준의 팬들이 간미연에게 살해 협박편지를 보내는 일까지 발생했지요. 이로 인해 공식적인 경찰조사까지 이루어지는 상황이 벌어지기도 했습니다.

아이돌 음악은 이후 케이팝으로 발전하면서 더욱 인기를 끌게 되었는데, 그와 동시에 안티팬들도 덩달아 늘어나기 시작했습니다. 그중 가장 상징적으로 다뤄져야 할 사건은 바로 에픽하이의 멤버 타블로가 겪은 '타진요' 사건입니다. 타진요(타블로에게 진실을 요구합니다) 사건은 우리 사회의 학벌에 대한 열등의식과 삐뚤어진 이기주의가 낳은 슬픈 사건으로 요약할 수 있습니다. 힙합가수 타블로는 가요계에서는 드물게 학벌이 좋기로 유명했습니다. 그는 3.6년 만에 스탠포드대학에서 영문학 학사와 석사를 모두 취득한 것으로 알려졌는데, 이러한 사실에 대해 한 누리꾼(미국에 거주하는 왓비컴즈)이 인터넷 카페에서 의문을 제기하면서 시작되었습니다.

당시 왓비컴즈는 타블로가 지나치게 빨리 스탠포드대학 석·박사를 졸업한 것에 허위라며 학력위조라는 주장을 펼쳤고 상당히 많은 한국의 젊은이들이 이에 동조합니다. 타블로는 뒤늦게 해명을 했지만 너무 늦게 대처하는 바람에 의혹을 더 크게 키우게 되었습니다. 급기야 그가 제시한 성적표도 위조되었다는 등 무엇이 진짜이고 가짜인지 알 수 없는 상황에 이르고 말았지요. 이후 타진요 사건은 법원이 허위사실을 유포한 당사자들에게 실형을 선고함으로써 일단락되었는데, 학벌 위주의 사회에서 젊은이들이 가진 열등감이 결국 고학력 연예인에 대한 안티로 발전하여 한 가수에게 치명적인 상해를 입히게 된 사건입니다.

    이후 안티는 사회 전반에 걸쳐 중요한 문제로 다루어지는 고질적인 사회문제로 인식되고 있으며, 특히 아이돌 그룹을 중심으로 한 가요계에서 더욱 두드러진 현상으로 대두되고 있습니다. 20세 전후의 젊은 세대가 공통적으로 느끼는 학벌주의의 병폐와 취업난과 미래에 대한 불안감과 같은 내재적 문제를 가정, 학교, 주변의 관계에서 해결하지 못한 결과, 그것이 특정 연예인을 향해 그릇된 형태로 분출되고 있다고도 볼 수 있는데, 이러한 안티 현상이 발생하는 구체적인 심리적 배경과 안티에 대처하는 올바른 자세는 무엇인지, 이호건 선생님의 이야기를 들어보고 싶네요.

**Listen to the Music!**

 나훈아 〈찻집의 고독〉

### 콤플렉스와 슬기로운 안티 생활

이른바 '왕따'라 불리는 집단 따돌림 현상이 사회적 문제가 되고 있습니다. 왕따란 두 사람 이상이 집단을 이루어 특정인을 소외시켜 언어적, 신체적 폭력을 가하는 일체의 행위를 지칭합니다. 집단 따돌림 현상이 문제가 되는 것은 가해자가 저지른 사소한(또는 무의식적인) 행동이 피해자에게 크나큰 상처를 준다는 데 있지요. 무심코 던진 돌에 개구리가 맞아 죽는다고나 할까요. 집단 따돌림 현상은 대중들의 인기를 먹고사는 가요계에서도 예외는 아닙니다. 이른바 '안티 팬'이라 불리는 집단에 의해서 자행되는 집단 따돌림은 아무리 잘나가던 인기 가수라도 하루아침에 나락으로 떨어뜨릴 만큼 파급력이 막강합니다.

    사람들은 왜 안티가 되는 것일까요? "여자가 한을 품으면 오뉴월에도 서리가 내린다"는 속담처럼 한이라도 품은 것일까요? '팬심fan心' 확보를 지상과제로 생각하는 대중가수가 특별히 사람들의 원한을 살 만한 일을 한다는 것은 상상하기 어렵습니다. 대중이 안티로 돌아서는 이유에는 대략 두 가지를 생각할 수 있어요. '정상 콤플렉스'와 '질투 콤플렉스'입니다. '정상 콤플렉스'란 특정인에 대해 정상-비정상의 프레임으로 구분하고 이중 비정상이라고 판단을 내린 경우에 배척하려는 현상을 말합니다. 예컨대, 보통 사람들은 동성결혼에 대해 불편한 시선으로 바라보기도 합니다. 이러한 배경에는 '이성간 결혼은 정상, 동성간 결혼은 비정상'이라는 범주를 적용했기 때문으로 정상 콤플렉스의 결과라 할 수 있습니다. '질투 콤플렉스'는 질투의 감정 때문에 상대를 시기하고 비난하는 행위를 말하는데, 특정인에 대한 질투의 감정이 집단 따돌림 현상으로 발전한 경우입니다.

각각에 대해 좀더 깊이 살펴보기에 앞서, 우리는 따돌림의 원인을 '콤플렉스'라고 명명하는 이유에 주목할 필요가 있습니다. 콤플렉스란 어떤 행동이나 지각에 영향을 미치는 무의식적이고 감정적인 관념을 말합니다. 가령 정상 콤플렉스란 동성 결혼이 정상인지 비정상인지를 판단할 때 무의식적인 지각 과정에 영향을 받는다는 뜻입니다. 여기서 눈여겨봐야 할 포인트는 동성결혼에 대한 평가를 내릴 때 사람들은 '의식적'이 아니라 '무의식적으로' 지각한다는 점입니다. 즉 정상 여부에 대한 판단이 우리가 의식하지 않은 상태에서, 깊은 생각 없이 저절로 이루어진다는 것이지요. 질투 콤플렉스도 마찬가지예요. 누군가에게 질투를 느끼면 상대방의 행동에 대한 이성적이고 의식적으로 판단하기보다는 무의식적이고 감정적인 격정에 휩싸여 돌발행동을 하기 쉽습니다.

흔히 인간을 다른 동물과 대비하여 '이성적 동물'이라고 지칭하기도 하지만, 실제로는 중요한 판단을 내릴 때 무의식적으로, 별 생각 없이 행동하는 경우도 적지 않습니다. 이때 본인은 무의식으로 판단을 내린다는 사실조차 자각하지 못하는 경우가 대부분이지요. 이처럼 깊은 생각 없이 무의식적으로 결론을 내리는 대표적인 경우가 '정상 – 비정상'에 대한 판단입니다. 예를 들어, 고등학생인 자녀가 학교를 그만두고 사업을 하겠다고 부모님께 폭탄선언을 했다고 칩시다. 이 상황에서 부모는 자녀를 '정상'이라고 생각할까요? 대부분은 화들짝 놀라면서 자녀를 비정상이라고 생각할 겁니다. 폭탄선언을 한 자녀가 무엇인가에 홀려서 정신이 나갔다고 생각할 수도 있습니다.

한번 생각해보겠습니다. 학생이 학교를 그만두고 사업을 하려는 행위는 정말로 '비정상'적인 것일까요? 곰곰이 생각해보면, 반드시 비정상이라고 볼 수만은 없습니다. 성공한 사람 중에는 일찍이 제도권 교육을 벗어나서 자수성가한 사람이 의외로 많습니다. 빌 게이츠가 그랬고, 스티브 잡스가 그랬고, 마크 저커버그가 그랬습니다. 물론 이러한 사례조차 학교를 그만두겠다고 폭탄선언을 한 자녀의 부모에게는 별 위안이 되지는 못할 테지만, 아무튼 '정상 – 비정상'에 대한 판단은 이처럼 '무의식적으로' 내려지는 경우가 많습니다.

왜 이런 현상이 생기는 것일까요? 이 대목에서 우리는 '정상 – 비정상'의 문제에 대해 깊이 숙고했던 철학자를 만나볼 필요가 있겠습니다. 바로 미셸 푸코Michel Foucault라는 프랑스 철학자입니다. 동성애자로 알려진 푸코는 그 이전까지는 의학의 영역에 속해 있었던 '정상 – 비정상'의 개념을 철학의 장으로 끌어들인 인물입니다. 그는 이른바 '정상적인 것'에 대해 다음과 같은 철학적 질문을 던졌습니다. "오늘날 '정상'은 어떤 과정을 거쳐, 지금의 '정상'의 자리에 등극했는가?" 그는 오늘날 사람들이 무의식적으로 '정상적인 것'이라고 생각하게 된 기원과 근거를 탐구했지요.

정상의 기원에 대한 연구 결과, 푸코는 다음과 같은 결론을 내렸습니다. "비이성은 이성의 근거가 된다." 무슨 말인가 하면, 이성 즉 '정상적인 것'은 그 자체로 원래부터 정상이어서가 아니라 누군가를 비이성(비정상)으로 규정 지음으로써 그 자리에 설 수 있었다는 것입니다. 가령, 우리가 (정신병자가 아닌) 정상적인 인간인 이유는 원래부터 우리의 정신이 온전해서가 아니라 누군가를 정신병자로 규정함으로써 비로소 우리가 정상적인 인간으로 불리게 된 것입니다. 결국 우리가 '정상'인 이유는 누군가를 '비정상'으로 만들었기 때문에 가능해졌다는 거지요. 말하자면, 누군가를 비정상으로 만들어야 자신이 정상이라는 소리를 들을 수 있게 되었습니다.

'정상 – 비정상'에 대한 푸코의 사유는 요즘 사회적 이슈가 되고 있는 왕따 현상을 이해하는 데 도움이 됩니다. 학교에서는 평범한 아이들도 왕따 현상, 즉 누군가를 비정상으로 규정한 후 집단적으로 따돌리는 행위에 동참하는 경우가 많습니다. 왜냐고요? 자신도 왕따를 당하지 않기 위해서지요. 누군가를 왕따(비정상)로 규정해야 비로소 자신이 '정상'이라는 사실을 확인할 수 있기 때문입니다. 말하자면, 자신이 왕따의 피해자가 되지 않기 위해 먼저 가해자 편에 서는 거예요. 이처럼 우리는 자신도 모르는 사이에 누군가를 '비정상'에 몰아서 폭력을 가하는 사람이 될 수도 있습니다.

다수의 사람이 지목한 '비정상'은 정말로 배척되거나 따돌림을 당해야 할 정도로 나쁜 것일까요? 반드시 그렇지 않습니다. '정상正常'이란 '바르고 떳떳한 상태'를 말하는데, 이때 무엇이 바르고 떳떳한 것인지는 보는 사람의 관점에 따라 다를 수 있습니다. 사람들이 비정상이라고 평가하는 행위도 비정상적이라고 불리는 사람의 입장에서는 지극히 정상일 수도 있지요. 우리나라에서는 동성애나 동성결혼을 비정상이라고 보는 입장이 지배적이지만, 미국에서는 동성결혼을 합법화한 주도 있습니다. 지금이야 이성 간의 사랑이 정상 범주에 위치하고 있지만 소크라테스나 플라톤이 살았던 그리스시대에는 동성애가 보편적인 현상이었습니다. 요컨대 '정상 – 비정상'의 판단이 시공을 초월한 절대적인 것은 아니라는 뜻이지요.

　푸코는 시간과 공간을 초월한 절대적 진리는 없다고 보았습니다. 우리가 말하는 진리란 고작해야 특정한 시기, 특정한 장소에서 역사적, 문화적으로 만들어진 하나의 형식에 불과합니다. 예컨대, 우리에게 진리처럼 여겨지는 '학생은 공부를 열심히 해서 반드시 대학을 가야 한다'는 명제도 시공을 초월한 절대적인 것이 아닙니다. 그것은 시간적으로는 '20세기 말부터 21세기 초반에', 공간적으로는 '대한민국에서'만 만들어진 하나의 형식적 진리일 뿐입니다. 따라서 모든 사람에게 그렇게 하는 것이 정상이라고 우겨서는 곤란하겠지요.

　기본적으로 대중가수는 예술을 직업으로 하는 사람입니다. 예술은 현실 너머에 존재합니다. 현실에 발을 딛고서는 예술을 할 수가 없습니다.(가수 싸이가 군복을 입고 각개전투를 하는 모습은 아무래도 상상하기 어렵습니다. 비록 그가 군대를 두 번이나 다녀왔지만요) 예술가란 평범한 직장인처럼 살기를 거부한 사람입니다. 그들은 평범한 사람들과 취향도 생활패턴도 패션도 일과도 다른 경우가 많습니다. 심지어 성적 취향이나 도덕관념, 윤리기준도 특이한 경우도 있고요. 한마디로 그들은 평범함을 거부한 삶을 삽니다. 그렇기 때문에 보통 사람들의 눈에 비정상으로 비춰질 가능성이 높지요. 하지만 일반 대중은 그들에게 현실적 잣대나 보통 사람들의 기준으로 평가할 때가 많습니다. 그 결과, 안티가 생기는 것입니다. 하지만—그렇다고—그들이 '비정상'인 것은 아닙니다. 푸코가 강조했듯, 본디 정상 – 비정상이란 실제가 아니라 관념의 산물이기 때문이지요. 진실로 말하면, 이 세상에 비정상이란 존재하지 않습니다. 우리는 모두 지극히 정상이에요.

집단 따돌림 현상의 원인인 '질투 콤플렉스'는 어떨까요? 질투와 관련한 말 중 '오셀로 증후군'이라는 표현이 있습니다. 오셀로 증후군은 영국 극작가 셰익스피어William Shakespeare의 4대 비극 중 하나인 〈오셀로〉에서 유래한 말이에요. 주인공 오셀로는 흑인이라는 태생적 한계를 극복하고 베니스의 장군이 되었고 공화국 원로의 딸인 데스데모나와 결혼까지 했습니다. 그런데 부인이 자기의 부관과 밀통한다는 음모에 속아서 질투에 눈이 멀게 되고, 결국에는 망상에 시달리다가 아내를 죽이고 말았습니다. 이처럼 오셀로 증후군이란 명확한 증거도 없이 배우자의 불륜을 의심하고 부정 망상에 시달리는 증상을 말하는데, 흔히 의처증이나 의부증으로 알려진 질투의 병적 현상을 일컫는 표현입니다. 질투에 눈이 먼 사람은 현실을 객관적으로 파악하기보다는 상대를 의심하고 부정의 증거를 찾기 위해 혈안이 되는 경우가 많습니다. 그 결과, 오셀로처럼 비극적인 결말을 맞이하기도 합니다.

대중가수와 팬도 사랑의 감정으로 맺어진 관계입니다. 그들 사이에도 질투 콤플렉스가 개입할 여지는 충분하지요. 연인 사이가 그렇듯, 팬클럽의 세계에서도 소위 '양다리 걸치기'는 도덕적 비난의 대상이 됩니다.(BTS팬클럽인 '아미'이면서 동시에 샤이니팬클럽인 '샤월'일 수는 없습니다!) 여기서도 일부일처제와 비슷한 '일가일팬제(하나의 가수에 한명의 팬)'가 적용되기 때문입니다. 게다가 '한 번 해병은 영원한 해병'이듯, 한 번 팬클럽은 영원한 팬클럽이어야 합니다. 특정 가수에 대한 팬들의 사랑이 지나치면 '팬덤'으로 발전하기도 하지요. 팬덤fandom이란 '광신자'를 뜻하는 영어의 'fanatic의 fan'과 '영지領地' 또는 '나라'를 뜻하는 접미사 'dom'의 합성어로서 특정한 인물(특히 연예인)을 열성적으로 좋아하거나 몰입하여 그 속에 빠져 드는 사람을 가리킵니다. 이러한 팬덤 현상은 '팬심'이 극대화된 경우라 할 수 있는데, 이는 자칫 지나친 소유욕이나 질투 콤플렉스로 발전하기도 합니다. 그 결과, 자신들이 응원하는 연예인과 경쟁 관계에 있는 사람을 적대시하거나 안티 행동을 표출하기도 하지요. 이러한 현상도 질투 콤플렉스의 일종인데, 현실의 사랑이 그러하듯 연예인과 팬의 사랑도 지나치면 부작용을 낳기도 합니다.

안티의 원인이 '정상 콤플렉스' 때문이건 '질투 콤플렉스' 때문이건 간에 집단으로부터 따돌림을 당하는 입장에서는 어쨌거나 괴롭기는 매한가지입니다. 또 그러한 일이 벌어지면 좀처럼 중단되지도 않습니다. 왜냐하면 집단 따돌림이 피해자의 잘못 때문이 아니라 콤플렉스, 즉 집단적인 무의식에 의해 행해지기 때문이지요. 즉 피해자는 집단 따돌림으로 인해 고통을 당하고 있지만 가해자는 정작 별 대수롭지 않게 생각하거나 심한 경우 그러한 사실을 의식조차 하지 못하는 경우도 있습니다. 안티로 인한 고통은 실제로 존재하지만 가해 행동은 '팬심'으로 호도되기도 합니다. 그 결과, 피해자는 큰 상처를 입고 고통을 호소하지만 가해자는 별다른 죄책감도 없이 비난을 퍼붓기를 멈추지 않습니다.

안티에 대해서는 어떻게 대처하는 것이 좋을까요? 아무래도 가해자의 각성이 가장 좋은 해결책일 것입니다. 하지만 현실적으로 이를 기대하기란 쉽지 않지요. 앞서도 말했듯이, 안티 행동이 무의식적인 상태에서 행해지는 경우가 많기 때문입니다. 피해자가 스스로 자신을 보호하는 것이 필요합니다. 어떻게 하면 집단적 비난(따돌림)으로부터 자신을 보호할 수 있을까요? 우선, 어떤 경우라도 비난받지 않겠다는 태도를 버릴 필요가 있습니다. 《법구경法句經》에서 부처님은 "세상에는 비난받지 않는 사람이 없다"면서 이런 말을 남겼습니다. "먼 옛날부터 사람들은 서로 헐고 뜯나니, 말이 많아도 비난을 받고, 말이 없어도 비난을 받고, 말이 적어도 비난을 받는다. 세상에서 비난받지 않는 사람은 없다." 부처님은 우리가 어떻게 행동해도 비난을 피하기 어렵다고 보았지요. 말을 많이 해도, 말을 안 해도 비난을 받기 때문입니다. 부처님 말씀처럼 세상에 비난받지 않는 사람이 없기 때문에 남들에게 비난받는 것을 지나치게 경계하거나 확대해석하는 것은 현명한 태도가 아닙니다.

요즘은 인터넷이나 SNS가 발달하면서 상대를 비난하는 빈도가 많아졌고, 그 정도도 심해졌어요. 소위 '악플러'라고 불리는 사람들 때문입니다. 이들은 수시로 비난의 글을 올려 상대에게 상처를 주는 자들이지요. 하지만 악플러 중에는 뛰어난 식견과 높은 도덕성의 소유자는 거의 없습니다. 대부분 피해의식과 열등감에 시달리는 사람들입니다. 그들은 합리적이고 타당한 근거를 가지고 비판하기보다는 감정적이고 충동적인 비방의 글을 올리는 경우가 많습니다. 이런 사람들은 자신의 글에 상대가 동요하는 모습을 보고 자기 효능감을 느끼는 사람들입니다. 그들이 남긴 비난의 글을 보고 상처받는 것은 그들의 의도에 넘어가는 행위입니다. 아주 특별한 경우가 아니라면, 그들에게는 일일이 대응할 필요조차 없습니다. 그냥 '그러거나 말거나' 하면서 지나쳐버리는 것이 상책입니다.

팬들의 관심과 인기를 먹고 사는 대중가수에게 안티 현상은 분명 긍정적인 일은 아닐 겁니다. 하지만 대중가수에게 최대의 적은 안티가 아니라 무관심이지요. '악플'보다는 '무플'이 치명적이니까요. 안티팬이 있다는 것은 대중가수로서 자신의 존재를 확인시켜주는 증거이기도 합니다. 어느 분야든 인기가 높아지면 그것을 시기하거나 질투하는 사람도 조금씩 생겨나기 마련이거든요. 인기가 많아질수록 어느 정도의 안티는 감수해야 합니다. 중요한 것은 안티의 유무가 아니라 그것에 얼마나 현명하게 대처하는가겠지요. 대중의 반응에 모조리 귀를 닫고 살 수는 없겠지만, 세상의 모든 소리에 일일이 반응하는 것도 바람직한 처사는 아닙니다. 자고로 큰일을 도모하려면 사소한 곁가지는 무시할 줄도 알아야 합니다. 자질구레한 비난에 발목이 잡혀서는 한 발짝도 앞으로 나아가지 못하니까요. 모름지기 슈퍼스타는 대중의 인기를 끄는 일도 잘해야 하겠지만 안티에 슬기롭게 대처할 줄 알아야 합니다. '슬기로운 안티 생활', 대중가수의 필수 덕목이 아닐까 싶습니다.

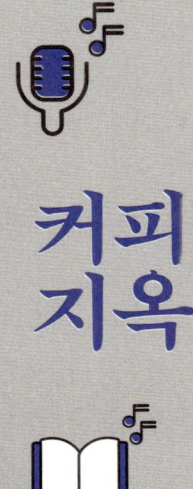

# 커피 지옥

### 다방 커피와 '싸구려 커피'

지금부터 전 국민 5천만 명에게 조사를 한다고 가정해보겠습니다. "당신이 가장 좋아하는 커피와 차 노래는 무엇입니까?"라고 물으면 어떤 노래가 1위를 할까요? 아마도 몇 개의 노래리스트가 등장할 것입니다. 펄시스터즈의 〈커피 한 잔〉, 노고지리의 〈찻잔〉, 최백호의 〈낭만에 대하여〉, 장기하와 얼굴들의 〈싸구려 커피〉 등등. 무엇이 1등을 할지는 알 수 없습니다. 하지만 공통점이 있다면 1960년대부터 2000년대까지 전 시기에 걸쳐 히트곡이 있다는 점이지요. 그만큼 커피와 차는 우리 일상과 떨어질 수 없는 존재인 것은 분명한 듯합니다.

　우리는 항상 한 잔의 커피를 마실 공간이 필요했습니다. 그곳에서 우리는 친구도 만나고 사랑과 이별도 했으며, 체제를 전복할 모의도 했고, 자격증 공부도 했으며, 바람도 맞아봤고, 고독도 느꼈으며, 케이크도 먹었고, 음악도 들었습니다. 여하간 카페에서 커피를 마시면서 우리는 잊지 못할 추억을 끊임없이 만들었고, 그것은 지금도 마찬가지입니다. 물론 한국인이 가장 많이 마신 커피는 비닐봉지 안에 들어 있는 달달한 믹스 커피일지도 모르지만 말입니다.

우리는 평소 한 잔의 커피를 마실 뿐이지만, 지나간 세월 속의 노래가사 안에는 우리의 모습이 고스란히 담겨 있습니다. 1975년 발표된 영사운드의 〈대학가의 찻집〉 신동운 작사, 안치행 작곡, 영사운드 노래은 차 한 잔 마실 돈도 없는 1970년대 젊은 청년들의 모습을 담고 있습니다. 아마도 1960~1970년대 대학가에서 친구들을 만나 호주머니 속 용돈을 모아 찻집에 가서 성냥개비로 탑을 쌓아본 경험이 있다면 충분히 공감할 것입니다.

🎵
주머니를 털어서 커피 한잔 시키네
염치없어 웃으며 엽차 두잔 시키네
마주보는 눈동자는 소리없는 이야긴가

〈대학가의 찻집〉 중에서

세 명이 찻집에 들어가 커피 한 잔 시킨 후 엽차를 두 잔 달라고 한다는 것은 업주 입장에서는 기분 좋을 리 없겠지만 당시 대학생들의 얇은 호주머니 사정을 생각한다면 이해하지 못할 정도는 아닙니다. 노래를 만든 안치행은 이후 작곡가이자 제작자로 변신해 안타프로덕션을 설립한 후 조용필의 〈돌아와요 부산항에〉, 윤수일과 솜사탕의 〈사랑만은 않겠어요〉, 최헌의 〈오동잎〉, 김트리오의 〈연안부두〉, 주현미의 〈울면서 후회하네〉, 박남정의 〈아 바람이여〉 등을 작곡하고 제작하여 홈런 못지않은 안타를 1980년대까지 여러 차례 날린 '미다스의 손'이었습니다.

그 시기만 해도 음반을 쉽게 구하지 못했기 때문에 다방이나 카페에서 차 한 잔하며 DJ가 틀어주는 음악을 듣거나 신청곡을 통해 음악을 듣던 시절이었지요. 당시 인기 DJ들은 주류 방송계에 진출하기도 했는데 그중 이종환, 김광한 등은 스타 방송인으로 한 시대를 풍미했습니다. 1970년대 DJ가 있는 다방이나 음악감상실이 전국에 우후죽순처럼 생기며 인기를 끌자 DJ 관련 노래가 발표되기도 했지요. 그중 윤시내의 〈DJ에게〉1982와 이재성의 〈고독한 DJ〉1986가 히트했습니다. 특히 이재성의 노래는 당시 음악다방 DJ들에게는 금지곡으로 통했는데, 이유는 DJ들의 사기를 떨어뜨리고 고독하게 만든다는 점 때문이었습니다.

한편 1990년을 전후로 하여 한국의 문단에서 가장 이슈로 떠오른 인물은 소설가이자 연세대학교 국문학과 교수 마광수였습니다. 그는 에세이 《나는 야한 여자가 좋다》를 발표하고 대한민국 사회에 야한 여자 열풍을 일으켰는데 시대를 앞서간 천재에게 대한민국은 높은 도덕적 잣대를 들이댔습니다. 결국 그는 소설 《즐거운 사라》가 외설적이라는 이유로 강의 도중 체포되어 구속되는 일도 벌어졌습니다.

마광수는 1990년 소설집 《광마일기》를 발표했는데, 책 속에 수록된 단편소설 〈서울야곡〉은 동네 마담이 있는 카페에 들락거리며 마음을 달랜 소심한 한 대학 강사의 이야기입니다. 어느 가을 연극을 보러간 주인공 '나'는 옆자리에 앉은 여성이 일어나지 않는 것을 느끼고 병원으로 급히 데리고 갑니다. 그녀 이름은 이숙나. 숙나는 연극을 보며 죽기 위해 수면제를 과다 복용한 것입니다. 그렇게 인연이 된 숙나는 미스테리한 여인이었지요. 값비싼 차를 몰고 다니고 유명 나이트클럽과 비싼 술집에 그를 데리고 다녔습니다. 같이 다니면 뭇 남성들이 흘깃 쳐다볼 정도로 섹시하고 아름다운 여성이었지요. '나'에게 숙나는 과분한 존재였으나 그는 그녀를 사랑할 수밖에 없었습니다. 특히 그녀가 사는 곳은 서울 동부이촌동에 위치한 장미아파트였습니다. '나'는 그곳을 매우 잘 알고 있었는데 이유는 평소에 들락거린 카페 '몬테카를로의 추억' 때문이었습니다. 그러던 어느 날 숙나는 '나'와 연락을 끊어버렸어요. 특별한 이유도 없이 떠나버린 겁니다. '나'는 떠나간 그녀를 원망하며 카페 '몬테카를로의 추억'에 앉아 술을 마십니다. 이것은 그해 가을 들렀다간 '나'의 이야기로서 소설은 마무리됩니다.

마광수는 2017년 9월 5일 소설 속에 등장하는 동부이촌동의 자신의 아파트에서 생을 마감했습니다. 스스로 떠난 것인지 세상의 편견이 그를 보낸 것인지 알 수 없지만, 한국의 문학계는 뛰어난 한 명의 작가를 잃은 것만은 분명합니다. 마광수는 세상의 화살이 자신을 겨냥하던 시간에 소설 〈서울야곡〉을 통해 자신의 바람을 투영한 것으로 생각됩니다. 몇 자의 글을 썼을 뿐인데 세상은 마광수를 절필하게 만들었고 그는 카페 몬테카를로의 추억에서 한 잔의 커피와 술을 마시면서 미지의 인물 숙나를 상상하며 고통을 달랬을 겁니다.

소설에 등장하는 몬테카를로의 추억은 실제로 1988년에 윤시내가 발표한 노래 〈몬테카를로의 추억〉을 기반으로 합니다. 인트로에서 진한 색소폰 소리로 시작하는 이 곡은 윤시내의 절규와 함께 깊은 애환을 느끼게 하는데, 이 곡을 마광수의 상황과 연결해보면 그가 왜 소설의 배경으로 사용했는지 이해할 수 있습니다. 참고로 동부이촌동의 한 피자가게는 가수 김현식이 〈사랑했어요〉로 이름을 알리기 전에 피자집을 운영하며 배달도 했으며 현재 보이그룹 R.ef의 멤버였던 박철우가 LP바를 운영하고 있기도 합니다.

몬테카를로의 색소폰을 언급했으니 굵은 비 내리던 날 그야말로 옛날식 다방에 앉아 도라지 위스키 한 잔에 짙은 색소폰 소릴 들어본 추억을 가진 최백호의 이야기도 해보겠습니다. 최백호는 1989년 미국으로 이민을 떠나 LA에서 한동안을 보낸 뒤 국내에 들어와 1994년 〈낭만에 대하여〉 **최백호 작사 · 작곡 · 노래**를 발표합니다. 이 곡은 아내가 설거지하는 모습을 보며 과거의 추억을 담아 만든 노래인데 발매 이후 좋은 반응을 이끌어내지는 못했습니다.

그런데 2년이 지난 1996년의 어느 날 KBS TV드라마 〈목욕탕집 남자들〉을 집필하던 작가 김수현이 우연히 이 노래를 듣게 되었습니다. 그녀는 배우 장용에게 드라마 속에서 이 노래를 부르게 하면서 뒤늦게 빅히트했지요. 한동안 공백기를 가진 왕년의 인기가수가 다시 컴백하여 성공할 확률은 매우 낮은데 이렇게 운 좋게 히트할 수 있었던 이유는 무엇으로 설명할 수 있을지 인생은 알다가도 모를 일입니다. 노래 제목처럼 낭만적으로 살다보면 어느 날 행운이 도래하는 것이 아닐까요?

🎵
궂은 비 내리는 날 그야말로 옛날식 다방에 앉아
도라지 위스키 한 잔에다 짙은 색소폰 소릴 들어보렴
샛빨간 립스틱에 나름대로 멋을 부린 마담에게
실없이 던지는 농담사이로 짙은 색소폰 소릴 들어보렴
이제와 새삼 이 나이에 실연의 달콤함이야 있겠냐마는
왠지 한 곳이 비어 있는 내 가슴에 잃어버린 것에 대하여

〈낭만에 대하여〉 중에서

커피와 관련된 히트곡들을 이야기하다 보니 아무래도 1990년대 이

전의 얘기들을 주로 했습니다. 그렇다면 2000년대 이후 한국인들의 감성을 자극한 커피 관련 노래는 무엇이 있을까요? 아마도 장기하와 얼굴들의 〈싸구려 커피〉장기하 작사·작곡, 장기하와 얼굴들 노래, 2008와 10cm의 〈아메리카노〉2010 정도가 될 것 같습니다. 2000년대 커피 문화는 스타벅스가 대한민국을 점령하여 소비문화에 정점에 있는 듯하지만 인디밴드 장기하와 얼굴들의 〈싸구려 커피〉가 히트했다는 사실은 매우 역설적입니다. 장기하는 비닐장판이 깔린 싸구려 자췻집에서 바퀴벌레와 함께 기거하며 백수생활을 보내고 있는 2030세대의 상황을 모두가 공감할 언어로 구현해냈습니다.

〈싸구려 커피〉의 인기는 2000년대 들어 좁아진 취업의 문턱에서 좌절감과 패배감을 느끼며 싸구려 봉지커피를 마셔본 경험을 한 젊은이들이 많아졌다는 것을 의미합니다. 하지만 이 노래가 불려지는 그 순간에도 스타벅스에는 사람들로 넘쳐나지요.

🎵
싸구려 커피를 마신다 미지근해 적잖이 속이 쓰려온다
눅눅한 비닐장판에 발바닥이 쩍 달라붙었다 떨어진다
이제는 아무렇지 않어 바퀴벌레 한 마리쯤 슥 지나가도
무거운 매일 아침엔 다만 그저 약간의 기침이 멈출 생각을 않는다
축축한 이불을 갠다 삐걱대는 문을 열고 밖에 나가본다
아직 덜 갠 하늘이 너무 가까워 숨 쉬기가 쉽질 않다
수만번 본 것만 같다 어지러워 쓰러질 정도로
익숙하기만 하다 남은 것도 없이 텅빈 나를 잠근다
(…)
언제 땄는지도 모르는 미지근한 콜라가

담긴 캔을 입에 가져가 한모금 아뿔싸 담배꽁초가

이제는 장판이 난지 내가 장판인지도 몰라

해가 뜨기도 전에 지는 이런 상황은 뭔가

〈싸구려 커피〉 중에서

**Listen to the Music!**

▶ 영사운드 〈대학가의 찻집〉

▶ 최백호 〈낭만에 대하여〉

▶ 장기하와 얼굴들 〈싸구려 커피〉

**나는 권태를 예찬한다**

"커피 한 잔을 시켜놓고 그대 오기를 기다려봐도 / 웬일인지 오지를 않네 내 속을 태우는구려!" 펄시스터즈의 〈커피 한 잔〉에서는 커피 한 잔을 시켜놓고 연인이 오기를 기다리는 장면을 노래하고 있습니다. 약속 시간을 넘기고 한잔의 커피를 다 마실 때까지도 연인은 나타나지 않자 당사자는 속을 태우고 있습니다. 이 모습은 마치 사뮈엘 베케트Samuel Barclay Beckett의 희극 《고도를 기다리며》의 장면도 유사합니다.

총 2막으로 구성된 《고도를 기다리며》는 연극으로도 자주 공연되었는데, 대략적인 내용은 다음과 같습니다. 막이 오르면, 말라비틀어진 나무 한 그루가 덩그러니 서 있는 무대 위에 주인공인 블라디미르와 에스트라공이 고도Godot를 기다립니다. 하지만 고도는 나타나지 않고, 두 주인공은 별다른 사건도 없이 지루하고 무의미한 대화만 반복합니다. 예컨대, 이런 식이지요.

| 에스트라공 | 멋진 경치로군. (블라디미르를 돌아보며) 자, 가자. |
| 블라디미르 | 갈 순 없어. |
| 에스트라공 | 왜? |
| 블라디미르 | 고도를 기다려야지. |
| 에스트라공 | 참 그렇지. |

    그들은 '고도'가 누구인지, 어디에서 오는지, 언제 올지도 모른 채 하염없이 기다리기만 합니다. 시간이 흘러도 그들은 기다림을 중지할 수가 없어요. 언제 고도가 찾아올지 모르기 때문이지요. 그들은 계속해서 기다리고 있는데 끝내 고도는 찾아오지 않은 채 연극은 끝나고 맙니다. 이와 마찬가지로 펄시스터즈의 〈커피 한 잔〉 주인공도 연인을 기다리지만 언제 올지, 심지어 올지 안 올지조차 알 수 없습니다. 할 수 있는 일이라고는 단지 하염없이 기다리는 것뿐이지요. 다만 차이가 있다면, 《고도를 기다리며》의 에스트라공과 블라디미르와 달리 〈커피 한 잔〉의 주인공에게는 지친 마음을 달래줄 커피 한 잔이 함께 한다는 점이에요.

    기다리는 자는 기다림의 시간이 길어질수록 불안감이 커집니다. 기다리는 대상이 올지 안 올지를 확신할 수 없기 때문이지요. 프랑스 사상가 모리스 블랑쇼Maurice Blanchot는 《기다림 망각》에서 이렇게 썼습니다. "기다림이 기다릴 힘을 마모시킨다." 기다림에 있어서 시간은 기다리는 사람의 편이 아닙니다. 시간이 흐를수록 대상에 대한 기대가 약해지기 때문입니다. 시간이 지날수록 '고도'가 찾아올 가능성은 점점 낮아지고, 약속 시간이 훌쩍 지나고 나면 연인이 나타날 것이라는 기대는 희미해집니다. 블랑쇼의 말처럼, 기다림이 기다리는 사람의 인내력을 마모시키기 때문이지요. 하지만 그럼에도 기다리는 자는 자리를 박차고 일어나지 못합니다. '혹시나' 하는 마음 때문입니다. 이때 커피 한 잔이 곁에 있다면 지친 마음에 위로가 되고 조금 더 기다릴 수 있는 힘을 얻습니다. 커피란 기다림에 지친 자에게 피로를 느끼지 못하게 만들어주는 각성제의 일종입니다.

사람들은 커피를 왜 마시는 것일까요? 단지 커피의 맛과 향이 좋아서일까요? 프랑스 철학자 장 보드리야르 Jean Baudrillard는 사람들이 소비를 하는 이유가 물건의 사용가치 때문이라고 보지 않았습니다. "사람들은 결코 사물 자체를 그 사용가치에서 소비하지 않는다." 가령, 우리가 고급 수입차를 구매하는 이유는 이동의 편리함을 얻기 위한 목적만이 아닙니다. 이동의 편의성만을 목적으로 한다면 굳이 값비싼 수입차를 구매할 이유가 없습니다. 국산 소형차로도 충분하지요. 하나에 수백만 원을 호가하는 명품 핸드백을 소비하는 이유도 그 가방의 기능 때문이 아니고요. 사용성이나 기능적인 면은 십만 원짜리 핸드백과 천만 원짜리 핸드백 사이에도 별 차이가 나지 않습니다.

보드리야르는 사람들이 소비를 하는 목적에 대해 이렇게 주장했습니다. "사람들은 자신을 타인과 구별 짓는 기호로서 사물을 항상 조작한다." 보드리야르에 따르면, 사람들이 소비를 하는 목적은 사용가치 때문이 아니라 '구별 짓기' 위함이에요. 자신의 경제력에 비해 지나치게 비싼 고급차를 소비하는 사람의 심리는 사용가치만으로는 설명이 되지 않습니다. 명품 핸드백을 소비하는 심리도 마찬가지입니다. 물론 당사자는 이를 두고 본인의 "취향"이라고 말하기도 하겠지만 자신의 과소비를 정당화하기 위한 레토릭에 불과합니다.

사회학자 피에르 부르디외 Pierre Bourdieu는 그의 책 《구별 짓기》에서 취향에 대해 이렇게 말했습니다. "취향은 차별화 과정을 통해 차이를 만들어내고 이러한 차이를 두드러지게 만드는, 획득된 성향이다." 취향이 개인적 감각이나 선호에 의해 결정되는 것이 아니라 다른 사람들과의 사회적 차이를 만들기 위한 '구별 짓기'의 일환으로 선택되었다는 뜻입니다. 원래부터 고급 외제차나 명품 핸드백을 좋아해서가 아니라 그러한 물건을 선택함으로써 평범한 사람들과는 다른 부류(계급)임을 드러내기 위한 목적이 더 크다는 소리입니다.

그런 의미로 보자면, 현대의 커피 소비도 구별 짓기의 일환으로 행해지는 경우가 많습니다. 요즘은 도처에 다양한 종류의 커피가 즐비하게 늘려 있어 소비자에게 선택의 폭을 넓혀주고 있습니다. 물론 가격도 천차만별이지요. 직장인 중에는 점심 값보다 후식으로 마시는 커피에 더 많은 비용을 지불하는 경우도 왕왕 있어요. 개인적 취향일 테니 특별히 할 말은 없지만 이를 보면 커피를 마시는 행위도 구별 짓기라는 의심을 지울 수가 없습니다. 왜냐하면 식사 비용과 커피 값의 역전 현상은 대도시의 괜찮은 직장에 근무하는 화이트컬러 계층에게서만 목격되는 예외적인 행동이기 때문입니다. 대규모 건설 현장에서 근무하는 블루컬러들에게는 식사 후에 공짜로 주어지는 '봉다리 커피'만으로도 감지덕지지요. 결국 오늘날 커피에 대한 취향도, 부르디외가 지적했듯이 "사회적 공간 안에서 특정한 위치에 있는 사람들을 다른 사람들과 분류해주는 변별적 특징"인 것만은 틀림이 없어 보입니다. 아무래도 후식으로 자판기 커피를 마시는 사람과 고급 원두로 내린 드립커피를 하루에 몇 잔씩 마셔야 하는 사람이 함께 어울리는 것은 상상하기 어렵습니다.

한편 가격이나 품질과는 무관하게 커피는 삶의 활력소이자 진통제가 되기도 합니다. 커피를 통해 예술적 감수성을 키운 사람도 있고 커피를 통해 고난의 시간을 견딘 사람도 있습니다. 예술가 중에는 유독 커피 마니아가 많았습니다. 가령, 독일 음악의 '3B'라 불리는 바흐, 베토벤, 브람스는 모두 커피 애호가였고, 가곡의 왕으로 알려진 프란츠 슈베르트도 커피를 입에 달고 살았으며, 독일의 대문호 괴테도 하루에 커피를

2~30잔씩 마셨고, 프랑스 계몽사상가인 볼테르는 주치의가 죽을 수도 있다고 경고를 했음에도 하루에 4~50잔씩 마셨다고 합니다. 이들은 다량의 커피 섭취가 건강에 해롭다는 지적에도 아랑곳하지 않고 커피 마시기를 멈추지 않았습니다.(결과적으로 커피 과다 섭취에 대한 의사의 경고는 무색해졌습니다. 괴테는 83년을, 볼테르는 84년을 살았으니 말이지요) 그들에게 커피는 기호식품이나 취향 이상의 것이었습니다. 그들은 커피를 통해 예술적 열정을 불태웠고 위대한 작품을 남길 수 있었지요.

커피 이야기에서 빼놓을 수 없는 사람이 있습니다.《고리오 영감》으로 잘 알려진 프랑스 소설가 발자크 Honore de Balzac입니다. 그는 수많은 작품을 남긴 세계적인 문호지만, 그가 일생 동안 추구한 목표는 문학적 성취가 아니었습니다. 그에게 글 쓰는 일은 단지 직업일 뿐이었지요. 발자크가 마치 기계처럼 많은 양을 작품을 생산한 데는 나름의 이유가 있었습니다. 자신이 사랑했던 사람과 결혼을 하기 위해서였습니다. 그는 33세에 이미 유부녀였던 백작부인에게 첫눈에 반해 청혼을 했습니다. 남편이 있던 백작부인은 당황했지만 발자크의 열정에 감복하여 남편이 죽고 나면 결혼하기로 몰래 약속까지 해주었지요. 이에 발자크는 백작부인과 결혼하려면 그에 걸맞은 지위와 재산이 필요하다고 생각했고, 그날 이후부터 하루에 수십 잔씩 커피를 마셔가며 무려 18년 동안 소설 작업에 몰두했습니다. 51세가 되던 해에 드디어 백작부인과 결혼에 성공했습니다. 기록에 의하면, 그가 평생 동안 마신 커피는 약 5만 잔에 달했다고 합니다. 발자크는 자신의 꿈을 이루기 위해 홀로 자신의 작업실에서 매일 수십 잔의 커피를 마셔가며 글쓰기에 매진했습니다. 그에게 커피란 인내를 견디게 해준 진통제이자 예술적 감수성을 깨워준 활력소였습니다.(안타깝게도 발자크는 그녀와 결혼한 지 5개월 만에 세상을 떠나고 말았습니다. 애석하게도 카페인 과다 복용에 대한 경고가 그에게는 빗나가지 않았습

니다)

　커피는 술이나 차, 음료와 같은 기호식품의 일종이지만 영양을 위해 섭취하는 식품과는 다르며, 음용법에서도 여타 기호식품과도 차이가 있습니다. 가령, 기분을 위해서 마시는 술은 흥취가 오르면 흥청망청 '부어라 마셔라'를 반복하기 일쑤지만 커피는 다릅니다. 커피는 천천히 음미하며 마셔야 합니다. 커피를 소주처럼 '원샷'하는 경우란 극히 드물어요. 커피는 일보다는 휴식시간에, 바쁠 때보다는 여유로울 때 찾는 물건입니다. 커피는 우리에게 노동만 하지 말고 휴식을 취하라고, 바쁘게만 살지 말고 느리게 살라고 손짓합니다.

　프랑스 철학자 피에르 쌍소 Poerre Sansot는 《느리게 사는 것의 의미》에서 현대인들이 쉬는 법을 모른다면서 다음과 같이 주장했습니다. "이상하게도 한 가지 분명한 것은, 고군분투하는 피곤한 삶으로부터 해방될 순간을 항상 고대하고 있음에도 불구하고, 그들은 항상 뭔가 결핍된 듯한 갈등 속에서 쉼을 얻지 못하고 살아가는 것처럼 보인다는 사실이다." 현대인들은 노동에서 해방될 순간을 고대하지만, 막상 그 시간이 주어져도 제대로 쉬지 못한다는 것입니다. 아닌 게 아니라 직장인 중에는 잠시 쉬는 시간이 주어져도 커피 한 잔의 여유도 갖지 못하는 경우가 많습니다. 휴식 시간에도 머릿속에는 업무 생각이 떠나질 않고 앞에 놓인 커피를 숭늉 마시듯 '원샷'해버리고는 다시 일하러 가는 사람도 있습니다. 삶에서 커피 한 잔의 여유가 없으니 느림의 미학을 알 턱이 없습니다.

　피에르 쌍소는 사람들에게 커피 한 잔의 여유를 찾으라고 권합니다. 그는 사람들에게 '느리게 살 것'을 권고했어요. 그가 말하는 느림도 게으름이나 나태함과는 거리가 멉니다. 그는 느림에 대해 이렇게 말했습니다. "느림이란 시간을 급하게 다루지 않고, 시간의 재촉에 떠밀려

가지 않겠다는 단호한 결심에서 나오는 것이며, 또한 삶의 길을 가는 동안 나 자신을 잊어버리지 않을 수 있는 능력과 세상을 받아들일 수 있는 능력을 키우겠다는 확고한 의지에서 비롯하는 것이다." 결국 그가 말하는 느림이란 노동에 지배당하기 쉬운 삶 속에서는 자신을 잃어버리지 않기 위해 사색하는 활동을 의미합니다. 느림이 있어야 머무름이 있고, 머무름이 있어야 사색의 시간을 확보할 수 있기 때문이지요. 그리고 그러한 여유가 있어야 앞에 놓인 커피도 제대로 음미할 수 있습니다.

비슷한 맥락에서 쌍소는 "나는 분명 권태를 예찬한다"면서 권태찬양론을 설파하기도 했습니다. 대체로 사람들은 권태라고 하면 어떤 일에 시들해져서 생기는 지루함이나 싫증을 떠올리는데, 쌍소가 말하는 권태는 이와 다릅니다. 그가 말하는 권태란, "아무런 할 일이 없거나, 그리 급할 것도 없는 일을 잠시 뒤로 밀쳐놓을 수 있을 때, 느긋한 행복감에 젖어서 기분 좋게 기지개를 켜며 만족스러운 하품을 해댈 수 있는 그런 권태"입니다. 시간에 쫓기지 않고 삶을 느긋하게 즐기며 행복감을 맛보는 상태지요. 요즘 식으로 말하면, '소확행'쯤 될까요. 그는 이러한 상태를 "고급스러운 권태"라 불렀습니다. 결국 쌍소가 권하는 권태란 시간에 쫓기지 않고, 일상의 지배에 빠져들지 않으며, 잠시 세상과 거리를 둠으로써 자신만의 리듬으로 일상의 한가로움을 즐기는 상태를 말합니다. 이러한 고급스러운 권태에는 커피가 빠질 수 없지요.

이렇듯 일상에서 '커피 한 잔의 여유'조차 갖지 못한다면 행복하게 산다고 말하기 어렵습니다. 이런 여유를 나태함이나 게으름과 혼동해서는 곤란합니다. 쌍소는 자신이 권하는 권태를 이렇게 평했습니다. "내게 있어 권태란 세상에 가까이 다가가고, 그 세상을 성실히 누리고, 다시 세상으로부터 벗어나고, 그랬다가 다시 돌아가 세상의 새로운 맛을 더 잘 느끼기 위해 선택한 삶의 방식이다." 때때로 커피 한 잔의 여유로움과 권태를 즐길 수 있어야 다시 일터에 나가 업무에 몰입할 수도 있을 것입니다. 이제 커피는 현대인들에게 있어 떼려야 뗄 수 없는 기호품이 되었습니다. 하지만 커피와의 만남이 당사자에게 어떤 의미로 다가오는지는 개인마다 다릅니다. 커피는 초조하게 연인을 기다리는 마음을 달래줄 위로제가 될 수도 있고, 예술혼을 불태우는 강장제가 될 수도 있고, 삶의 여유로움과 고급스러운 권태를 즐기는 친구가 될 수도 있습니다. 무엇이 되었건 장기하의 노래 가사처럼, 미지근한 〈싸구려 커피〉를 마시며 쓰려오는 속을 달래는 일만은 피했으면 좋겠습니다.

# 나에게
# 돈을
# 보여줘

**강남에서 부르는 노래**

우리 집은 너무 가난하여 운전사도 가난하고, 가정부도 가난하고, 정원사도 가난하다는 우스갯소리가 있습니다. 가끔은 생각해봅니다. 대한민국은 어떤 나라인가요? 부자 나라인가요, 가난한 나라인가요? 보는 관점에 따라 다르겠지만, 1970년대만큼은 그렇지 않았습니다. 가난한 나라를 잘살게 해보겠다는 국민의 염원은 '잘살아보세'라는 슬로건으로 이어졌습니다. 전국 방방곡곡에서 초가집을 부수고 새 집을 지었지요. 수출 한국이라는 목표 아래 한국인 모두가 개인의 삶을 포기한 채 불철주야 일에 매달렸습니다. 그때는 그것이 당연한 일이라고 생각했지요.

하지만 세상의 일은 우리 뜻대로 전개되지 않았습니다. 1973년 일어난 석유파동은 수출에 의존해야 하고 석유 한 방울 나지 않는 한국인들에게는 큰 타격이 아닐 수 없었습니다. 상황이 이러하다보니 한국은 이전부터 석유의 중요성을 깨닫고 산유국의 꿈을 실현하기 위해 제주도

남단 7만㎢에 해당하는 제7해저광구 개발에 착수하고 있었습니다. 당시 조사를 담당했던 필립스사를 비롯한 미국의 정유회사는 제주도와 일본 큐슈 서쪽 중간 지점의 대륙붕에 72억 톤에 달하는 석유와 천연가스 매장이 추정된다는 보고서를 제출했지요. 그러자 박정희 전 대통령은 이곳을 대한민국의 대륙붕으로 선포하기에 이릅니다. 이에 일본은 강하게 반발했고 결국 1974년 한일대륙붕협정이 체결되어 1978년 발효되었습니다. 한일대륙붕협정은 2028년에 만료되는데 그 사이 배타적 경제수역이 국제적으로 새롭게 정의되었고 제7광구의 수역에 대해 일본이 자신의 관할로 주장하면서 이 지역에 매장된 72억 톤에 달하는 석유와 가스에 대한 소유권 주장은 조만간 다시 수면으로 떠오를 것으로 추정됩니다.

역사적인 내용이야 어찌 되었든 제7광구를 통한 한국의 산유국에 대한 꿈은 가요계에도 영향을 미쳤습니다. 1978년 발표되어 히트한 〈제7광구〉 **이승대 작사·작곡, 정난이 노래**가 대표적인 노래입니다. 이 곡은 '제2의 김추자'라 불리던 정난이가 불렀지요. 미군부대에서 오랜 연주 생활을 거친 고고밴드 데블스 출신 김명길이 펑키하게 편곡한 〈제7광구〉는 1970년대 들을 수 있는 몇 안 되는 소울한 블랙뮤직 사운드입니다.

♪

나의 꿈이 출렁이는 바다 깊은 곳
흑진주 빛을 잃고 숨어 있는 곳
제7광구 검은 진주

새털구름 하늘 높이 뭉실 떠가듯
온누리의 작은 꿈이 너를 찾는다

제7광구 검은 진주

〈제 7광구〉 중에서

다소 거시적인 관점에서 돈 이야기를 시작했는데, 가요 속에서 보여지는 돈에 관한 노래는 순수함이 엿보입니다. 가난하지만 순수한 행복을 추구하면 황금만능주의를 극복할 수 있다는 일종의 열등감에서 시작된 노래들이 주로 히트했습니다. 1993년 철이와 미애가 부른 〈뚜벅이 사랑〉은 차 없이 걸어다니는 남자가 돈을 밝히며 록카페나 다니는 여자에게, 너를 떠났지만 미련이 남아 아직은 사랑한다고 읊조리는 노래입니다. 2000년대에는 사라진 단어 '뚜벅이'는 연애할 때 차도 없이 걸어다니는 남자를 지칭하는 표현입니다. '가난한 사랑'의 전형이라고나 할까요.

1990년대는 강남개발이 본격적으로 시작되면서 경제의 중심이 종로에서 압구정동과 강남으로 이동하기 시작하던 시기입니다. 이 시기 강남 지역에는 땅값 상승으로 인해 '졸부'들이 탄생했는데, 그들의 자녀들이 고급차를 몰고 다니며 돈을 물 쓰듯 하는 바람에 생겨난 용어가 바로 '오렌지족' '야타족'이지요. 그들은 평범한 사람들과 이른바 '구별 짓기'를 시도하면서 이전과 같이 20대에 지하철과 버스를 타고 다니는 건강한 남자들을 졸지에 '뚜벅이'로 만들어버렸습니다.

1980년대부터 강남의 나이트클럽에서 DJ로 활동하며 무명 시절을 보냈던 가수 신철은 나이트클럽에서 부자와 가난한 자의 경계가 무엇인지에 대해 몸소 깨달은 것으로 생각되는데, 그가 철이와 미애 활동 이후 DJ.DOC를 제작하면서 〈슈퍼맨의 비애〉와 같은 세상의 편견에 맞서는 노래를 발표한 것들을 보면 충분히 이해가 되는 대목입니다. 참고로

〈뚜벅이 사랑〉의 도입부에 나오는 샘플링 곡은 만화영화 〈형사 가제트〉에도 등장하는 귀에 익숙한 멜로디인데, 에드바르 그리그Edvard Grieg의 페르귄트Peer Gynt 모음곡 중 〈산왕의 궁전에서〉를 차용한 것입니다.

강남에 대한 불편한 이야기를 꺼냈으니 2012년에 발표되어 빌보드 싱글차트 2위까지 오르며 전례 없는 히트를 기록한 싸이의 〈강남스타일〉도 언급할 필요가 있겠습니다. 싸이(본명 박재상)는 1977년생으로 1990년대 강남에 집에 좀 산다는 사람들이 몰려들던 시기에 학창시절을 보내며 나이트클럽을 자주 들락거렸습니다. 그는 자신의 경험을 줄곧 노래로 만들어왔는데 〈강남스타일〉이 발표되기 전까지는 이른바 '비호감' 스타일이었습니다. 시민단체와 보수적인 기성세대들 사이에서 미풍양속을 저해하는 인물에 가까웠고, 병역기피로 인해 군대에 두 번이나 간 다분히 '별종'으로 취급받던 연예인이었습니다. 심지어 그의 데뷔곡 〈새〉를 수록한 1집 《Psy From The Psycho World》2000는 연소자 이용불가 판정을 받았지요. 여기서 〈새〉는 조류가 아니고 "일을 그르쳐 바보가 되었다"는 뜻의 뒷골목 은어입니다.

2002년 발매된 2집 《싸2》은 노골적인 성적표현과 욕설로 인해 7곡이 19세 미만 청취금지 판정을 받았습니다. 심지어 2집의 앨범재킷에는 성인용成人用이라는 문구까지 쓰여 있습니다. 이후 싸이는 각종 관련 단체의 블랙리스트에 올라 모니터링을 당하는 신세였는데, 2012년 발매한 5집 《Right Now》의 경우에는 술에 관한 표현으로 여성가족부로부터 19금 판매금지 판정을 받았습니다. 2012년 발표한 《강남스타일》은 그동안 그가 보여주었던 행보의 연장선상이었습니다. 자신을 상징하는 '강남스타일'이란 허구한 날 나이트클럽에 들락거리면서 낮에는 커피를 원샷 때리다가 밤이면 심장이 뜨거워지도록 나이트클럽에서 밤새 놀아재끼는 돈 좀 있는 강남에 사는 남자를 의미합니다. 〈강남스타일〉은 강남에 살지 않는 여성이 강남에 사는 사람을 부러워하며 "오빤 강남스타일"을 외치는 것입니다. 한마디로 전형적인 '한량'들의 노래라 하겠습니다.

그런데 〈강남스타일〉은 놀랍게도 미국에 진출해 빅히트하면서 한국을 대표하는 상품이 되었습니다. 만약 이 곡이 거대한 히트를 하지 않았다면 어떻게 되었을까요? 아마도 이전에 그래왔듯 시민단체나 여성가족부에서 내용이 불건전하다며 청소년 유해판정을 내려달라고 청원을 했을지도 모릅니다. 사실 〈강남스타일〉의 가사는 그다지 긍정적으로 해석하기 어렵습니다. 강남에 살면서 비싼 나이트클럽에서 제 집처럼 들락거릴 재력을 가진 남자를 타 지역의 여성들이 호감을 보인다는 사실을 긍정적으로 생각하는 사람이 얼마나 있을까요? 물론 〈강남스타일〉 자체에 문제가 있다는 고리타분한 도덕에 관한 이야기를 하려는 것은 아닙니다. 오히려 싸이는 이러한 뒷골목 이야기들을 노골적으로 드러내놓는, 솔직함을 자신의 트레이드마크로 내놓은 가수입니다. 그 점에 대해서는 그의 용기와 '똘끼'에 박수를 보낼 만합니다. 양의 탈을 쓴 늑대보다는 "나 늑대요"라고 솔직하게 말하는 편이 오히려 낫기 때문입니다. 그는 세계의 사람들을 어떻게 흥겹게 만들 수 있는지 알고 있는 뛰어난 가수입니다. 다만 나이트클럽에서 돈 쓰는 부자를 부러워하는 여성에 관한 노래가 빅히트한 한국 사회의 단면을 언급하고 싶을 뿐입니다.

대한민국의 모든 젊은이가 강남스타일을 따를 수는 없습니다. 〈강남스타일〉과 달리 블루스 가수 김대중의 〈300/30〉 **김대중 작사·작곡·노래**은 서울 외곽 지역에서 몇 푼의 돈으로 월세를 알아보며 고군분투한 사연을 노래했지요. 김대중은 인디씬에서 블루스 장르의 노래를 부르는 가수입니다. 그는 〈강남스타일〉의 한량들과는 달리, 다른 일을 병행하면서 생계를 꾸려가야 하므로 자신이 원하는 노래를 마음대로 부를 수 있는 처지의 가수 중 한 명입니다. 그는 서울 변두리에서 싸구려 방을 구하러 다닌 박형의 경험을 토대로 한 노래 〈300/30〉을 발표했는데, 제목에서부터 무엇을 말하는지 벌써 짐작했을 것입니다.

🎵

(처음 이 노래를 부른 사람은 박형입니다. 박형은 노원구 상계동에 사는 블루스 하모니카 연주자입니다. 1997년 3월 경기도 안성 내리에서 우리 둘은 처음 만났습니다.)

삼백에 삼십으로 신월동에 가보니
동네 옥상위로 온종일 끌려다니네 이것은 연탄창고 아닌가
비행기 바퀴가 잡힐 것만 같아요 평양냉면 먹고 싶네

삼백에 삼십으로 녹번동에 가보니
동네 지하실로 온종일 끌려다니네 이것은 방공호가 아닌가
핵폭탄이 떨어져도 안전할 것 같아요 평양냉면 먹고 싶네

〈300/30〉 중에서

위에서 언급한 노래 외에도 돈에 관련된 노래들은 넘쳐납니다. 한복남의 〈빈대떡 신사〉1950부터 왁스의 〈머니〉2001까지 각 시대별로 히트곡이 나왔는데, 돈과 얽힌 사연을 노래한 곡들을 모두 나열해보면 공통점을 발견할 수 있습니다. 이 노래들은 돈에 끌려다니는 인간의 슬픈 심상을 역설적으로 흥겨운 댄스곡으로 표현했다는 점입니다. 돈을 통해 벌어지는 인간군상을 해학적으로 바라보려고 했다고 생각해볼 수 있습

니다.

마지막으로 해학이라고 단정할 수는 없지만 묘한 웃음을 자아내게 만드는 세세세의 〈아미가르 레스토랑〉**최수정 작사·작곡, 세세세 노래**도 빼놓을 수 없을 것입니다. 이 곡의 도입부에 등장하는 "돈도니돈돈 돈도니돈도니"는 뜻을 알 수 없는 단어의 동어반복이지만 특별한 매력으로 듣는 이로 하여금 끌리게 만들었습니다. 곡을 만든 최수정은 '돈도니'라는 표현 하나에 '돈'과 '돌겠다'는 중의적인 뜻을 담으려고 한 것으로 보여집니다. 그리고 그 의도는 이 노래에서 매우 적절하게 표현되었습니다. 〈아미가르 레스토랑〉은 마이너 히트한 후 잊혔다가 2000년대 어느 날 개그우먼 안영미가 방송에 출연해 종종 불렀는데 '돈도니'를 반복할 때 그녀의 모습은 돈이 많다는 것인지, 없다는 것인지, 돌겠다는 것인지 쉽게 알기 어렵지만 흥미로우면서도 중독성이 있습니다. 하여간 돈은 묘한 물건임이 틀림이 없습니다. 안영미의 '돈도니'는 유튜브에서 쉽게 확인할 수 있습니다.

♪
돈도니돈돈 돈도니돈도니 화려한 음악속에 쉐이크 쉑헨드
돈도니돈돈 돈도니돈도니 외로운밤을 모두 멀리 날려줘
지금 흐르는 음악은 아미가르 레스토랑
멋진 내일의 밤을 위하여 흐르는노래

너희는 그런 곳에 가지마라 아미가르 레스토랑 헤이헤이
매일같이 나를 간섭하는 내 어머니 그런 옷은 안된다
안델센의 동화를 읽는 어린 내가 아냐 나도 이젠
지금 내 머리 속에 상상하는 일들은 결코 어리지 않아

요 어머니 나도 멋진 사랑을 이젠 하고 싶어

친구대 친구처럼 돈 셋 잇 마마 나를 놓아줘

〈아미가르 레스토랑〉 중에서

**Listen to the Music!**

▶ 정난이 〈제7광구〉

▶ 김대중 〈300/30〉

▶ 세세세 〈아미가르 레스토랑〉

## 속물은 또 다른 속물을 낳고

"양복 입은 신사가 요릿집 문 밖에서 매를 맞는다"는 설정으로 시작되는 한복남의 〈빈대떡 신사〉는 요즘 식으로 말하면, '폼생폼사(폼에 죽고 폼에 사는 사람)'의 전형입니다. 노래 제목인 '빈대떡 신사'는 형용모순의 표현입니다. 가난한 서민을 대표하는 '빈대떡'과 부자를 상징하는 '신사'를 하나의 단어로 연결했기 때문입니다. 빈대떡을 먹는 사람 중에는 신사가 없고 신사는 (요릿집이나 기생집을 가지) 대폿집에서 빈대떡을 부쳐 먹지는 않습니다. 노래 속 양복 입은 신사는 지갑에 땡전 한 푼도 없으면서 용감하게 요릿집을 갔다가 나올 때는 돈이 없어서 매를 맞습니다. "돈 없으면 대폿집에서 빈대떡이나 부쳐 먹지 / 한 푼 없는 건달이 요릿집이 무어냐 기생집이 무어냐" 하는 비아냥을 들으면서요.

〈빈대떡 신사〉는 왜 돈도 없으면서 요릿집을 찾는 것일까요? 그가 '양복'을 입고 있었기 때문입니다. 그가 당당하게 요릿집에 입장할 때만 해도 '뽐을 내며' 들어갔습니다. 요릿집 주인도 공손하게 그를 맞이했을 것입니다. 왜냐고요? 그가 '양복 입은 신사'이기 때문이지요. 비록 지금 그의 수중에는 땡전 한 푼 없지만—그 사실은 본인만 알고 있습니다—외형적으로 그는 근사한 양복을 차려입은 신사입니다. 사람들은 그를 볼 때 그가 차려입은 양복으로 평가하지 지갑 속에 현찰이 얼마나 들어 있는지는 생각지 않습니다. 그가 자진하여 빈 지갑을 까뒤집으면서 "나는 땡전 한 푼 없는 건달이요" 하고 커밍아웃을 할 리도 없습니다. 그는 어쨌거나 양복을 걸친 신사지요. 그러니 대폿집에서 빈대떡이나 부쳐 먹을 수는 없는 노릇입니다. 설령 나중에 돈이 없어서 매를 맞는 한이 있더라도요.

사람들은 누군가를 평가할 때 겉에 보이는 것으로 판단하는 경향이 있습니다. 하지만 이런 사람은 속물일 가능성이 높습니다. 속물俗物이란 말 그대로 '속된 물건'이란 의미지요. 하지만 이 표현을 사람에게 사용하는 경우에는 '교양이 없거나 식견이 좁고 세속적인 일에만 신경을 쓰는 사람'을 일컫습니다. '세속적世俗的'이란 말도 사실은 '세상의 일반적인 풍속을 따르는' 것을 의미하는데, 그 속에는 부정적인 뉘앙스로 가득하지요. 돈, 명예, 권력, 명성 등 많은 사람이 중요하게 생각하는 것들이 세속적인 물건인데, 그중에서 가장 대표적인 것이 '돈'입니다. 자본주의 사회에서는 거의 모든 사람이 돈을 가장 중요하게 생각하기 때문입니다.

한편 속물들이 가지는 근본적인 성질을 '속물근성'이라고 부릅니다. '속물근성snobbery'이라는 말은 19세기 초에 영국에서 처음 사용된 말인데, 옥스퍼드나 캠브리지 등 명문대학 시험에서 일반 학생을 귀족 자제와 구별하기 위해 작위가 없다는 의미에서 이름 옆에 'sine nobilitate(약어로 's.nob.'이라 표기합니다)'라고 쓴 것에서 유래되었습니다. 말하자면, 처음에는 높은 지위를 갖지 못한 사람을 가리키는 표식으로 사용되었습니다.

하지만 무엇 때문인지는 몰라도 그 이후부터는 정반대의 의미로 사용되고 있지요. 즉 상대방에게 높은 지위가 없으면 불쾌해하는 사람을 가리켜 '속물'이라고 부르게 된 것입니다. 오늘날에는 돈의 많고 적음이 지위의 높낮이를 결정합니다. 돈이 대표적인 지위의 상징이자 기호가 된 것입니다. 이제 돈 많은 사람이 곧 지위가 높은 사람이지요. 백화점에서는 "손님이 왕"이라는 말을 자주 사용하는데, 돈이 곧 지위를 의미한다는 뜻입니다. 따라서 요즘은 상대방이 가진 돈으로 그 사람의 가치를 평가하는 사람은 모두 속물이라고 보아도 무방합니다.

정도의 차이는 있겠지만 사람은 누구나 속물근성을 가지고 있습니다. 〈빈대떡 신사〉에서 양복 입은 신사와 요릿집 주인 중에서 누가 더 속물일까요? 요릿집 주인이지요. 물론 양복 입은 신사도 속물일 가능성이 높지만, 일단 노래 가사로만 판단하면 그는 속물이라기보다 '허세남'에 가깝습니다. 쥐뿔 가진 것도 없으면서 부자인 척 요릿집을 드나들기 때문입니다. 반면 요릿집 주인은 속물이 확실합니다. 그는 양복 입은 신사가 '뽐을 내며' 요릿집에 들어올 때만 해도 허리를 90도로 굽히며 절을 했을 겁니다. 하지만 나올 때는 돈이 없어 쩔쩔 매는 모습을 보자 순식간에 돌변합니다. 급기야 손님에게 매를 들기까지 했습니다. 요릿집 주인은 손님의 외형적인 모습으로만 판단한 것입니다. 그래서 속물입니다.

사람들은 누구나 속물근성을 조금씩은 가지고 있으면서 그러한 사실을 겉으로 드러내려 하지는 않습니다. 왜냐하면 속물이라는 평가 속에는 당사자를 경멸하려는 의도가 내포되어 있기 때문입니다. 사람들은 왜 속물을 멸시할까요? 속물들은 타인을 대할 때 구분하고 차별하기 때문입니다. 그들은 상대가 가진 돈의 많고 적음이나 지위의 고하를 따져서 차별적으로 대합니다. 하지만 속물의 독특한 특징은 단순히 차별행위를 하는 것에만 있지 않습니다. 그가 사회적 지위와 인간의 가치를 동일하게 본다는 데 있습니다. 높은 지위를 가진 사람은 가치 있는 사람으로, 낮은 지위를 가진 사람은 가치 없는 인간으로 보는 겁니다. 인간을 본질적인 가치로 보지 않고 외형적인 지위에 빗대어보는 속물 집단의 태도에 대해서 경멸의 눈초리를 보내는 것입니다.

하지만 속물이 진짜 문제가 되는 것은 다른 곳에 있습니다. 속물들은 상대방의 돈과 지위 등 외형적인 모습에만 관심을 갖기 때문에 상대의 외적인 모습이 바뀌게 되면 지금까지 보여주었던 태도를 순식간에 바꾼다는 데 있습니다. 지위가 높을 때는 살갑게 대하다가도 지위가 사라지면 지금까지 보여왔던 태도를 갑자기 철회합니다. 〈빈대떡 신사〉에서 양복 입은 신사가 요릿집을 입장할 때는 왕이라도 모시듯 굽실거리다가도 계산할 때 돈이 없다고 하니까 갑자기 돌변하여 박대하기 시작했습니다. 심지어 손님에게 매를 들기도 했지요.(3차 산업에 종사하는 CEO로서 마땅히 가져야 할 서비스 정신이라고는 눈 씻고 찾아볼 수가 없습니다)

이처럼 속물은 인간의 본질에 기초하여 관계하지 않고 그가 가진 외형적 모습에 따라 관계의 질을 달리하며, 외양外樣이 바뀌면 순식간에 안면을 바꾸는 유형의 인간입니다. 그런데 어떤 사람이 속물인지 아닌지는 언제나 명확하게 구분될까요? 그렇지 않습니다. 아무리 속물근성을 가진 사람이라도 자신이 타인을 존중하는 이유에 대해 그 사람이 가진 돈이나 지위 때문이라고 굳이 말하지는 않기 때문이지요.(〈빈대떡 신사〉에서 요릿집 주인도 양복 입은 신사가 돈이 없다는 사실을 알기 전까지는 공손하게 대했습니다. 그가 돌변하게 된 순간은 신사가 땡전 한 푼 없는 건달이라는 사실을 확인한 뒤부터였습니다) 요컨대 속물은 자신이 속물근성을 가지고 있음을 상대에게 노출시키지 않습니다.

속물이 속물근성을 숨기는 이유는 상대를 위해서이기도 합니다. 상대방 입장에서도 자신에게 잘 대해주는 이유가 자신이 가진 돈이나 지위 때문이라고 고백한다면, 그것이 기분 좋을 리 없기 때문입니다. 그 결과, 모두가 속물이면서도 각자 속물근성을 숨긴 채 서로에게 웃는 얼굴로 대합니다. 서로가 서로에게 가면을 쓰고 존중하는 척하는 것입니다. 사람들은 속물들에게 무시당하지 않기 위해서라도 악착같이 돈을 모으고 지위를 높이려고 노력합니다. 우리가 사는 곳은 속물들로 가득한 세상인데 많은 돈이나 높은 지위는 속물들의 공격으로부터 자신을 보호하는 방패막이 되어주기 때문이지요.

사람들은 언제부터 돈을 선호했을까요? 정확히는 알 수 없지만 아주 오래된 것만은 틀림이 없습니다. 사마천의 《사기》〈화식열전貨殖列傳〉에 이런 대목이 나옵니다. "무릇 사람들은 자기보다 열 배 부자에 대해서는 헐뜯지만, 백 배가 되면 두려워하고, 천 배가 되면 그의 일을 해주고, 만 배가 되면 그의 노예가 된다." 예로부터 사람들은 돈 앞에서 비굴하게 굴었습니다. 말하자면, 속물처럼 행동하는 경우가 많았습니다. 사마천의 주장처럼, 사람들은 자기보다 돈이 조금 많은 사람은 시기하지만 돈이 엄청 많아지면 머리를 조아리고 심지어 노예가 되기도 했습니다.

사람들은 왜 돈에게 굽실거렸을까요? 돈의 힘이 그만큼 강력하기 때문입니다. "신은 죽었다"는 니체의 선언 이후로 그 자리를 대신한 존재가 바로 '돈'이 아닌가 싶습니다. 자본주의가 되면서 돈은 하루가 다르게 힘을 키워왔고 지금은 그야말로 전능한 힘을 보유하게 되었지요. 그 결과, 현대인들은 돈 앞에서 몸을 낮추고 돈 때문에 자존심을 내려놓았습니다. 부자에게는 극진하게 대하고 존중하고 심지어 존경하는 마음까지 가지게 되었습니다. 돈만 많다면 인품과 학식도 매너도 별로 중요하지 않게 생각했습니다. 그러는 사이 자신도 모르게 속물근성이 자라났고 점점 속물로 변하고 말았습니다.

1844년 마르크스Karl Heinrich Marx가 쓴 책《경제학 – 철학 수고》에서는 괴테와 셰익스피어의 작품을 인용하면서 돈의 우월한 힘을 증언하고 있습니다. 가령, 셰익스피어의 작품《아테네의 티몬》에 이런 주장이 나옵니다. "금, 귀중하고 반짝거리는 순금, 아니 신神들이여! 이것만 있으면 추한 것을 아름답게, 나쁜 것을 좋게, 늙은 것을 젊게, 비천한 것을 고귀하게 만든다네." 셰익스피어는 주로 16세기 후반에 활동했는데, 당시 돈의 역할을 했던 순금은 엄청난 힘을 가진 물건이었습니다. 순금만 있으면 추한 것도 아름답게 만들 수 있고, 나쁜 것을 좋게 만들 수 있습니다. 늙은 사람을 젊게 만드는 것도 가능하고 비천한 것도 고귀하게 만들 정도였으니 셰익스피어가 '신'이라 부르는 것도 이해할 만하지요. 심지어 셰익스피어는 "(순금은) 늙어 빠진 과부에게 청혼자를 데리고 온다"고 노래하기도 했습니다. 한마디로 돈은 모든 가치를 전도시킬 정도로 막강한 힘을 가진, 신과 같은 존재입니다.

돈은 어떻게 그토록 강력한 힘을 보유하게 된 것일까요? 돈으로 다른 모든 것을 구매할 수 있는 '교환가능성' 때문이지요. 원래도 그랬지만 자본주의가 되면서 모든 상품은 돈으로 교환 가능해졌습니다. 이 때문에 이제 모든 물건은 사용가치보다 교환가치가 더 중요해졌습니다. 모든 것의 가치는 돈으로 환산 가능해졌고 그 결과 돈이 최고의 지위에 올랐습니다. 이제 돈만 있으면 자신이 원하는 모든 것을 살 수 있게 되었습니다. 돈으로는 자신이 갖고 싶은 물건을 구매할 수도 있고 심지어 자신이 원하는 사람도 살 수 있습니다. 돈만 있으면 사랑이나 우정도 살 수 있다고 말하는 사람도 생겨났습니다.

2000년 KBS에서 방영한 드라마 〈가을동화〉에서 남자 주인공 태석(원빈 분)이 여주인공 은서(송혜교 분)에게 이런 말을 합니다. "얼마면 돼? 얼마면 되겠니?" 돈 많고 잘생긴 남자배우가 한 말이라서 그런지 멋지다면서 감동하는 사람도 많았는데, 사실 그 대사는 매우 비인간적인 표현입니다. 남자 주인공은 지금 돈으로 사랑도 살 수 있다고 생각하고 있기 때문입니다. 이런 현상을 별 거부감 없이 받아들이는 세태를 보면, 요즘은 돈이 신이 된 세상인 것 같기도 합니다. 돈만 있으면 무엇이라도 구매할 수 있으니까요. 우리는 지금 이런 요지경 같은 세상에 살고 있습니다. 오늘날에는 돈으로 사람을 평가하는 속물이 별 거부감 없이 받아들여지기도 합니다.

    세계적인 선풍을 일으켰던 싸이의 〈강남스타일〉이 인기를 끈 것도 동일한 맥락에서 이해할 수 있습니다. 노래에서 화자는 "오빤 강남스타일"이라면 자신의 정체성을 소개하는데, 아무런 거리낌도 없고 자신감마저 엿보입니다. 한국에서 '강남스타일'이란 유한계급의 대명사입니다. 1980~1990년대 '오렌지족'과 '야타족'의 2010년대 버전이라고나 할까요. 유한계급이란 생산 활동에 종사하지 아니하면서 소유한 재산으로 소비만 하는 계층을 일컫는데, 한마디로 놀고먹는 족속이란 뜻이지요. '강남스타일'들은 자신들이 가진 재산을 바탕으로 허구한 날 나이트클럽을 전전하면서 욕망의 밤을 불태웁니다. 그러면서도 그들은 돈 걱정하는 법이 없지요. 왜일까요? 돈은 많으니까요. 강남스타일이니까요.

    〈강남스타일〉도 속물근성은 가득합니다. 하지만 그들이 예전 속물과 다른 점은 자신이 속물임을 굳이 숨기지 않는다는 점입니다. 스스로를 "오빤 강남스타일"이라면서 당당히 밝힌 후, "아름다워 사랑스러워 / 그래 너 hey 그래 바로 너 hey / 지금부터 갈 데까지 가볼까" 하면서 대놓고 여성을 유혹합니다. 이는 〈가을동화〉에서 원빈이 송혜교에게 "얼마면 돼? 얼마면 되겠니?"라면서 구애하는 것과 근본적으로 다르지 않습니다. 이 같은 현상은 2012년 Mnet에서 방송된 힙합 가수 공개 오디션 프로그램의 이름이 〈쇼미더머니 Show me the money〉라는 것에서도 엿볼 수 있습니다.(〈쇼미더머니〉는 매년 새로운 시즌을 시작하는 인기 방송입니다) 나에게 돈을 보여 달라, 그러면 너랑 놀아주겠다! 뭐 이런 식입니다. 지금은 속물임을 숨길 필요가 없는 시대가 되었습니다. 상대도 속물이라서 돈만 많다면 아무런 문제가 될 게 없기 때문입니다.

하지만 이런 현상을 바람직하다고 볼 수는 없습니다. 왜냐하면 속물은 또 다른 속물을 낳기 때문이지요.《유한계급론》의 저자인 소스타인 베블런 Thorstein Bunde Veblen에 따르면, 유한계급은 돈을 펑펑 쓰면서 과시적 소비를 즐기는데 그들이 소비를 일삼는 근본적 동기는 '경쟁' 때문입니다. 그들은 남들에게 과시적 소비를 보여줌으로써 사회적 지위를 자랑합니다. 그들 사이에는 돈을 낭비할수록 지위가 높은 사람이 됩니다. 그래서 너도나도 경쟁적으로 과시적 소비에 앞장섭니다. 그들의 행태를 평범한 사람들은 이해하기 어렵지만, 돈이 엄청나게 많으면 그럴 수도 있겠다 싶습니다. 하지만 문제는 돈 많은 유한계급을 따라하려는 사람이 생겨난다는 데 있습니다.

베블런도 이 점을 지적합니다. "유한계급들은 과시적 소비를 가지고 자신의 사회적 지위를 과시하는데, 이는 바로 밑에 있는 계급에 의해 부러움을 사고 모방되어 유행이 만들어진다. 즉 과시적 소비로써 상류 계급은 자신의 지위를 뽐내고 아래 계급은 그것을 모방함으로써 계급적 열등의식을 달래는 것이다." 결국 유한계급이 과시적 소비를 하는 것과 아래 계급이 따라하는 것에는 목적이 다릅니다. 유한계급은 자신의 지위를 뽐내려고 소비에 열을 올리는 반면, 아래 계급은 자신의 계급적 열등의식을 달랠 목적으로 과시적 소비에 동참합니다.

    이성적으로 말하자면, 유한계급이 흥청망청 과시적 소비를 일삼는 것은 별 문제가 되지 않지요. 문제는 능력도 없으면서 그것을 따라하는 자들입니다. '뱁새가 황새 따라가다 가랑이 찢어진다'는 속담처럼, 유한계급이 아닌 자들이 그들을 따라하다가는 자칫 가랑이가 찢어질 수도 있지요. 이처럼 유한계급이 아닌 자들이 그들의 행동을 모방하고, 그 결과 유한계급의 행동이 유행처럼 퍼져나가는 것은 사회적 문제가 될 수도 있습니다. 유한계급의 행동이 사회적 유행이 됨으로써 받는 피해는 고스란히 그들을 모방한 돈 없는 자들의 몫으로 남지요. 이것이 오렌지족, 야타족, 강남스타일, 쇼미더머니 등 한량들의 속물 문화를 마냥 긍정적으로만 바라볼 수 없는 이유입니다. 1950년대 〈빈대떡 신사〉는 개인적 일탈에 그쳤지만, 2010년대 〈강남스타일〉은 모방 심리를 자극하여 사회적 문제로 확대될 수도 있습니다.

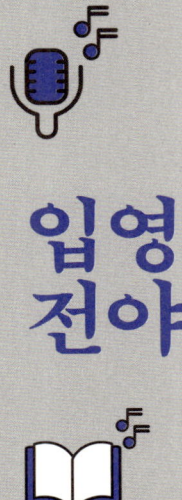

# 입영 전야

### "어색해진 짧은 머리를" 보여다오

한국 현대사에서 가장 아쉬운 장면을 고른다면 2차 세계대전의 승전 후 맥아더 장군이 남한 통치를 존 하지 장군에게 일임했다는 점입니다. 존 하지 장군은 남한을 잘 모르는 상태에서 손쉽게 지배하기 위해 일본인들과 친일파가 장악하던 남한의 시스템을 그대로 유지하는 정책을 펼쳤습니다. 이후 남한은 서민의 돈을 가로챈 재력으로 무장한 친일파, 우익과 좌익이 반목하며 혼란의 상태로 빠져들게 됐으며 그 사이를 틈타 6·25전쟁은 발발하고야 말았습니다.

    6·25전쟁의 폐해 중에 하나는 국방력이 매우 중요하게 대두되었다는 점입니다. 때문에 대한민국 모든 남성은 국방의 의무를 필수적으로 이행해야 했는데 그러다보니 군대는 강한 군기만이 존재하고 인권이나 자유 등은 뒷전으로 밀릴 수밖에 없었습니다. 때문에 군대에 간다는 것은 20대 초반의 남자들에게는 마치 지옥에 끌려가듯 가기 싫은 곳이

되고 말았습니다. 그 결과, 대한민국 청년들은 입대 전까지 흥청망청 살다가 전역 후에 정신 차려서 인간답게 살아가게 된다는 3류 영화 줄거리 같은 인생을 별 거부감 없이 받아들이며 살게 되었지요.

　이렇듯 군대란 청춘에게는 가혹한 형벌이며, 입영통지서는 저승사자가 건넨 지옥행 티켓에 가깝습니다. 군대를 다녀온 사람은 마치 지옥의 문턱에서 살아 돌아온 사람처럼 온갖 무용담을 늘어놓기 일쑤지요. 하지만 그러한 고통은 순전히 당사자의 몫일 뿐입니다. 따라서 지옥을 다녀온 자가 그곳을 경험하지 못한 사람(주로 여성들)에게 전해주는 무용담은—축구 이야기처럼—별다른 흥미도 감흥도 일으키지 못합니다. 그래서 군대 이야기는 여성들이 듣기 싫어하는 남성들의 이야기에 늘 상위를 차지합니다.(널리 알려져 있지만, 여성들이 듣기 싫어하는 남자들 이야기는 3위–군대 이야기, 2위–축구 이야기, 1위–군대에서 축구한 이야기 순입니다)

　2000년 이전까지만 해도 군인이 휴가를 나오면 자신이 군인이라는 티를 내기 위해 군복을 풀어헤치고 도시를 활보하는 모습은 쉽게 볼 수 있었습니다. 스스로는 국방의 의무를 충실하게 수행하고 있는, 자랑스러운 군인이라는 자부심이 가득했겠지만 그들을 바라보는 일반 시민—특히 젊은 여성—에게는 전혀 매력적으로 다가오지 않는 게 현실이지요. '군바리(군벌레)'라고 불리지 않으면 다행일 정도입니다. 이러한 사실은 아이러니하기도 한 일이지만, 한편으로는 그렇기 때문에 군복무 시절은 당사자나 가족, 친구나 애인에게 각별한 기억으로 남을 수밖에 없고, 가요계에서도 자주는 아니지만 가끔씩 인기 메뉴로 등장하기도 했어요.

　군 관련 노래가 번창하던 시기는 물론 6·25전쟁이 끝난 지 얼마 되지 않은 1950년대와 1960년대입니다. 당시 유행한 〈빨간 마후라〉류의 진중가요(군대에서, 군인들 사이에 애창되는 가요. 한국 전쟁과 베트남 파병 당시에는 군인 외에도 학생과 일반인에게까지 알려져 널리 불렸다)가 있지만 1967년 국가재건의 분위기에 편승하여 활기찬 리듬으로 만들어진 〈육군 김일병〉 정민섭 작사·작곡, 봉봉사중창단 노래도 당시 군복무 시절을 회고해볼 수 있습니다. 〈육군 김일병〉의 노래 가사를 보면 당시 말단 사병의 심정과 일상, 그리고 사회적 위상 등을 간접적으로나마 확인할 수 있지요.

♪

신병 훈련 6개월에 짝대기 두 개
그래도 그게 어디냐고 신나는 김일병
헤이 브라보 김일병! 기상 나팔에는 투덜대지만
헤이 브라보 김일병! 식사 시간에는 용감한 병사
신나는 휴가 때면은 서울의 거리는 내 차지
나는야 쫄병이래도 그녀는 멋쟁이
백발백중 사수에다 인기도 좋아

헤이 브라보 핸섬보이~
육군 김일병님 용감한 병사

〈육군 김일병〉 중에서

1970년대 이후부터는 점차 생활이 나아지고 학생운동하던 대학생들이 군에 입대하는 일이 많아지면서 입대 관련 노래가 인기를 얻었습니다. 1970년대를 대표하는 입대 노래는 단연 최백호가 부른 〈입영전야〉였지요. 가사 마지막에 등장하는 "자 우리의 젊음을 위하여 잔을 들어라"는 1990년 김민우의 〈입영열차 안에서〉가 발표될 때까지 입대를 앞둔 젊은이들이 입대 전날 친구들과 마지막 술잔을 기울이면서 모두가 외치는 의식이 될 정도였습니다.

〈입영전야〉는 굳건한 '전설의 입대송' 자리를 순수한 소년 이미지의 가수 김민우의 〈입영열차 안에서〉에게 자리를 내주고 말았는데, 이 노래가 빅히트하면서 이른바 '입대송'이 연달아 발표되는 계기가 됐습니다. 〈입영열차 안에서〉는 흥미롭게도 여성 작사가 박주연이 노랫말을 지었습니다. 가사 중에 등장하는 "어느 날 너의 편지를 받는다면 며칠 동안 나는 잠도 못자겠지"는 여자 친구가 고무신을 '거꾸로' 신고 떠나갈까봐 노심초사하는 남자의 마음을 담은 것이기도 하지만 군에 입대하면 전화나 편지도 제대로 하지 못했던 당시 상황을 간접적으로 말해 주는 것이기도 했습니다. 사병의 자유를 통제하는 군의 상황은 2020년 4월부터 휴대전화가 가능해지면서 손편지를 주고받는 시대는 점차 사라지게 되었습니다.

입대송은 3년 후인 1993년 김광석이 녹음한 〈이등병의 편지〉가 히트했는데 이 곡은 열차 타고 막 입대하여 가족, 친구가 그리운 이등병의 마음을 소소히 담은 노래였습니다. 〈이등병의 편지〉는 원래 김광석이 원곡자가 아니었어요. 그 시작은 일산, 파주 등지에서 노래동아리 종이연을 조직해 활동하던 시인이자 작곡가인 김현성이 《한겨레신문》 2주년 창간 기념 〈겨레의 노래〉 공모에 응모된 407곡 중 12곡에 선정되면서부터였습니다. 당시 12곡을 담은 음반은 1990년 발매되었는데, 이 곡의 최초 녹음자는 전인권이었습니다. 하지만 기획의 실패로 이 노래는 별다른 인기를 얻지 못한 채 사장되었지요. 다음해에는 창작자인 김현성이 이 곡을 직접 발표했으나 역시 히트하지 못했고, 이후에 김광석이 다시 불러서 잔잔한 인기를 얻었습니다. 그러다가 2000년에 개봉한 영화 〈공동경비구역 JSA〉에 OST로 삽입되면서 군대 노래의 대표곡으로 등극하게 되었지요.

김현성은 〈가을 우체국 앞에서〉와 〈이등병의 편지〉의 작곡자이자 시인으로 대중적으로 이름을 알리게 되는데, 두 노래의 뒤늦은 히트는 노래의 주인이 따로 있음을 보여주는 것이기도 했습니다. 전설의 신검神劍 엑스칼리버도 제대로 된 영웅을 만나야 효력을 발휘할 수 있듯, 명곡도 자신과 궁합이 맞는 가수를 만나야 히트할 수 있는 법이지요. 따라서 음악가, 작가 등 콘텐츠를 만드는 사람들은 시류에 편승해 따라가기보다는 포기하지 않고 꾸준하게 좋은 노래를 만드는 것이 무엇보다 중요한 것임을 보여줍니다.

이후 군대 관련 노래로는 이장우의 〈훈련소 가는 길〉 등 여러 노래가 간간히 인기를 얻기도 했습니다. 2002년에는 오갈 데 없는 백수 예비군의 모습을 그린 영화 〈라이타를 켜라〉가 히트했는데 이 영화의 OST는 윤종신과 유희열이 맡았습니다. 재기발랄한 두 음악인은 〈이등병의 편지〉를 절묘하게 변형한 〈어느 예비군의 편지〉라는 노래를 만들었어요. 비록 크게 히트하지는 못했지만 노래 가사는 한 백수가 어머니에게 잔소리를 들은 후 예비군 훈련에 참가하는, 슬프지만 코믹한 모습을 담은 것으로 2000년대 이후 새로운 사회문제로 떠오른 청년실업의 상황을 예비군 훈련에 빗대어 재미있게 표현했습니다. 이 영화가 히트한 것은 단순히 주연배우였던 김승우와 차승원의 코믹연기 때문만은 아닐 겁니다.

군과 관련된 소재는 1990년대까지 입대라는 슬픈 이야기를 주로 소재로 다루었지만, 2000년대 들어서면서 군이 개방화, 고도화되면서 새로운 국면으로 접어들었습니다. 바로 '군통령'이라는 용어가 등장했다는 점이지요. 과거에는 많은 학생들이 군인들을 위로하기 위해 "이름도 얼굴도 모르는 국군 장병 아저씨께"라는 상투적인 멘트로 시작되는 위문편지를 보냈다면, 2000년대에 들어서는 현역의 아이돌 가수들이 군통령이 되어 전국 부대를 순회하며 공연함으로써 군 장병에게 힘을 보태주고 있습니다.

    군통령이라면 보통 여성 아이돌 가수들을 의미하는데 군통령의 역사는 이미 1960년대부터 흘러갑니다. 당시 이미자, 한명숙, 현미, 패티김, 희자매 등이 군부대와 베트남에까지 가서 화려한 가창력과 춤으로 공연을 했고, 1980~1990년대 초반에는 섹시, 청순 이미지의 여성 가수들인 강수지, 김완선, 이지현, 엄정화, 룰라 김지현, 투투 황혜영 등이 자리를 차지했습니다. 아이돌이 등장하는 1990년대 후반부터 군통령들은 S.E.S, 핑클, 베이비복스 등의 아이돌 걸그룹에게 자리를 내주었고, 이들 역시 소녀시대, EXID, AOA, 트와이스, 걸프렌드 등에게 바통을 넘겨주게 됩니다.

**Listen to the Music!**

▶ 봉봉사중창단 〈육군 김일병〉

▶ 김민우 〈입영열차 안에서〉

▶ 김광석 〈이등병의 편지〉

### 그녀가 고무신을 거꾸로 신은 이유?

대한민국 남성으로 태어났다는 사실이 가장 서러울 때는 아마도 군 입대를 앞두고서가 아닐까 싶습니다. 청춘의 절정기에 느닷없이 날아든 입영통지서는 일상생활의 단절을 알리는 신호이자, 특히 사랑하는 연인에게는 청천벽력과도 같은 일대 사건이지요. 남녀 간의 사랑이 아무리 애틋하기로서니 국방의 의무를 외면할 수는 없기에 입대 전날 남성은 친구들과 함께 "자아~ 우리의 젊음을 위하여 잔을 들어라" 하면서 결의를 다지기도 합니다. 하지만 한쪽에서는 하염없이 눈물 흘리는 연인의 모습을 보면서 어렴풋이 이별을 예감하기도 합니다. 그 결과, 남성은 입영열차 안에서 그녀의 사진을 보며 눈물을 떨구기도 해요. 이처럼 군대는 젊은 시절 맞게 되는 사랑의 위기임과 동시에 애정의 강도를 확인하는 시험대입니다.

    군 입대로 인해 이별의 아픔을 경험해야 하는 청춘의 고통이야 공감 못할 일은 아니지만, 마음을 차분히 가라앉히고 사랑에 대해 숙고하는 시간을 가져보면 어떨까요. 사람들이 사랑에 대해 자주 사용하는 표현 중 "고무신 거꾸로(바꿔) 신는다"는 말이 있습니다. 이 말은 애인이 군대를 가면 여성이 기다려주지 않고 떠난 경우에 사용하는 표현입니다. 이런 용례가 사용된다는 것은 그만큼 남성의 군 입대로 이별을 맞이하는 커플이 많다는 반증일 겁니다. 아닌 게 아니라 현실에서는 남성이 군대를 가면 여성이 기다리겠다고 약속을 하고서도 그것을 지키지 않고 소위 '고무신을 거꾸로 신는' 경우가 왕왕 일어납니다. 그리고 이런 상황은 특이한 경우도 아닙니다.

사람들은 이런 상황을 목격하면 이유 불문하고 고무신을 거꾸로 신은 여성을 부정적으로 평가하는 경향이 있습니다. "국방의 의무를 다하러 간 애인을 위해 겨우 몇 년도 못 기다려주는가!" 하면서요. 여성은 왜 군대 간 애인을 기다려주지 않고 고무신을 바꿔 신는 것일까요? 단지 마음이 변해서 그런 것일까요? 물론 마음이 변했으니까 고무신을 거꾸로 신었겠지요. 하지만 이러한 해석은 지극히 피상적 수준의 분석입니다. 좀더 깊고 정확하게 말하자면, 여성이 고무신을 바꿔 신은 이유는 그녀에게 '자유가 있기 때문'입니다. 자유 때문이라고요? 그렇습니다. 여성에게 고무신을 거꾸로 신을 자유가 있기 때문에 주변의 부정적인 시선에도 불구하고 떠날 수 있었던 것입니다.

물론 군대를 간 남자 입장에서는 여성의 '자유'가 저주스럽게 느껴질 수 있습니다. 하지만 여성의 입장에서는 그 자유만큼 소중한 것도 없습니다. 한번 생각해보세요. 만약 군대 간 애인을 기다리기로 약속한 여성에게는 어떤 일이 있어도 고무신을 거꾸로 신을 자유가 없다면 어떻게 될까요? 이런 상황에서도 여성은 행복할 수 있을까요? 어려울 겁니다. 물론 약속은 지키라고 있는 것이겠지만 반드시 지켜야만 하는 것은 아닙니다. 애인을 군대에 보낸 여성은 모두 어떤 상황이 되어도 떠날 수 없다면, 다시 말해 그녀에게 '떠날 자유'가 없다면 그것은 당사자에게 지나치게 가혹한 처사일 수 있어요.

물론 자유 때문에 애인이 고무신을 바꿔 신는다면 남성의 기분이야 좋을 리 없겠지요. 하지만 곰곰이 생각해보면, 자유란 남성에게도 소중한 것입니다. 예를 들어 여자 친구가 변심하지 않고 기다려주었다고 칩시다. 그럼, 그 사실 때문에 남성은 어떤 상황이 오더라도 그 여성과 결혼까지 해야 할까요? 약간 애매한 상황이긴 하지만 생각해보면 군대를 다녀온 남성이 다른 선택을 할 수도 있습니다. 사실 고무신을 거꾸로 신을 자유, 다시 말해 상대방을 떠날 자유는 모두에게 주어져야 옳습니다. 여성에게 고무신을 거꾸로 신을 자유가 있다면 남성에게도 군화를 바꿔 신을 자유가 주어져야 하지요. 만약 서로에게 신발을 바꿔 신을 자유가 없다면, 그것은 진정한 사랑이라고 말하기 어렵습니다. 그렇지 않은가요?

우리는 이 대목에서 진정한 사랑의 전제조건 한 가지를 발견할 수 있습니다. 그것은 '상대방을 떠날 자유'지요. 진정한 사랑이 되기 위한 전제조건으로 필요한 것은 바로 '자유'입니다. 상대방을 떠날 자유를 포함해서, 정확히 말하면 '사랑하는 사람을 선택할 수 있는 자유'가 있어야 해요. 사실 이러한 주장은 논리적으로도 맞는 말이기도 하지만 무엇보다 프랑스 철학자 장 폴 사르트르 Jean Paul Sartre의 주장이기도 합니다. 그는 사랑의 전제조건을 이렇게 말했습니다. "내가 타인에게 사랑받아야 한다면, 나는 '사랑받는 상대'로서 자유롭게 선택되어야 한다." 사르트르는 진정한 사랑의 조건으로 상대가 자유로운 상황에서 나를 선택해야 한다고 보았어요. 만약 상대방이 자유롭지 못한 상황에서 선택했다면 그때는 사랑이 주는 설렘과 기대가 반감될 것이기 때문이지요.

사랑의 조건에 대한 사르트르의 주장을 듣고 있으면 '사람은 대부분 상대를 자유롭게 선택하지 않는가' 하고 생각할 수도 있습니다. 맞습니다. 대부분 자유롭게 선택해요. 하지만 모두가 그런 것은 아닙니다. 예컨대 조선시대만 하더라도 배우자의 얼굴도 보지 않은 채 부모가 정해준 사람과 결혼하는 경우가 많았어요. 이런 경우라면 진정한 사랑이라고 볼 수 없습니다. 그들에게는 '선택의 자유'가 없었기 때문이에요. 요즘도 정략결혼을 하는 경우라면 이를 두고 진정한 사랑이라고 부르기는 민망하지요. 정략결혼이란 말 그대로 당사자의 의사와는 관계없이 특정한 이익이나 목적을 가지고 하는 결혼입니다. 자유가 전제되지 않았으므로 진정한 사랑이라고 말하기 어렵습니다. 결국 진정한 사랑이 되려면 서로 간의 '자유'가 전제되어야 합니다.

사람들은 상대방에게 '자유'가 있다는 사실을 좋아할까요, 싫어할까요? 자유라는 단어가 주는 긍정적인 어감에도 불구하고 사람들은 진정한 사랑의 전제조건으로서의 자유는 좋아하지 않습니다. 자유를 가진 상대가 고무신을 바꿔 신을 수도 있기 때문이지요. 보다 엄밀하게 말하면 자유에 대한 사람들의 반응은 이중적입니다. 무슨 말인가 하면, 대체로 사람들은 상대방이 '나를 선택할 자유'는 긍정합니다. 하지만 '나를 떠날 자유'나 '다른 사람을 사랑할 자유'에 대해서는 부정적이에요. 사실 따지고 보면 그 사람과 나의 사랑이 시작된 것도 서로가 가진 '자유' 때문이었습니다. 또 그 사랑이 끝나는 것도 당사자가 가진 '자유' 때문이지요. 사랑의 시작과 끝에는 항상 자유가 존재해요. 진정한 사랑을 위해서는 자유가 반드시 필요합니다. 이렇게 말할 수도 있겠습니다. "자유가 없다면 사랑도 없다."

그럼 자유만 있으면 진정한 사랑이 되는 것일까요? 그렇지 않습니다. 사르트르는 진정한 사랑을 위해서는 한 가지 조건이 더 필요하다고 주장합니다. 그의 말을 들어보겠습니다. "사실 사랑하는 사람이 요구하는 것은 그 상대가 자기를 두고 절대적인 선택을 했다는 것이다. 이 선택은 상대적이고 우연적이어서는 안 된다." 사르트르에 따르면, 진정한 사랑의 두 번째 조건은 '절대적인 선택'입니다. 여기서 절대적이란 말은 '상대적'이거나 '우연적'이어서는 안 된다는 뜻이지요. '절대적' '상대적' '우연적'이라는 말이 쉽게 이해되지 않을 수 있으니 예를 들어 설명해보겠습니다.

가령, 어떤 남성이 애인에게 자신을 선택한 이유에 대해서 물었어요. 이에 여성은 이렇게 대답합니다. "내가 지금까지 만나본 사람 중 돈이 제일 많아서 선택했어." 또, 이런 경우라면요? "하필 그날 비가 와서 감정이 센티멘탈해져서 나도 모르게 그만 마음이 끌렸던 것 같아." 여성의 답변을 들은 남성의 기분은 어떨까요? 당연히 안 좋겠지요. 여성은 지금 남성을 선택한 이유에 대해 '상대적'이거나 '우연적'이라고 실토하고 있기 때문이지요. 다시 말해, 나를 선택한 이유가 절대적이지 않다고 고백하고 있기 때문입니다. 이처럼 진정한 사랑의 조건으로서 '절대적'이란 말은 나의 조건 때문에 선택한 것이 아니라 내가 어떤 상황에 처하더라도 '나이기 때문에' 선택했다는 의미가 내포되어 있습니다. 조건이나 상황 때문이 아니라 '나'이기에 선택해야 진정한 사랑이라는 뜻이지요.

결국 사르트르는 진정한 사랑의 조건으로 '자유로운 선택'과 '절대적인 선택'을 요구하고 있어요. 하지만 이러한 조건을 충족시키는 사랑을 하기란 결코 쉬운 일이 아닙니다. 어쩌면 현실에서는 진정한 사랑의 조건이 쉽게 이루어지기 힘든 소망일 수도 있어요. 하지만 조건이 까다로울수록 사랑이 주는 기쁨은 배가됩니다. 사랑하는 사람이 나를 자유롭고 절대적으로 선택했다는 사실은 나를 기쁘게 하고 행복하게 만들어줍니다. 하지만 한편으로는 상대가 가진 자유가 나를 불안하게도 만듭니다. 자유를 가진 상대가 언제든지 나를 떠날 수 있기 때문이지요. 만약 한번 사랑하기로 약속한 사람끼리는 절대로 상대를 떠날 수 없다고 가정해봅시다. 이러한 상태를 진정한 사랑이라고 말할 수 있을까요? 그렇지 않습니다. 자유를 막아버린 관계는 사랑이 아니라 구속일 수도 있거든요.

사실 사랑에서 상대가 가진 자유는 나를 불안하게도 하지만, 달리 생각해보면 그 자유 때문에 더 큰 행복과 희열을 느낄 수도 있습니다. 상대방이 나를 떠날 자유를 가졌음에도 불구하고 그 자유의 가능성을 억누르고 나를 사랑해주기 때문이지요. 앞서도 말했지만, 사람들은 사랑에 대해 이중 잣대를 들이대는 경우가 많아요. 다른 사람 대신 나를 사랑하기로 선택한 상대방의 자유는 긍정하지만 나를 버리고 다른 사람을 사랑할 자유는 부정합니다. 이것이 바로 사랑과 자유의 역설이에요.

우스갯소리로 "잡은 물고기에게는 먹이를 주지 않는다"는 표현이 있습니다. 사람들은 왜 잡은 물고기에게는 먹이를 주지 않아도 된다고 생각하는 것일까요? 그 이유는 잡은 물고기에게는 다른 선택을 할 자유가 없다고 생각하기 때문이지요. 하지만 이것은 진정한 사랑의 의미를 모르고 하는 소리입니다. 아무리 사랑하기로 약속을 해도 상대방에게는 언제든 새로운 선택을 할 자유가 있습니다. 또 그래야만 열정적인 사랑도 지속할 수 있지요. 자유를 가진 상대가 나를 떠나지 않고 계속해서 사랑하도록 관심과 애정을 쏟아야 하기 때문입니다. 어떤 이유에서건 자유를 빼앗긴 상태에서는 열정적인 사랑을 지속할 수가 없어요. 열정적인 사랑을 위한다면, 불안하지만 상대방의 자유를 인정해야 합니다.

다시 군 입대를 앞둔 연인에게로 눈을 돌려보겠습니다. 갑작스러운 입대 때문에 사랑에 적신호가 켜진 그들은 어떻게 해야 할까요? 입대 당일 눈물을 펑펑 쏟으며 훈련소까지 따라와서 새끼손가락 걸고 "군 생활을 마칠 때까지 기다릴게"라며 약속했다고 해서 고무신을 바꿔 신지 않는다고 보장할 수 있을까요? 불행하게도 장담할 수 없습니다. 물론 그녀의 말이 거짓이라는 뜻은 아니에요. 그녀도 지금 입대를 앞둔 남성을 진심으로 사랑하고 그 사랑이 영원하기를 바라기 때문에 약속까지 했습니다. 하지만 그 약속을 반드시 지켜야 할 의무는 없습니다. 그녀에게는 언제든 새로운 사랑을 선택할 자유가 있기 때문이지요.

간혹 군 생활 도중 애인이 고무신을 바꿔 신었다고 휴가 때 찾아가서 울고불고 사정을 해서 그녀의 마음을 되돌리려 노력하는 경우가 있는데 다 부질없는 짓입니다. 그것은 상대의 자유를 부정하는 것으로 그렇게 맺어진 관계는 열정적이지도 않고 오래갈 수도 없습니다. 한번 맺은 사랑이 영원해야 한다는 믿음은 사랑의 본질을 모르는 사람이 갖는 생각이지요. 자유의 속성을 가진 사랑은 언제든 변할 수 있습니다. 서로가 자유롭게 또 다른 선택할 수도 있으며, 그런 가능성을 열어둔 채 하는 사랑이 진정한 사랑이에요.

불교에는 '시절인연時節因緣'이란 말이 있습니다. 모든 현상은 일정한 시기가 되어야 일어난다는 뜻인데, 이는 사랑에도 적용됩니다. 사랑도 영원한 것이 아니라 일정한 시기가 있어요. 오는 사랑이 있으면 가는 사랑도 있습니다. 인연이 있어 만났다가도 인연이 다하면 사랑도 끝이 납니다. 또 사랑이 가면 머지않아 새로운 사랑이 찾아옵니다. 애인이 고무신을 거꾸로 신더라도 지나치게 슬퍼하거나 노여워할 필요가 없어요. 시절인연이려니 생각하는 편이 더 낫습니다. 세월이 지나 입영열차 안에서 눈물짓던 시절을 떠올려보면 '그때 왜 그랬을까?' 하는 생각에 헛웃음이 날 때도 있을 테니까요.

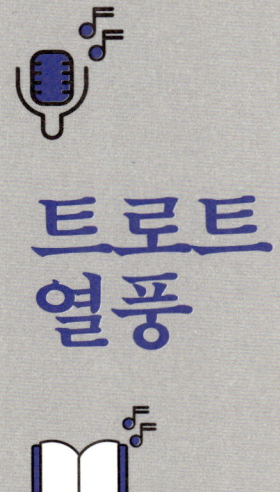

# 트로트 열풍

**트로트, 다시 태어나다**

1970년 3월 17일 밤 11시경 서울 합정동 길가에 교통사고가 난 듯한 검정색 코로나 승용차가 발견되었습니다. 승용차 앞 좌석에는 허벅지에 총알을 맞고 신음하고 있는 운전기사 정종욱이 있었고, 뒤에는 두 발의 총상을 입고 사망한 여인 정인숙이 있었지요. 두 사람은 남매였습니다. 총을 맞은 정종욱이 근처를 지나던 택시기사의 도움을 받아 간신히 목숨을 건지면서 정인숙 피살사건은 대한민국에 알려지기 시작했습니다. 이 사건이 세상을 떠들썩하게 만든 이유는 고급 요정 '선운각'에서 호스티스로 일했던 정인숙을 조사하는 과정에서 스물여섯 명의 정관계 고위층 인물들의 명함이 나왔기 때문이었지요.

일주일 후 당국은 조사결과를 발표합니다. 오빠 정종욱이 동생 정인숙의 문란한 행실을 문제 삼아 실랑이를 벌이다가 총을 쏴 죽인 뒤, 강도로 위장해 자신의 허벅지에 총을 쏘았다는 것입니다. 그런데 당시 사람들은 이 발표를 아무도 믿지 않았습니다. 서울 시내 한복판에서 고급요정을 출입하며 정치인을 접대한 여성에게 총격을 가한 사건의 배후자가 그녀의 오빠라는 것을 믿는 것이 오히려 이상한 일 아닐까요?

당시 정인숙에게는 홀로 키우던 세 살배기 아들 정성일이 있었는데, 사람들은 아이의 아버지가 누구냐에 관심이 쏠렸습니다. 당시 박정희 대통령과 정일권 총리 둘 중에 하나라는 소문이 나돌았고, 이 소문에 대한 사람들의 지대한 관심은 나훈아의 〈사랑은 눈물의 씨앗〉1969을 패러디한 노래가 세상에 나오며 전국에서 불리기 시작합니다.

♪

사랑이 무어냐고 물으신다면
눈물의 씨앗이라고 말하겠어요
먼 훗날 당신이 나를 버리지 않겠지요
서로가 헤어지면
모두가 괴로워서 울 테니까요

〈사랑은 눈물의 씨앗〉 중에서

♪

아빠가 누구냐고 물으신다 할 것 같으면
청와대 미스터 정이라고 말하겠어요
나를 죽이지 않았다면
영원히 우리만 알았을 것을
죽고 나니 억울한 마음 한이 없소

〈사랑은 눈물의 씨앗〉 패러디 중에서

'정인숙 사건'은 나중에 징역형을 선고받은 아들 정성일이 무장 괴한에게 당했다고 증언했고, 미국에서 성장한 정성일이 친자확인 소송을 하는 등 무수한 뒷말을 남긴 미스터리 정치사건으로 사람들의 뇌리에 남게 됩니다. 무엇보다 그늘에 가려진 이 사건을 패러디한 노래가 1970년 전후에 불렸다는 사실에 주목할 만합니다. 노래는 한국인의 한限 정서를 담은 전형적인 '애가哀歌'라는 점에서 의미가 있어요. 이 곡은 무명의 작사가 남국인이 낚시를 하다가 씨앗 광고가 뇌리에서 떠나지 않아 우연히 보고 만들었다고 합니다.

노래에 담긴 슬픈 멜로디와 가사는 전쟁의 화마를 겪은 뒤 어려움 속에서도 윗사람을 공경하고, 남성에 대해 순종하는 것을 미덕으로 알고 있는 유교적 세계관을 그대로 담고 있는 곡입니다. 권력의 중심에 선 자가 자신을 접대하던 여성에 대한 흔적을 지우기 위해 하수인을 시켜 그녀를 살해하고 집안을 풍비박산냈음에도 불구하고 어디에도 하소연할 수 없었던 한 가족의 슬픈 현실. 그것은 노래 가사처럼 눈물의 씨앗이 되어 남았고, 그녀의 기구한 사연에 많은 국민들이 가슴 깊이 공감한 것이지요. 이렇듯 트로트는 한국인의 한과 슬픔을 노래하는 대표 장르로 자리매김했습니다.

그러는 와중에도 세월은 흐릅니다. 1980년대 들어 한국은 점차 경제 발전을 이루었고 1988년 서울 강남 압구정동에 맥도날드 1호점이 생기면서 대한민국은 바야흐로 소비의 시대로 접어들었습니다. 이제 사람들은 예전의 슬픈 노래보다는 좀더 활기찬 노래들을 원했고, 1992년이 되자 서태지와 아이들을 중심으로 한 댄스뮤직이 가요계를 접수하기 시작했습니다. 이런 가요계의 새로운 변화 속에서 음반 구매력이 있는

20세 전후의 젊은 층은 트로트를 고리타분한 마이너 장르로 인식하기에 이릅니다. 세월의 흐름에 따라 댄스뮤직이 트로트를 밀어내고 주류 음악으로 자리매김하기 시작한 것이지요.

그러나 세상은 또한 돌고 도는 법입니다. 대부분 분야가 그렇듯 트로트 또한 혁신적인 시도를 했던 작곡가에 의해서 새로운 전기를 마련하게 되었습니다. 침체일로를 걷던 트로트에 새로운 활력을 불어넣은 이는 바로 작곡가 윤일상입니다. 유명 작곡가 최경식의 조카인 그는 1993년 가수 박준희의 〈Oh Boy〉와 〈쿡쿡〉을 작곡하여 주류 가요계에 진출한 이래 1996년 DJ DOC의 〈겨울이야기〉〈미녀와 야수(OK? OK!)〉, 쿨의 〈운명〉 등을 만들어 히트 작곡가로서 이름을 날리기 시작합니다. 특히 젊은이들이 좋아하는 댄스뮤직으로 1996년 한 해에 여러 개의 히트곡을 내면서도 새로운 기획을 시도했는데, 그것은 바로 댄스와 트로트의 접목이지요.

1990년대 중반 철이와 미애로 활동하다가 제작자로 변신해 DJ DOC, 유승준 등의 제작을 맡았던 신철은 서태지와 아이들의 이주노가 제작에 뛰어든다는 소식을 듣고 평소에 가까이 지내며 곡을 받아오던 윤일상을 소개시켜주었습니다. 당시 윤일상은 트로트와 댄스가 접목된 노래를 만들어 여러 제작자들에게 타진을 했다가 네 번이나 거절을 당한 상태였습니다. 그러던 차에 댄스에 트로트 리듬을 가미한 노래 〈정〉을 10대 돌풍의 주역인 영턱스클럽에게 주었고 이 곡은 크게 히트를 하게 됐지요. 〈정〉은 제작자로 변신한 이주노를 성공적으로 안착하게 해주었을 뿐만 아니라 댄스와 트로트가 접목하여 히트한 최초의 사례로 자리매김했고, 이후 많은 트로트풍의 댄스곡들이 나오는 단초를 제공합니다.

윤일상의 시도는 여기에서 그치지 않습니다. 그는 2008년 힙합음악에서 스타로 떠오른 조PD와 함께 프로젝트 그룹 피디아이에스**PDIS**를 결성하여 앨범을 발표하면서 댄스와 힙합의 결합을 시도합니다. 이 앨범에는 트로트와 라틴, 댄스, 랩을 믹스한 노래 〈사랑한다〉**조PD 작사, 윤일상 작곡, 주현미 노래**를 발표했습니다. 이 곡은 주현미가 노래를 부르고 조PD가 랩을 하는 형태의 트로트 라틴 댄스곡이었습니다. 하지만 안타깝게도 히트하지 못하고 묻히고 말았지요.

 2013년에는 가수 김연자가 신곡을 발표하기 위해 여러 작곡가에게 곡을 의뢰하던 중 신철의 소개로 윤일상에게 곡을 받게 됩니다. 윤일상은 김연자에게 〈아모르 파티〉라는 신곡을 주었습니다. 그 곡은 이전에 조PD와 주현미가 불렀던 〈사랑한다〉를 일부 고친 후 신철과 이건우가 새롭게 작사하여 발표한 노래지요. 〈아모르 파티〉는 2000년대 댄스 뮤직과 DJ계에서 새롭게 떠오른 장르인 EDM**Electric Dance Music**, 그리고 트로트를 결합한 것으로 노래를 발표될 당시만 해도 두 장르의 콜라보레이션은 쉽게 상상할 수 없는 일이었습니다. 하지만 당시 〈아모르 파티〉는 별로 인기를 끌지 못하고 묻히고 말았습니다. 그러던 중 〈KBS 열린음악회〉에 출연했다가 당시 인기 절정의 아이돌 그룹인 엑소**EXO** 다음 순서로 김연자가 이 곡을 부르는 바람에 SNS를 타고 엑소 팬들에게 널리 전파되었고, 〈MBC 무한도전〉에 출연하면서 대중에게 널리 알려지게 됩니다. 결국 〈아모르 파티〉는 신곡을 내놓은 지 4년이 지난 2017년에야 비로소 빅히트를 하게 되었습니다. 무려 4년간의 공백을 깨고 역주행에 성공한 셈입니다.

 대중들은 〈아모르 파티〉의 인기를 운 좋게 지상파 미디어에 노출되면서 빅히트한 것으로 생각하지만 수많은 실패에도 불구하고 트로트를 다양한 장르와 접목하려 했던 윤일상의 노력을 빼놓을 수 없습니다. 만약 그가 1996년 영턱스클럽의 〈정〉으로 시작해서, 2008년 주현미,

조PD의 〈사랑한다〉를 거쳐 2013년 김연자의 〈아모르 파티〉까지 다다르는 과정에서 기존의 주류 가요계에서 확립된 형식을 벗어나서 새로운 시도를 하지 않았다면 불가능한 일일 것입니다. 그의 끈기와 노력에 박수를 보낼 만하지 않을까요.

흥미로운 사실은 〈아모르 파티〉는 자신에게 주어진 운명을 사랑하라는 뜻의 라틴어로 독일 철학자 니체의 운명관이라는 점입니다. 윤일상은 고등학교 때 전교 50등 안에 들 정도로 성적이 우수한 학생이었지만 철학자 니체에 빠져 들기 시작해 공부보다는 철학적인 생각과 곡을 만드는 일에 매진했다고 합니다. 공부를 최우선으로 생각하는 풍토에서 고등학생이 니체에 심취하는 것은 일반적으로 장려할 만한 일은 아니지요. 하지만 윤일상이 고등학생 시절 니체에 심취한 경험은 훗날 김연자의 〈아모르 파티〉가 탄생하는 기원이 되었다는 것은 의심의 여지가 없습니다. 또한 〈아모르 파티〉의 인기 이유로 현대인의 삶 속에서 돈과 권력을 위해 치열하게 싸우기보다는 한 번뿐인 인생 즐겁게 살아보자는 메시지에 공감하는 사람이 많았다는 점을 빼놓을 수 없을 것입니다. 누구나 돈과 권력을 갈망하지만 현실은 번번이 사람들의 기대를 외면하기에 새로운 관점에서 인생과 행복을 추구하자는 메시지에 많은 한국인이 공감했다고 할 수 있겠네요.

나이는 숫자 마음이 진짜
가슴이 뛰는대로 가면 돼
이제는 더 이상 슬픔이여 안녕
왔다 갈 한 번의 인생아

연애는 필수 결혼은 선택

가슴이 뛰는대로 하면 돼

눈물은 이별의 거품일 뿐이야

다가올 사랑은 두렵지 않아

아모르 파티

〈아모르 파티〉 중에서

　젊은 층이 좋아하는 EDM 음악에 트로트를 결합한 〈아모르 파티〉가 인기를 끌자, 트로트 장르에 관한 관심이 20대까지 확장되는 효과를 가져왔습니다. 그리고 2000년대의 방송이 아이돌이나 R&B 등 젊은 세대를 중심으로 한 노래를 주로 다루는 과정 속에서 비주류로 밀려난 트로트가 다시 수면 위로 올라오는 계기가 되었고, 트로트에 대한 새로운 지지를 일으키는 원동력이 되었습니다. 한마디로 〈아모르 파티〉는 트로트의 제2의 전성기를 알리는 신호탄이었지요.

　2019년이 되자 그동안 가요프로그램의 흥행 포맷이 된 오디션 프로그램에서도 트로트 장르를 다루기 시작했습니다. 종합편성채널인 TV조선에서는 차세대 트로트 스타를 발굴하는 오디션 프로그램인 〈내일은 미스트롯〉을 방영했고, 트로트와 오디션 프로그램의 결합은 프라임 시간대에 방영되면서 그동안 소외되었다고 느낀 50대 이상의 중장년층의 열렬한 지지를 이끌어내는 데 성공합니다. 〈내일은 미스트롯〉에는 실력은 갖추었지만, 인기를 얻지 못한 무명의 젊은 트로트 가수들이 대거 참가하면서 20~30대도 트로트를 한물간 장르가 아니라 신선하고 들을 만한 음악으로 인식하게 만들었습니다. 〈아모르 파티〉의 빅히트와 〈내일은 미스트롯〉의 인기에 힘입은 트로트는 오랜 침묵을 깨고 다시 한 번 가요계의 주류로 등장하게 된 것이지요. 이제 트로트는 과거 〈사랑은 눈물의 씨앗〉이라며 남몰래 눈물짓는 슬픈 노래가 아니라 당당하게 〈아모르 파티〉를 외치며 자신이 원하는 인생을 살자고 선언하기에 이르렀습니다.

**Listen to the Music!**

▶ 나훈아 〈사랑은 눈물의 씨앗〉

▶ 김연자 〈아모르 파티〉

### 아모르 파티, 네 운명을 사랑하라!

2010년대 들어 젊은이들 사이에서 록 페스티벌의 인기가 주춤해지자 새로운 대세로 부각하기 시작한 EDM 시장에서는 기존과는 조금 다른 장르의 노래가 주목을 받기 시작했습니다. 바로 김연자의 〈아모르 파티〉지요. 젊은이들은 〈아모르 파티〉가 무슨 '파티party'에서 즐기는 노래로 이해했는지 음악의 리듬에 맞춰 광란의 댄스를 추기 시작합니다. '아모르 파티'를 스페인 '이비자' 클럽에서 즐기는 파티용 댄스 음악쯤으로 생각했는지도 모를 일이지요.

알다시피 〈아모르 파티〉의 음악 장르는, 젊은이들이 한물간 노래로 치부하는 '트로트'입니다. 게다가 노래를 부른 가수는 1970년대에 잠시 인기를 끌었으나 지금은 환갑을 넘긴 '가요무대(?)'급 뮤지션이지요. 도무지 젊은이들에게 인기를 끌 만한 요소가 거의 없다시피 한 상태예요. 하지만 젊은이들은 한물간 장르인 트로트 리듬에 거의 '할머

니뻴(?)'에 가까운 노老 가수의 노래에 열광적인 호응을 보냈지요. 참으로 이해할 수 없는 일이 벌어진 것입니다. 그런데 곰곰이 생각해보면, 도무지 이해하지 못한 일만도 아닙니다. 노래의 핵심 가사인 '아모르 파티'는 나이와 무관하게 인생을 멋지게 살고 싶은 사람이라면 누구나 곱씹어 봐야 할 철학적 주제이기 때문이지요. 그리스 철학자 에피쿠로스Epikuros는 "젊은이건 늙은이건 철학을 탐구해야 한다"고 주장한 바 있는데, 우리도 '아모르 파티'를 노래 가사로만 흥얼거릴 것이 아니라 노랫말에 담겨진 철학적 의미를 음미할 필요가 있겠습니다. 여러분이 젊은이건 늙은이건 관계없이 말이지요.

    앞에서 언급한 바 있지만, '아모르 파티'를 철학적으로 주장한 이는 독일철학자 프리드리히 니체입니다. 아모르 파티는 유럽의 어느 나라에서 성행하던 '파티'의 한 종류가 아닙니다. 이 말은 "네 운명을 사랑하라"는 의미로, 운명애運命愛를 뜻해요. 니체는 모든 사람은 자신의 운명을 사랑해야 한다고 주장했지요. 자신의 운명을 사랑하라는 니체의 말에 모든 사람이 동의할 수 있을까요? 예컨대, 날 때부터 입에 금수저를 물고 태어났고 생김새도 박보검이나 송혜교쯤 된다면야 자신의 운명을 사랑하는 일이 별로 어렵지 않겠지요. 그 반대의 경우라면 어떨까요? 지지리도 가난한 집에서 외모도 별로인 채로 태어났다면, 그 상태에서도 자신의 운명을 사랑할 수 있을까요? 후자의 경우라면 니체의 주장이 정신병자의 헛소리처럼 들릴 수도 있을 것입니다. 사람은 저마다의 운명을 타고나는데, 이때 운 좋게 복된 운명을 타고날 수도 있고 박복한 운명을 가지고 태어날 수도 있습니다. 그런데 어찌하여 니체는 모든 사람에게 똑같이 '자신의 운명을 사랑하라'고 말한 걸까요?

    운명運命이란 '모든 것을 지배하는 초인간적인 힘에 의해 이미 정해져 있는 목숨이나 처지'를 말합니다. 여기서 말하는 '초인간적인 힘'

이란, 예로부터 서양에서는 '신神'이었고 동양에서는 '하늘天'이었습니다.(그래서 동양에서는 운명을 '천명天命'이라 불렀습니다) 사람들에게 "운명을 믿습니까?"라고 물어보면, 믿지 않는다고 말하는 비율이 더 많을 것입니다. 하지만 새해가 되면 어김없이 토정비결을 보고, 일이 잘 풀리지 않을 때는 점집을 찾고, 결혼을 앞둔 사람이 상대의 사주팔자를 확인하는 것을 보면 운명을 전혀 믿지 않는다고 보기는 어렵습니다. 물론 믿고 안 믿고는 개인의 자유이지만 말입니다.

운명을 믿는 사람은 자신의 처지가 하늘이 뜻에 따라 날 때부터 이미 정해져 있다고 생각합니다. 운명은 개인의 기대나 노력으로는 그것을 바꾸거나 피할 수 없는 것이기에 인간이 할 수 있는 일은 단지 자신에게 주어진 운명을 하늘의 뜻으로 알고 받아들이는 수밖에 도리가 없습니다. 따라서 사람은 처음부터 좋은 운명을 가지고 태어나는 것이 무엇보다도 중요합니다. 개인이 아무리 피나는 노력을 기울여도 타고난 운명을 거스를 수는 없기 때문이지요. 안타깝지만 흙수저의 운명을 지닌 채 태어난 사람은 아무리 발버둥쳐봐야 타고난 금수저를 넘어서기 어렵습니다. 이 무슨 운명의 장난인가 싶겠지만 어쩔 수 없는 일이지요.

불교에서는 타고난 운명을 '업'이라 불렀습니다. 업業이란 '날 때부터 이미 신체에 깊이 새겨진 기억'이라는 뜻입니다. 윤회설을 주장하는 불교에서는 전생前生의 소행이 차곡차곡 쌓여 다음 생으로 이어진다고 봅니다. 따라서 업이란 전생의 빚인 셈이지요. 전생에 악업惡業을 많이 저지른 사람은 빚이 많아서, 이른바 '팔자가 사납'습니다. 물론 전생의 일을 기억조차 못하는 당사자로서는 자신의 운명이 원망스러울 수밖에 없겠지만 말이지요. 반면 전생에 선업善業을 쌓은 사람은 그 공덕으로 인해 다음 생에는 보다 좋은 운명으로 태어납니다. 때문에 현생의 운명에는 도움이 되지 않지만 다음 생을 위해서라도 착하게 살아야 하는 것이고요.

"신은 죽었다"는 말로 유명한 철학자 니체는 정해진 운명을 부정했습니다. 여태껏 인간의 운명을 정해주던 주체인 신이 죽어버렸으니 더 이상 정해진 운명이나 팔자 탓을 할 수 없는 것은 당연한 귀결입니다. 니체의 주장은 영원회귀永遠回歸 사상으로 대표되는 운명애運命愛라는 말에서 잘 드러납니다. '네 운명을 사랑하라'는 의미의 '아모르 파티'는 우리 인간에게 운명은 주어진 채로 닥쳐오지만 그 필연성을 긍정하고 받아들이라는 뜻입니다. 이 말을 단순히 해석하면 니체를 운명이 정해져 있다고 보는 결정론자로 오해할 수 있으나 실은 정반대입니다.

이런 상황을 한번 생각해보지요. 여기 박복한 운명을 타고난 사람이 있습니다. 그는 하는 일마다 뜻대로 풀리지 않고, 항상 경제적 문제로 골머리를 앓고 있으며, 하는 일에 재미라곤 도무지 찾을 수가 없습니다. 하루하루를 살아가는 것이 힘겹고 고통스럽고 재미없고 지루합니다. 어느 날 저녁 한 악마가 슬며시 다가와 그의 귀에 대고 이렇게 속삭입니다. "너는 현재 살고 있고, 지금까지 살아왔던 생을 다시 한 번, 나아가 수없이 몇 번이고 되살아야 한다. 영원히…" 지금과 똑같은 삶을 무수히 되풀이해서 살아야 한다는 악마의 말을 들은 당사자의 기분은 어떨까요? 아마 끔찍할 겁니다. 이는 신을 기만한 죄를 지은 후 커다란 바위를 산꼭대기로 밀어 올리는 일을 무수히 반복해야 하는 시시포스Sisyphus의 형벌과도 다를 바 없기 때문입니다. 어쩌면 그는 이 세상에서 가장 불행한 사람일 수도 있습니다. 힘겹고 고통스럽고 재미없고 지루한 운명을 끝없이 반복해야 하니 말이지요. 이런 가혹한 운명이 또 있을까요?

이 이야기 속에는 철학자 니체의 영원회귀 사상이 잘 표현되어 있습니다. 니체는 사람들에게 묻지요. "너는 이 삶이 다시 한 번, 그리고 무수히 반복해서 다시 살기를 원하는가?" 니체는 우리의 삶이 지금과 똑같은 형태로 무수히 반복된다고 보았습니다.(불교 윤회설에서는 현생에서 쌓은 업에 따라 다음 생이 바뀌면서 되풀이 되지만, 니체의 영원회귀에서는 현재와 동일한 상태가 무수히 반복됩니다) 그래서 '영원회귀'입니다. 니체의 영원회귀 주장에 어떤 생각이 드시나요? 혹시 삶이 몹시 따분하고 지루하고 허무하다고 느껴지지는 않나요? 아마 그런 사람이 적지 않을 것입니다. 아무리 맛있는 반찬도 계속해서 먹으면 질리기 마련이듯, 우리의 삶도 동일한 것이 무수히 반복된다면 의미나 흥미는 반감되기 마련입니다.

속단하지는 맙시다. 니체의 영원회귀 사상은 우리가 생각하는 것처럼 그렇게 단순하지만은 않습니다. 니체의 사상을 통해 우리는 삶의 허무를 느낄 수도 있지만, 한편으로는 현재의 삶을 긍정할 수 있는 가능성도 발견할 수 있습니다. 고통스럽고 재미없는 삶이 무한히 반복된다면 이는 분명 허무하고 끔찍한 일일 것입니다. 하지만 현재의 삶이 반복된다는 것을 전제한다면, 우리는 지금 눈앞에 있는 하루하루를 허투루 보내서는 안 됩니다. 지금 내가 보낸 일상이 앞으로도 영원히 반복될 것이기 때문이지요. 무료하고 권태롭게 보낸 나날이 무수히 반복되는 것은 끔찍한 형벌이겠지만, 재미있고 의미 있게 보낸 하루하루라면 그것이 영원히 반복되는 것은 오히려 축복일 수 있습니다. 결국 영원회귀는 그 자체로는 행복도 불행도 아닙니다. 어떤 삶이 반복되는가가 더 중요한 문제이기 때문이지요.

니체는 영원회귀를 통해 허무주의를 주장한 것이 아니에요. 그의 주장은 현재의 삶이 되풀이되더라도 그 반복을 흔쾌히 긍정할 수 있도록 지금 이 순간의 삶을 충실히 살아야 한다는 명령입니다. 현재의 삶을 긍정하고 정체됨 없이 내면에서 솟아나는 활동적인 생명의 힘으로 살아나가야 한다는 것입니다. 니체는 이것을 '권력의지'라고 불렀습니다. 우리가 삶에서 만나는 어려움이나 고통, 그리고 이것의 영원한 반복은 권력의지를 시험하는 시련인 셈이지요. 영원회귀 앞에서 짓눌리지 않고 "좋다. 한번 더"라고 외치는 것, 어떤 고통과 시련도 회피하지 않고 삶의 일부로 받아들이는 것, 그리하여 매번 영원회귀 자체와 결전을 벌이는 것, 이것이 바로 권력의지입니다. 따라서 권력의지를 가지고 현재의 삶을 충실하게 살아야 합니다. 그것이 아무리 반복되더라도 후회함이 없도록 말이지요.

다시 김연자의 〈아모르 파티〉로 돌아가봅시다. 노래의 1절 가사는 이렇게 시작됩니다.

♬
산다는 게 다 그런 거지 누구나 빈손으로 와 / 소설 같은 한 편의 얘기들을 세상에 뿌리며 살지 / 자신에게 실망하지만 모든 걸 잘할 순 없어 / 오늘보다 더 나은 내일이면 돼 / 인생은 지금이야 / 아모르 파티 / 아모르 파티

〈아모르 파티〉 중에서

노래 가사처럼, 사람은 누구나 "빈손으로 와서 소설 같은 한 편의 이야기를 뿌리"는 인생을 삽니다.(실제 가수 김연자의 인생도 파란만장하여 한 편의 소설로도 손색이 없지요) 그 과정에서 뜻대로 되지 않는 일도 많고, "모든 걸 잘할 순 없"습니다.(김연자도 그랬고요) 하지만 실망할 필요는 없습니다. "오늘보다 더 나은 내일"을 만들면 되기 때문입니다.(알다시피 김연자도 늦은 나이에 '더 나은 내일'을 만들었습니다) 그것이 인생입니다. 따라서 "인생은 지금"이며, "아모르 파티"해야 합니다. 자신에게 주어

진 운명을 긍정하고 지금에 충실함으로써 오늘보다 더 나은 내일을 만들어가야 합니다.

2절과 3절의 가사를 계속 이어가보지요. 운명을 사랑하는 사람은 "인생이란 붓을 들고 서 무엇을 그려야 할지" 고민도 하겠지만, "지나간 사랑"도 "슬펐던 행복"도 모두 뒤로 하고 지금 이 순간 "가슴이 뛰는 대로 가면" 그만입니다. 나이를 먹어도 "연애는 선택"이요, "결혼은 필수"지요. 사랑을 하기에 너무 늦은 나이란 없습니다. 따라서 나이가 들었다고 과거의 사랑과 이별에 집착할 필요가 없습니다. 지금 이 순간 가슴이 뛰는 대로 사랑하며 살아야 합니다. "눈물은 이별의 거품일 뿐"이기 때문이지요. 아울러 "다가올 사랑을 두려워하지 말"아야 합니다. 그것이 '아모르 파티'적 사랑입니다. 이처럼 가치관의 중심에 '아모르 파티'를 넣어두고 있는 사람은 아무리 나이가 들어도 젊은이의 사랑 못지않게 열정적입니다. 왜일까요? 지금의 삶이 영원히 반복될 것이니까요.

김연자의 〈아모르 파티〉는 대중가요답게 주로 사랑에 관한 감상을 노래합니다. 물론 인간의 운명을 사랑만으로 설명하기에는 무리가 있지요. 하지만 사랑만큼 운명의 장난질이 심한 것도 없지 않을까요. 우리는 생의 대부분을 사랑에 울고 웃으면서 나이를 먹어갑니다. 중년이 되어도 첫사랑의 애틋함을 기억하는 이가 많은 것도 가혹한 운명이 남긴 상처가 그만큼 깊다는 증거입니다. 사랑에 빠졌다가 실연의 아픔을 경험한 사람은 대체로 운명의 가혹함을 절감하게 됩니다. 이때 그 상처가 트라우마가 되어 다시는 사랑을 못하는 이가 있는가 하면, 얼마 지나지 않아 훌훌 털고 일어나 새로운 사랑을 시작하는 사람도 있지요. 전자는 불화의 신, 에리스가 쳐놓은 덫에 빠져 헤어나오지 못한 상태로 운명의 장난질에 놀아난 결과라 하겠습니다. 한마디로 '아모르 파티'하지 못한 셈입니다.

　　지금의 나를 있게 만든 것은 필경 신이 정해준 운명의 결과일 것입니다. 하나, 앞으로 살아갈 운명은 (신이 아니라) 자신의 손에 달렸습니다. 내가 운명의 장난에 걸려 넘어질지, 벌떡 일어서서 앞으로 달려갈지는 전적으로 내가 정하는 것 아닐까요. 현재의 삶이 앞으로도 무수히 반복된다는 니체의 영원회귀를 믿는다면, 때로 운명의 장난에 넘어지더라도 다시 일어나 자신이 원하는 삶을 개척해나가야 합니다. 결국 인간의 운명은 신이 아닌 자신이 결정하는 것입니다. 지금 내가 살고 있는 모습이 앞으로도 영원히 반복될 것이기 때문입니다. 하여, 우리는 모두 자신의 운명을 사랑하고 새롭게 창조해야 합니다. '아모르 파티'해야 하지요. 환갑이 넘은 나이에도 젊은이들을 열광하게 만든 김연자처럼 말이지요.

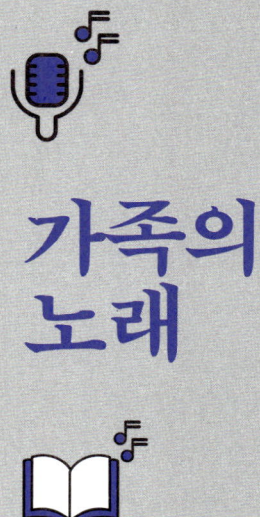

# 가족의 노래

### 불효자는 놉니다, 쉬지 않고 놉니다

"불효자는 놉니다. 쉬지 않고 놉니다. 월화수목금토일 쉬지 않고 놉니다"로 시작하는 노래 〈불효자는 놉니다〉는 블루스 가수 김대중이 2013년 발표한 곡입니다. 취직도 못하고 집에서 쉬는 아들이 자신을 불효자로 칭하며 쉬지 않고 놀고 있다는 이 황망한 노래를 듣고 있노라면 '웃픈(웃기면서 동시에 슬픈)' 심정이 절로 듭니다. 코믹한 가사가 만들어내는 웃음 속에는 2000년대 사회 문제로 대두된 청년실업의 문제도 함께 담고 있기 때문일 겁니다.

 연일 매스컴에서는 4차 산업혁명이니 스마트 혁명이니 해가면서 디지털이 만들어내는 미래의 희망찬 유토피아를 떠벌리지만, 가정에서는 과거 가부장적 유교사상의 산물인 효의 정신이 내재되어 실업자 아들의 불효자 노래가 불리고 있다는 사실이 아이러니합니다. 세상이 아무리 변해도 부모-자식 간의 역할과 관계는 별반 달라진 것이 없어 보이고요. 여전히 부모는 자식을 사랑으로 대해야 하고, 자식은 부모에게 효도를 다해야 한다는 것 말이지요. 그렇다면 우리 가요 속에서는 부모에 대한 효도나 자식에 대한 사랑은 어떻게 표현되었을까요? 우리가 역사에서 배운 수많은 이야기처럼 현실의 가족관계도 비슷했을까요?

〈불효자는 놉니다〉는 가수 진방남이 부른 눈물의 히트곡 〈불효자는 웁니다〉에서 착안하여 만든 노래입니다. 진방남은 1938년 태평레코드사와 《조선일보》가 주최한 콩쿠르에서 1등을 한 후 이재호가 작곡하고, 김영일이 작사한 〈불효자는 웁니다〉를 발표할 기회를 잡습니다. 작사가 김영일은 '불사조'라는 필명을 쓰며 김두환과 함께 서울 종로 바닥에서 주먹깨나 썼던 인물로 알려져 있습니다. 그는 의리의 주먹으로 조선의 상인들을 보호하는 데 역할을 했기에 더욱 특별했습니다. 당시는 음반을 내려면 일본에서 녹음을 해야 했으므로 진방남은 고려성, 백년설, 선우일선, 신카나리아 등과 함께 일본 오사카 녹음 스튜디오에 도착해 연습을 거듭하고 있었습니다. 그런데 막 녹음을 하려던 차에 진방남에게 예기치 않은 전보가 도착합니다. 혹시나 하는 마음에 전보를 열어보니 모친이 별세했다는 내용이었지요. 그는 모친의 임종도 지켜보지 못한 채 〈불효자는 웁니다〉를 발표했습니다.

당시 그의 심정은 어떠했을까요? 진방남의 진심은 통했는지 〈불효자는 웁니다〉는 크게 히트하여 1940~1950년대, 일제강점기와 6·25 전쟁을 거치며 부모에게 효도하지 못한 이들을 위한 대표곡으로 불렸습니다.

진방남의 사연처럼, 노래 이면에 담긴 애절한 사연을 찾아보면 1981년 최불암과 열 살 어린이 정여진이 부른 〈아빠의 말씀〉이 눈에 띕니다. 이 노래에 대해서는 앞서 '동심소환' 장에서 언급했지만 중간부터 읽는 독자분들을 위해 다시 한 번 자세히 풀어봅니다. 이 곡은 명

배우 안소니 퀸과 어린이 찰리가 부르는 〈Life Itself Will Let You Know〉를 번안한 것으로 최불암과 정여진이 함께 불러 히트했지요. 노래는 아버지와 딸의 대화체로 만들어져 큰 감동을 주었는데, 녹음 중간에 어린 정여진이 엄마 생각에 눈물을 자꾸 흘리는 바람에 큰 애를 먹었다고 합니다. 사연인즉, 정여진의 부모인 작곡가 정민섭과 〈범띠 가시네〉〈당신의 뜻이라면〉을 부른 가수 양미란은 가요계에서 그야말로 금실 좋은 부부였습니다. 하지만 양미란이 골수암에 걸려 다리를 절단하는 등 고통스러운 투병생활을 하게 됩니다. 남편 정민섭은 정성스레 부인을 간호했으나, 안타깝게도 1980년 부인은 생을 마감하고 말지요. 정민섭은 〈아빠의 말씀〉을 프로듀싱하면서 신구초등학교 3학년이었던 딸 정여진에게 녹음을 맡겼는데, 딸은 엄마 생각에 그만 눈물을 쏟고만 것입니다. 더욱 안타까운 일은 정민섭마저 1987년 폐암으로 사망합니다. 정여진은 어린 나이에 부모를 모두 여읜 소녀가장이 되었으나 부모의 음악적 재능을 이어받아 큰 업적을 남겼습니다. 정여진은 애니메이션계에 진출하여, 당시 어린이들이 좋아했던 만화영화 〈마루치 아라치〉〈마징가Z〉〈개구리 왕눈이〉〈아톰〉〈사랑의 학교〉〈그레이트 마징가〉 등 만화주제가를 불렀습니다.

아빠에 관한 노래로는 배따라기가 〈아빠와 크레파스〉1985도 인기곡이었습니다. 이 곡은 멤버 양현경이 밤에 술 취해서 크레파스를 사가지고 오신 아버지를 떠올리며 가사를 지었다고 합니다. 때문에 녹음 초기에는 "어젯밤에 우리 아빠가 술 취하신 모습으로 한 손에는 크레파스를 사가지고 오셨어요"로 하려고 했지만 '술 취하신'이라는 표현이 방송용으로 적절하지 않아 '다정하신'으로 바꾸었다는 일화가 있습니다. 이렇듯 대부분의 아버지란 집안의 가장이자 기둥으로 자신의 양 어깨에 가족들을 짊어지고 가야 하는 운명을 지녔지요. 가족을 위해서라면 아무리 어렵고 힘든 일이 있어도 견뎌야만 했습니다. 하지만 1997년 IMF 외환위기를 겪으며 이 땅의 아버지들에게는 크나큰 어려움이 닥쳤습니다. 평생을 바친 직장에서 쫓겨나는 처지가 되었고, 그로 인해 가장의 역할을 못하게 되자 가장으로서의 권위마저 땅에 떨어지는 신세로 내몰렸습니다. 이런 상황에서 가수 싸이는 아버지의 진정한 가치는 다시 평가되어야 한다는 내용을 담은 노래 〈아버지〉**싸이 작사, 유건형 작곡, 이승기 노래**를 이승기를 통해 발표하여 좋은 반응을 이끌어냅니다. 이 곡은, 곡을 발표할 때마다 '19금 딱지'를 받기로 유명한 싸이가 내놓은 몇 안 되는 '멀쩡한(?)' 노래입니다.

　이렇게 가요 속에는 아버지가 가정을 지키려고 혼신의 노력을 다하다가 가족과 사회로부터 설 자리마저 잃은 채 떠도는 모습으로 그려졌습니다. 한편, 어머니는 자신을 희생하며 자식을 키우는 모습으로 주로 등장합니다. 지금까지 어머니를 그린 노래는 무수히 많았지만 2000년 전후에 나온 히트곡들이 특히 눈에 띱니다. 1999년 한스밴드가 부른 〈어머니의 일기〉는 세 자매가 활동을 중단한 사이, 이듬해에 가수 왁스가 〈엄마의 일기〉로 다시 발표하며 히트했습니다. 이 곡은 성인이 된 딸이 뒤늦게 엄마의 마음을 이해하는 회심의 노래예요. 아버지가 그랬듯, 가요 속 어머니에게도 시련은 닥칩니다. 1990년대 X세대가 등장한 이후 한국의 젊은이들은 어른에게 순종하는 것이 미덕이라는 유교주의적 가치관에서 벗어나 보다 자유로운 의사를 표현하기에 이르렀어요. 1980년대 이전만 해도 결혼을 하려면 반드시 부모의 승낙을 받아야 했는데, 1990년대 들어서면서 이러한 가치관에 불응하는 사례가 자주 목격되었습니다.

　이러한 세태는 1995년 가수 최성빈이 불러 히트한 노래 〈사랑하는 어머님께〉**김혜선 작사, 유승범 작곡, 최성빈 노래**에 잘 반영되어 있습니다. 이 곡은 발표될 당시부터 특별한 가사 때문에 이슈가 되었어요. 도입부 내레이션부터 유교주의적 관념으로는 쉽게 받아들이기 힘든 표현이 등장합니다. "어머님 죄송합니다. 이 글을 읽으실 때쯤 전 그녀와 함께 멀리 떠나 있을 거예요." 화자는 어머니가 반대한 여성과 몰래 결혼식을 올린 후 아예 도망가버립니다. 사랑을 선택하고 가족을 버린 셈이지요. 마치 더스틴 호프만 주연의 영화 〈졸업〉의 마지막 장면과 같은 이 노래는 어머니의 뜻을 거역하는 아들의 외침으로 인기를 얻었습니다. 이런 가사가 이슈가 되었다는 것은 당시만 해도 부모의 뜻을 거스르면서까지 결혼을 강행하기 힘든 사회상을 보여줍니다. 최성빈은 이후 작곡가로 변신하여 Y2K의 〈헤어진 후에〉, 성시경의 〈못할 거야〉를 작곡했습니다.

♪

어머님 죄송합니다.
이 글을 읽으실 때쯤 전 그녀와 함께 멀리 떠나 있을 거예요
사랑하는 어머니와 그녀를 사이에 두고
많이 고민했지만 저의 현실은 그녀를 버릴 수 없어요
어머니께서 가르쳐 주신 사랑을 그녀에게서 배웠으니까요

저 몰래 어머님이 그녀를 많이 심한 말 하신 걸 알고 그녀에게 갔었죠
조그만 자취방에 그녀는 고열로 의식을 잃은 채 하염없이 울고 있었죠
그녀를 업고 병원으로 뛰면서 전 정말 죽고 싶었죠
이제껏 무책임한 저의 행동은 아무것도 해준 것이 없기에

〈사랑하는 어머님께〉 중에서

〈사랑하는 어머님께〉 때문에 1990년대 중반 부모가 자식을 소유물로 생각하고 있다는 비판에 직면하기도 했지만, 1998년 5인조 보이그룹 지오디GOD가 발표한 〈어머님께〉가 히트하면서 어머니의 헌신적인 사랑에 대한 감사를 다시 한 번 확인하게 된 것이 다행이라면 다행이랄까요. 아니, 당연하다고 해야 할까요. 박진영은 가장 나이 많은 연습생이었던 박준형의 모친이 일하던 곳에서 받은 잡채를 숙소로 가지고 온 것에 착안하여 〈어머님께〉를 만들었습니다. 이 곡은 "어머님은 짜장면이 싫다고 하셨어"의 가사에서 IMF사태 이후 의기소침해진 한국인들에게 깊은 공감을 불러일으킨 노래입니다. 무엇보다 노래를 듣고 가출 청소년들이 집에 돌아오는 사례가 늘어났다는 이야기는 노래의 힘이 얼마나 위대한지 알려주는 것이기도 하지요.

　이 외에도 가요 속에서 부모는 여러 가지 얼굴로 나타납니다. 현숙이의 〈타국에 계신 아빠에게〉1979에 담긴 사연은 눈물겹습니다. 어느 날 작곡가이자 현숙의 매니저였던 김상범은 허리우드극장 부근 카바레에서 공연을 했는데 중동 근로자의 부인들이 자주 다가와 추파를 던지는 것을 경험합니다. 1970년대 외화벌이를 국가의 중요 정책으로 삼던 시기, 한국의 수많은 근로자들이 돈을 벌기 위해 중동에 진출했고, 땀 흘려 번 돈을 꼬박꼬박 집으로 보냈지요. 그런데 한국에 남은 부인들 중 일부는 외로움을 참지 못해 카바레를 들락거리며 춤바람이 난 겁니다. 김상범은 이러한 세태를 경고하는 의미에서 노래를 만들었습니다. 현숙은 이 노래의 히트로 근로자들의 초청을 받아 중동지역으로 공연을 다녀오기도 했습니다. 반대로 멀리 계시는 부모에게 자식이 보내는 감사의 노래도 있습니다. 걸그룹 에이핑크A-Pink의 정은지는 투르크메니스탄에서 근무하는 부친을 생각하며 생신 때 선물을 하는 것보다 노래로 대신하는 것이 더 나을 듯싶어 2016년 〈하늘바라기〉를 작사하여 녹음했습니다. 정은지는 이 곡이 가요차트에서 1위를 했을 때 방송에서 눈물을 펑펑 쏟았고요.

이렇게 부모와 자식 간의 이야기는 감사와 존경 등 긍정적인 감정만 존재하는 것이 아니고 반대급부로 원망도 함께 있음을 100년 가요사에서 확인할 수 있습니다. 어느 점쟁이의 믿지 못할 말이지만, 부모-자식의 관계는 전생에 원수였다는 주장이 있습니다. 말도 되지 않는다 싶지만 가끔은 공감이 갈 때도 있지요. 좋은 일과 나쁜 일, 행복과 불행, 희로애락이 교차하는 것이 우리 인생사가 아닐까요.

**Listen to the Music!**

▶ 진방남 〈불효자올시다〉 (주현미 버전)

▶ 김대중 〈불효자는 놉니다〉

▶ 최성빈 〈사랑하는 어머님께〉

## 집으로 출근하는 우리, 가족

"그레고르 잠자는 어느 날 아침 불안한 꿈에서 깨어났을 때, 자신이 잠자리에서 한 마리 흉측한 해충으로 변해 있음을 발견했다."

카프카Franz Kafka의 소설 《변신》의 첫 문장입니다. 직물회사 외판원인 그레고르 잠자는 어느 날 갑자기 한 마리 흉측한 해충으로 변하고 맙니다. 그를 발견한 가족들은 놀라고 슬퍼하며, 한편으로 절망하지요. 그 이유는 가족들이 그를 사랑해서이기도 했겠지만, 아버지의 파산 이후 그가 가족의 생계를 책임지고 있었기 때문입니다. 물론 가족들도 처음에는 감동적인 가족애를 발휘했어요. 흉측하게 변한 그레고르를 참아내고 돌보기까지 했습니다. 하지만 시간이 지날수록 차츰 슬픔과 사랑은 사라지고 그를 귀찮은 존재로 생각하기 시작합니다. 심지어 '저것 때문에 못살겠다, 없어져야 한다'고 외치는 지경에 이릅니다. 이제 그레고르는 더 이상 생계를 책임지던 예전의 든든한 아들이자 오빠가 아니기 때문이지요.

결국 그레고르는 가족의 냉대와 폭력 속에서 고독하게 죽습니다. 정확히는 가족의 증오 속에서 스스로 죽음의 길을 택했다고 봐도 무방합니다. 그가 죽자, 가족들은 신께 감사를 드리고 지난 날의 악몽 같았던 고통을 씻어버리기 위해 교외로 소풍을 갑니다. 아무런 일도 없었다는 듯이요. 옛말에 '3년 병수발에 효자효부 없다'고 했는데, 가족들에게는 흉측하게 변한 그레고르를 대하고 돌보는 것이 견디기 힘든 고통이었나 봅니다. 우리는 《변신》을 읽으면서 그레고르를 향한 가족의 '변심'에 혀를 내두릅니다. 그러고는 가족에 관한 냉혹한 진실에 직면하지요. 도대체 가족이란 어떤 존재일까요?

가족이란 하나의 가정을 이루고 사는 구성원을 뜻합니다. 가족들이 모인 집단을 '가정'이라 부르고요. 가정이란 무엇일까요? 사람들은 흔히 가정을 '안식처 安息處'라고 합니다. 안식처란 말 그대로 '편히 쉬는 곳'이지요. 가정은 밤이 되면 온 가족들이 다시 돌아오는 곳이기도 합니다. 사랑하는 가족이 그곳에 있으니까요. 따뜻한 밥과 아늑한 온기가 있으니까요. 무엇보다 마음 편히 쉴 수 있는 공간이니까요. 밤이 깊어도 돌아갈 가정이 없거나 따뜻하게 맞아줄 가족이 없다면, 그 인생은 아무래도 쓸쓸하고 초라할 것입니다.

가족이 있고, 편히 쉴 수 있는 공간인 가정과 대비되는 곳이 있지요. 바로 '직장'입니다. 직장은 가정과 달리 '편히 쉴 수 없는 곳'이지요. 직장은 각자에게 역할이 주어지고, 그것에 맞게 일을 해야 하는 공간입니다. 그래서 편히 쉴 수 없지요. 그런데도 간혹 직원들을 향해 "우리는 모두 한 가족이다. 직장을 '내 집'이라고 생각하라"고 말하는 사장이 있습니다. 이 말을 곧이곧대로 믿은 직원이 직장을 '안식처'라고 생각하여 편히 쉬고만 있으면 어떻게 될까요? 큰일이 벌어질 것입니다. 아무리 사장이 편하게 생각하라고 해도 직장은 결코 안식처가 될 수 없어요. 직장은 가정이 아니기 때문이지요. 마찬가지로 직장 상사 또한 가족이 될 리 만무합니다.

그래서 사람들은 직장에서 쉬지 않고 열심히 일을 합니다. 아니, 일을 해야 합니다. 직장에서 하루 종일 일한 사람은 업무가 끝나면 어디로 향할까요? 대부분 편히 쉴 수 있는 가정으로 돌아갑니다. 온종일 힘들게 일했으니 이제부터 좀 쉬어야 하기 때문이지요. 안식처인 가정에서 편히 쉬면서 에너지를 보충해야 합니다. 그래야만 내일 또 직장에 나가서 일할 수 있으니까요.

이 대목에서 이런 의문이 들기도 하네요. 가정이 모든 사람에게 안식처일까요? 정말로 사람들은 가정에 가면 아무 일도 하지 않고 편히 쉴 수 있을까요? 'Yes'라고 답하기 어렵습니다. 불행히도 가정에서도 편히 쉬지 못하는 경우도 꽤 많거든요. 하루종일 직장에서 힘든 노동을 마친 후, 안식처라고 생각해서 찾아간 가정에서는 쉬기는커녕 또 다른 업무가 기다리고 있습니다. 청소, 빨래, 설거지, 아이 돌보기, 음식물 쓰레기 버리기, 분리수거, 화분 물 주기, 기타 잡다한 집안일과 수시로 발생하는 집안의 대소사 등. 예전에 모 그룹 회장이 "세계는 넓고 할 일은 많다"고 했듯, 저녁에 피곤한 몸을 이끌고 돌아간 가정에는 "집안은 넓고 할 일은 쌔고 쌨다"고 할 수 있겠네요.

우리가 흔히 '편히 쉰다'고 할 때 이 말은 육체노동의 의무에서 해방된다는 뜻이기도 하지만 모든 의무에서 완전히 벗어난다는 말이기도 합니다. 지켜야 할 아무런 의무가 없는 상태, 그 상태에서 자기가 하고 싶은 대로 하면서 마음껏 쉬는 것이 '편히 쉬는 것'입니다. 자고 싶으면 자고, 눕고 싶으면 눕고, 영화보고 싶으면 보고, 한마디로 '모든 육체적 정신적 의무에서 해방된 자유로운 상태'를 뜻하지요. 누구나 느끼는 일이겠지만, 그런 상태는 '유토피아'에서나 가능한 일입니다.(이상향을 의미하는 'utopia'는 '아무 데도 없는 곳'이라는 뜻을 가지고 있습니다) 현실에서는 어디에도 존재하지 않아요. 요즘은 가정이라 불리는 공간에서도 완전한 자유가 쉽게 주어지지 않습니다.

이런 면에서 보면, 가정은 또 다른 직장일 수 있겠네요. 굳이 다른 점이 꼽자면, 보수마저 주어지지 않는다는 것 정도랄까요. 이처럼 현대인들은 '출퇴근'을 하는 것이 아니라 '출출근'을 합니다. 아침에는 가정에서 회사로 출근하고, 저녁이 되면 직장에서 가정으로 다시 출근합니다. 출근과 출근이 이어지는 일상을 반복하지요. 한마디로 고단한 삶을 살고 있습니다. 현대인은 언제 어디서 쉬어야 할까요? 요즘 현대인은 어딜 가도 쉴 곳이 없어 보입니다. 그래서 퇴근 후에도 가정으로 돌아가지 않고 술집을 전전하는 직장인도 많습니다. 이래저래 피곤한 인생입니다.

이 대목에서 우리는 가정의 본질을 다시 한 번 생각해볼 필요가 있습니다. 가정이란 어떤 곳일까요? 가정은 '가족이 있는 곳'입니다. 독신자가 혼자 사는 집을 두고 가정이라 부르지 않지요. 그냥 '숙소'라고 여깁니다. 숙소는 '잠자는 곳'이지요. 가정은 공간적 개념이 아닙니다. 가정은 가족이 있는 곳, 즉 관계적 개념입니다. 따라서 혼자 사는 사람에게는 집은 있되 가정은 없습니다. 집이 가정이 되려면 가족이 있어야 해요. 그럼 가족은 누구일까요? 사전적 의미로 가족이란 '부부나 부모, 자식과 같이 혈연으로 이루어진 집단이나 그 구성원'을 일컫습니다. 하지만 이러한 사전적 정의로는 가족의 본질을 제대로 파악하기 어렵지요.

우리가 가족의 의미를 재대로 이해하기 위해서는 프랑스 실존주의 철학자 가브리엘 마르셀Gabriel Marcel의 도움을 받을 필요가 있습니다. 그는 "인간이 인간이기 위해서는 '가족적'이어야 한다"고 주장했어요. 그는 또, 가정을 "존재가 드러나는 장소", 가족을 "존재를 드러내는 사람"이라고 표현하기도 했지요. 무슨 말일까요? 마르셀이 가정을 '존재가 드러나는 장소'라고 했을 때, 여기서 '존재를 드러낸다'는 말의 뜻은 이렇습니다. 가정은 개인이 가진 능력이나 조건 때문이 아니라 '존재 그 자체'로 인정받고 사랑받는 장소라는 뜻이에요. 가령, 자녀가 태어나면 부모는 하늘을 날아갈 듯 기뻐하면서 이런 말을 합니다. "내 자식으로 태어나줘서 정말 고맙다." 이 표현은 부모가 자녀의 능력이나 조건 따위를 고려하고 한 말이 아닙니다. 그냥 자녀가 태어나준 것만으로, '존재 그 자체'만으로 사랑스럽다고 느끼는 거지요. 이러한 관계가 가족이고, 이러한 관계가 가능한 장소가 바로 가정입니다. 요컨대, 능력이나 조건에 관계없이 인정받고 사랑받는 곳이 가정입니다.

결국 '존재가 드러난다'는 말은 조건이 아니라 존재 그 자체로 인정받는다는 뜻입니다. 이처럼 자신의 존재 그 자체를 인정해주고, 자신의 존재를 드러나게 해주는 사람을 주변에서 만나기란 쉽지 않습니다. 직장이나 사회에서는 그런 사람을 만나기가 매우 어렵지요. 오직 가정에서, 가족관계에서만 그것이 가능하다는 것이 마르셀의 통찰입니다. 그래서 그는 "인간이 인간이기 위해서는 '가족적'이어야 한다"고 표현했습니다. 존재 그 자체만으로 누군가에게 인정받을 때 우리는 비로소 인간일 수 있는데, 그것은 가족에게서나 가능하다는 뜻입니다.

가브리엘 마르셀은 20세기 중반에 활동했어요. 당시만 해도 가정은 '존재를 드러내는 장소'였나봅니다. 그러니까 마르셀이 그런 주장을 했을 거예요. 지금은 어떨까요? 요즘도 가정은 여전히 '존재를 드러내는 장소'이며, 가족은 '존재를 드러내는 사람'일까요? 애매하다고 생각되네요. 《변신》에서 그레고르 잠자를 대하는 가족을 생각하면 가정이나 가족의 의미가 많이 퇴색되었음을 알 수 있지요. 그레고르가 돈을 벌어서 생계를 부양할 때만 해도 가족은 그의 존재를 드러내는 사람이었습니다. 하지만 그가 흉측한 해충으로 변한 뒤 더 이상 돈을 벌지 못하게 되자 가정에서 그의 존재는 더 이상 드러나지 않게 되었어요.

가정과 가족의 의미가 왜 이렇게 퇴색했을까요? 사회가 변했기 때문이지요. 마르크스의 지적처럼 자본주의 사회에서는 모든 것을 경제적 가치로 환산하게 되었는데 가족관계도 예외가 아닙니다. 과거 자신이 존재를 드러나게 하는 가족끼리도 이제는 존재가 아닌 조건을 따지는 사이로 변해버렸습니다. 가령, 가정에서 아버지는 그 자체로 인정받기보다 '가장으로서의 의무를 다했는가'로 대접이 달라지기도 합니다. 이때 제일 중요시되는 가장의 의무는 아무래도 경제적 의무일 거예요. 의무를 다하지 못한 가장, 즉 돈을 잘 벌어오지 못하는 가장은 가족에게 존재가 미미해지기 십상이지요. 속되게 말하면, '사람 대접'도 못 받는 경우가 생깁니다. 《변신》의 그레고르 잠자처럼요.

가장만 그런 게 아니에요. 자녀도 마찬가지입니다. 자녀가 어릴 때는 "내 자식으로 태어나준 것만으로도 고맙다"고 말하지만 이러한 생각은 지속되지 않아요. 자녀가 학교에 들어가면 공부를 얼마나 잘하는지에 따라 대접이 달라지지요. 만약 부모의 기대만큼 성적이 나오지 않으면, 자녀 또한 사람 대접 받기 어렵습니다. 한마디로 요즘은 부모건 자녀건 가정에서조차 각자의 역할과 의무를 다했는가를 따져 묻는 사이가 되어버렸습니다. 상황이 이렇다보니 지금은 가정에서도 마냥 편히 쉴 수가 없어요. 열심히 노력하여 자신의 존재를 증명해 보여야 합니다. 가수 김대중의 노래처럼 "불효자는 놉니다"라며 읍소해봐야 소용없어요. 일단 취직부터 해서 제 밥값은 해야 합니다. 이쯤 되면 가정을 안식처라 부르기도 민망할 정도네요.

루이스 캐럴Lewis Carrol의 《거울 나라의 앨리스》에는 붉은 여왕의 손을 잡고 나무 아래에서 계속 달리던 앨리스가 "계속 뛰어도 제자리인 것이 이상하다"고 묻습니다. 붉은 여왕은 "제자리에 있고 싶으면 계속 뛰어야 한다"고 앨리스에게 답을 하지요. 딱 이 장면이 오늘날 현대인의 모습이에요. 지금은 어디서건 계속 뛰어야 합니다. 직장에서건 가정에서건 어딜 가도 쉴 곳이 없어요. 어쩌면 현대인의 스트레스가 여기서부터 시작되고 있는지 모릅니다. 직장에서도 가정에서도, 항상 '너는 자신의 의무를 다했는가'를 따져 묻기에 맘 편히 쉴 안식처가 없지요. 불쌍하고 처량한 신세라 아니할 수 없는데, 그럼에도 사람들은 저녁이 되면 발걸음을 집으로 향합니다. 혹시나 쉴 곳이 있을까 하는 마음 때문이겠지요. 이렇듯 현대인에게는 안식처가 될 만한 가정과 자신의 존재를 밝혀줄 가족이 간절히 그립습니다. 우리는 언제쯤 진정한 가족의 의미를 되찾을 수 있을까요? 언제쯤 〈불효자는 웁니다〉라는 노래를 부르지 않아도 되는 날이 찾아올까요?

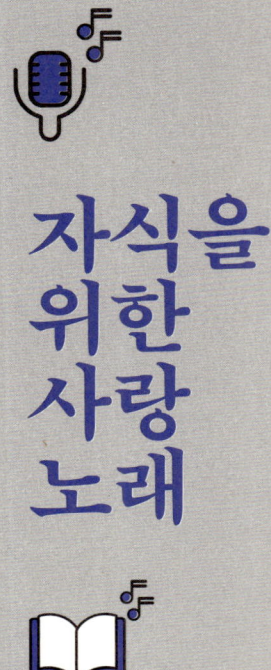

# 자식을 위한 사랑 노래

## 자식에게 뭘 바랄까?

1953년 필리핀 이사벨라에서 태어난 프레디 아길라Freddie Auigar는 어려서 음악을 좋아한 소년이었습니다. 그는 17세가 되던 1970년 처음으로 기타를 만져볼 수 있었고, 처음 줄을 튕길 때만 해도 6현 악기가 자신이 인생을 바꿔놓을 것이라고는 꿈에도 생각하지 못했어요. 프레디는 다음 해에 부모의 뜻에 따라 대학에 입학해 전자공학도로 대학 생활을 시작했지만 그의 머릿속에는 음악 외에는 어떤 것도 자리잡지 못했습니다. 그는 음악을 전공하기로 마음먹고 부모와 상의했으나 반대에 부딪치자 결국 음악가의 삶을 살기 위해 학교를 그만두고 가출을 선택합니다.

프레디는 기타와 젊음을 밑천 삼아 포크음악을 하며 스스로 음악가의 삶을 개척할 수 있을 것이라고 생각했지만 현실은 녹록지 않았습니다. 사람들에게 자신의 음악을 알리는 것도 쉽지 않았고 늘 곁에 붙어 있던 가난은 더욱 그를 지치게 만들었지요. 프레디는 결국 5년만에 집으로 돌아와 부모에게 잘못을 뉘우칩니다. 그리고 부모 조언을 듣지 않고 젊은 호기에 멋대로 행동한 것에 대한 후회를 담은 노래 〈아낙Anak〉을 만들게 됩니다. 이것이 훗날 우리나라에서도 큰 인기를 얻었던 가수 프레디 아길라의 히트곡 〈아낙〉의 탄성 스토리입니다.

프레디 아길라는 1978년 〈아낙〉을 들고 필리핀에서 열린 세계가요제인 〈메트로 송 페스티벌〉에 출전했는데 경연에서 상을 받지는 못했습니다. 하지만 〈아낙〉은 그의 진심어린 경험이 통한 것인지 필리핀 가수 사상 유례 없는 성공을 거두었는데 세계 56개국에서 27개의 언어로 번안될 정도로 빅히트했습니다.

필리핀 고유언어인 타칼로그어로서 '자식'을 뜻하는 '아낙'은 우리나라에도 전파되어 1979년에 가수 정윤선이 〈아들〉김재중 작사, 프레디 아길라 작곡, 정윤선 노래이라는 제목으로 원곡과 유사하게 번안하여 크게 사랑받았습니다. 노래 가사를 보면 필리핀이나 한국이나 부모에 대한 자식의 세계관이 당시에는 어떠했는지 엿볼 수 있습니다.

🎵

사랑스런 나의 아들아
네가 태어나던 그날 밤 우린 모두 기뻐서 어쩔 줄 몰랐지
사랑스런 나의 아들아
천사 같은 너의 모습을 우린 언제나 보고 있었지
밤새 엄마는 너에게 우유를 따뜻이 데워주셨지
낮에 언제나 아빠가 네 곁을 감싸며 지켜주었지
너는 크면서 언제나 말했지 이제는 자유를 달라고
진정한 의미도 모르면서 졸랐지
사랑하는 나의 아들아

변해가는 너의 모습에 우린 너무나 가슴 아파했지
엄마 아빠의 사랑을 버리고 너는 그만 떠나버렸지
엄마 아빠의 마음에 아픔을 남기고 떠나버렸지
지금 네가 가는 그 길은 거칠고 험한 길이지
갈수록 험하고 나쁜 길이지

사랑하는 나의 아들아
너도 이제는 후회하겠지 엄마는 언제나 울고만 계신다
너도 이제는 후회의 눈물이 두 눈에 고여 있겠지

〈아들〉 전문

　〈아들〉의 가사는 부모의 품을 떠나 자유를 찾아 떠나버린 아들에 대한 원망을 담고 있습니다. 심지어 자식이 부모의 뜻을 거역하고 자신이 원하는 대로 했다가는 후회의 눈물을 흘릴 것이라고 경고하기도 합니다. 물론 "엄마는 울고만 계신다"며 부모의 사랑도 표현하고 있지만 이 눈물의 의미 속에는 자식을 부모의 소유물로 생각하는 한국 부모의 사고방식도 함께 포함하고 있다고 보이네요. 물론 이러한 생각을 현대의 관점에서 투영하면 다소 부당하거나 억지스러운 것처럼 느껴지기도 합니다. 그러나 1950년대 이후 6·25전쟁을 경험하면서 돈이 없어 학업을 이어나가지 못해 도시로 상경해 직업전선으로 뛰어든 부모들이 대다수였고, 몇몇 부유한 가정의 아이들이 대학에 입학해 손쉽게 좋은 직업의 기회를 가지게 된 것을 보았기 때문에 자녀의 생계에 대한 집착은 심했을 거라고 추측할 수 있습니다. 또한 부와 권력을 가진 자들이 부당한 편법을 통해 자신들의 기득권을 세습한 것을 두 눈으로 목도했기 때문에 부모의 자식에 대한 강압적 사랑은 한편으로는 당연하게 느껴지기도 합니다.

이러한 한국의 부조리한 사회구조 속에서 자란 부모 자식 관계는 결국 병적인 형태로 나타나 사회문제화되기 시작합니다. 입시 위주의 교육을 비판한 영화 〈행복은 성적순이 아니잖아요〉1989의 흥행, 1990년대 강남개발로 인한 졸부들의 그릇된 자식 사랑으로 생겨난 오렌지족, 어른에게 순종하는 것이 미덕이 아닌 자신의 생각을 명확하게 드러내려는 것이 의미 있다고 보는 X세대의 등장은 변화를 갈망했던 과도기적 한국의 현상이었습니다.

이 시기 대학을 다니며 그룹 동물원을 결성해 노래를 불렀던 의대생 김창기는 훗날 소아정신과 의사가 되어 2015년 자신의 오랜 기간 상담한 경험을 담은 노래 〈엄마가 딸에게〉양희은·김창기 작사, 김창기 작곡, 양희은 노래(Feat. Tymee, 김규리)를 양희은과 함께 발표합니다. 이 곡은 발매 후 청소년부터 장년층까지 폭넓은 지지를 받으며 히트했는데 노래의 가사 속에 보이는 부모와 자식의 사랑과 갈등은 1979년 발표된 〈아들〉의 모습과 크게 다르지 않습니다.

즉 1970년대 청소년기를 보내며 자유를 갈망했던 이들이 결국 어른이 되어 그들마저도 자신의 자식들에게 '공부해라' '성실해라' '사랑해라'라고 강요하고 있으며 자식들은 이미 나도 알고 있고 노력하고 있다며 항변한다는 것입니다. 그렇다면 무엇이 문제일까요? 이호건 선생님의 철학 이야기에서 해답을 찾을 수 있지 않을까 합니다.

♪
난 잠시 눈을 붙인 줄만 알았는데 벌써 늙어 있었고
넌 항상 어린 아이일 줄만 알았는데 벌써 어른이 다 되었고

난 삶에 대해 아직도 잘 모르기에 너에게 해줄 말이 없지만

네가 좀더 행복해지기를 원하는 마음에

내 가슴속을 뒤져 할 말을 찾지

공부해라 아냐 그건 너무 교과서야

성실해라 나도 그러지 못했잖아

사랑해라 아냐 그건 너무 어려워

너의 삶을 살아라

〈엄마가 딸에게〉 중에서

**Listen to the Music!**

▶ 프레디 아길라 〈아낙Anak〉

▶ 정윤선 〈아들〉

▶ 양희은·김규리 〈엄마가 딸에게〉

### 자식이 부모 뜻대로 되지 않는 이유

'프로크루스테스Procrustes의 침대' 이야기를 들어본 적이 있나요? 프로크루스테스는 그리스 신화에 나오는 인물인데, 직업이 강도예요. 그는 아테네 교외의 언덕에 집을 짓고 살면서 강도질을 했습니다. 그의 집에는 철로 만든 침대가 있는데 그것이 바로 '프로크루스테스의 침대'예요. 그는 지나가는 행인을 붙잡아 자신의 침대에 눕히고는 행인의 키가 침대보다 크면 그만큼 잘라내고, 침대보다 작으면 침대 크기만큼 사지를 늘여서 죽였습니다.

　침대 크기에 맞춰서 몸을 자르고 늘인다니 생각만 해도 끔찍한 상황인데, 현실에서는 이 말이 비유적으로 쓰이고 있지요. 요즘에는 자기 생각에 맞추어 타인을 뜯어고치려고 하는 행위를 프로크루스테스의 침대에 비유합니다. 요즘은 어떤지 잘 모르겠지만, 제가 군대 생활을 했던 1980년대만 하더라도 프로크루스테스의 침대와 같은 상황이 자주 벌어지곤 했습니다. 알다시피 대한민국 군대에서는 모든 것이 공짜입니다. 공짜로 먹여주고, 재워주고, 입혀주지요. 심지어 월급까지 줍니다.(물론 얼마 되지는 않지만요) 어찌 보면 군대는 참 좋은 곳이라 할 수 있습니다. 의식주에 필요한 모든 물품을 공짜로 주기 때문이에요.

　모든 세상사가 그러하듯, 밝은 면이 있으면 어두운 면도 있기 마련입니다. 군대에도 단점이 있습니다. 한 번 지급된 옷이나 신발이 몸에 맞지 않아도 교환이 어렵다는 점입니다. 그렇기 때문에 당시 사병들은 어쩔 수 없이 지급받은 옷이나 신발에 자기 몸을 맞출 수밖에 없었습니다. 그래서 "군대에서는 사람에게 옷을 맞추는 것이 아니라 옷에 사람을 맞추어야 한다"는 말이 생겨났지요. 물론 당시에도 고참은 좀 덜했지만, 신참은 맞지 않는 옷이나 신발에 자신의 몸을 맞춰가며 생활해야 하는 경우가 많았습니다. 그렇지 않아도 고달픈 군생활인데, 그것 때문에 더욱 힘들었어요.

　당시에는 왜 그랬을까요? 그 시절 군대 고참들은 전부 프로크루스테스와 같은 성격이라서 그랬을까요? 그렇진 않습니다. 아마도 병사들에게 보급되는 물품이 요즘처럼 풍족하지 않았기 때문에 그런 웃지 못할 일이 생겨나지 않았나 싶습니다. 그렇다면, 상대적으로 풍요로워진 지금은 어떨까요? 지금은 더 이상 프로크루스테스의 침대와 같은 일이 벌어지지 않을까요? 상대적으로 풍요로워진 지금도 주변을 둘러보면, 안타깝게도 프로크루스테스의 침대와 같은 일이 심심치 않게 일어나는 것을 볼 수 있습니다.

　가장 자주 발견되는 곳은 의외로 가정입니다. 요즘은 핵가족 시대라서 과거에 비해 자녀에 대한 기대가 높지요. 대부분의 가정이 자녀를 한두 명 정도밖에 낳지 않습니다. 그렇다 보니 한두 명의 자녀에게 부모의 기대가 집중됩니다. 그 결과, 어릴 때부터 온갖 사교육으로 자녀를 지나치게 내모는 경향이 있습니다. 자녀의 본성이나 능력은 고려하지 않은 채 말이지요. 물론 이는 자녀에 대한 사랑 때문일 것입니다. 하지만 과하다는 인상을 떨쳐버리기 힘듭니다.

오늘날 자녀에 대한 과도한 교육열을 보고 있으면 저절로 프로크루스테스의 침대가 떠오르기도 합니다. 부모의 높은 기대에 맞추느라 원하지 않는 공부나 과외 활동에 내몰리는 자녀를 볼 때면, 현대판 프로크루스테스 침대라는 생각이 들거든요. 요즘에는 초등학교에 들어가기 훨씬 전부터 피아노 학원, 태권도 학원, 영어 조기교육, 각종 스포츠 교실 등 온갖 조기교육이 성행하고 있잖아요. 자녀의 뜻과는 무관하게 남들에게 뒤떨어져서는 안 된다는 부모의 생각이 과도한 사교육으로 내몰고 있는 것은 아닌가 싶습니다. 이것은 부모의 기대에 따라 자녀의 키가 강제로 늘려지고 있다고 해석할 수도 있겠지요. 어쩌면 오늘날 부모들은 선량한 마음의 프로크루스테스인지도 모릅니다. 자녀의 키나 능력은 고려하지 않은 채, 부모의 기대에 따라 만들어진 큰 침대에 눕힌 자녀는 그 침대 크기에 자신의 몸을 맞추느라 고통을 겪고 있는 셈입니다.

부모의 과도한 기대로 만든 침대에 눕힌 자녀의 기분은 어떨까요? 마치 맞지도 않는 옷에 자신의 몸을 맞추어야 했던 옛날 군인의 심정과 비슷하지 않을까요? 아무래도 기분이 좋을 리는 없겠지요. 프로크루스테스의 침대에서 자란 자녀는 잘 성장할 수 있을까요? 당연히 잘 성장할 수 없습니다. 채 성장하기도 전에 죽는 경우도 있지요. 다행히 죽지 않더라도 딱 침대 크기만큼만 성장할 뿐입니다. 그런 침대에서 자란 자녀는 부모의 기대 이상으로 성장하기는 힘듭니다. 비뚤어지지 않고 잘 자라야 딱 부모가 기대한 만큼 성장할 뿐입니다. 침대 크기, 즉 부모의 기대가 성장할 수 있는 한계인 셈이지요.

한편, 침대에 눕혀 행인을 마구 죽인 프로크루스테스는 결국 어떻게 되었을까요? 악행을 일삼던 프로크루스테스는 아테네의 영웅 테세우스에게 잡혀서 죽임을 당했습니다. 어디서 죽었을까요? 바로 자기 침대에서 죽임을 당했습니다. 테세우스는 프로크루스테스를 잡아서 그의 침대에 눕히고는 똑같은 방법으로 머리와 다리를 잘라서 죽였다고 합니다. 자업자득인 셈이지요. 결국 프로크루스테스의 침대 이야기에서는 침대에 눕힌 자도, 다른 사람을 침대에 눕게 만든 자도 모두 불행한 결말을 맞고 말았습니다.

　자녀에게 높은 기대를 품는 것은 부모 입장에서는 당연한 일입니다. 또 누군가를 사랑할수록 상대에게 더 큰 기대를 하기 마련이지요. 하지만 기대가 지나쳐 상대방의 본성을 그르치거나 자유를 억압한다면, 그것은 사랑이 아니라 폭력이 될 수도 있습니다. 사람들은 자신의 개인적 욕구를 선의로 착각할 때가 있습니다. 흔히 부모들은 자식이 공부를 열심히 해서 좋은 대학에 가길 원합니다. 그래서 공부만 열심히 할 것을 강요하지요. "이게 다 너 잘되라고 하는 거야"라고 말하면서 말이지요. 하지만 이 부분에서 우리는 좀더 솔직해질 필요도 있습니다. 자녀에게 공부만을 강요하는 것이 정말로 순수하게 '자식을 위해서' 그러는 것일까요? 혹시 '부모 자신을 위해서' 그러는 것은 아닐까요? 물론 자식을 위한 마음도 분명 있겠지요. 하지만 한편에는 본인을 위한 목적도 있을 것입니다. 현실에서는 자식이 좋은 대학을 가거나 성공해야 자신의 체면이 선다고 생각하는 부모도 있으니까요.

　순수하게 '자녀를 위해서' 한 행위라도 그것이 자식의 본성이나 능력을 거스른다면 문제가 됩니다. 부모는 선의를 가지고 그랬다고 말할지 모르겠지만, 상대방 입장에서 보자면 강제로 프로크루스테스의 침대에 눕힌 셈이니까요. 요즘 매스컴을 보면, 성적 때문에 극단적인 선택을 한 학생들의 기사가 자주 나옵니다. 그런 기사를 접할 때면 그 학생도 프로크루스테스 침대에서 고통 받았겠구나, 하는 생각이 듭니다. 오죽했으면 그런 극단적인 선택을 했을까요? 아무튼 자녀에 대한 사랑도 폭력이 될 수도 있다는 점을 잊어서는 안 되겠습니다.

정윤선 노래 〈아들〉에서도 부모는 "너는 크면서 언제나 말했지 / 이제는 자유를 달라고 / 진정한 의미도 모르며 졸랐지"라면서 자유를 요구하는 아들의 모습에 가슴 아파합니다. 아들은 결국 "엄마 아빠의 사랑을 버리고 그만 떠나버렸"습니다. 아들은 왜 부모의 말을 듣지 않고 떠나버린 것일까요? 사실 이러한 상황은 아주 예외적인 경우가 아닙니다. 대부분의 자녀는 부모의 뜻대로 자라지 않아요. 보통의 자녀들은 자라면서 부모의 속을 태우기도 하고, 부모의 속박에서 벗어나 자유롭게 살기를 원하지요.

자녀는 왜 헌신적인 사랑에도 불구하고, 부모의 뜻을 따르지 않을까요? 그 이유는 자녀가 '생명'이기 때문입니다. 프랑스 철학자 앙리 베르그송Henri Bergson은 《창조적 진화》에서 생명 진화의 근원에는 '엘랑비탈elan vital'이라는 힘이 있다고 보았습니다. 엘랑비탈은 '생명 안에 내재하는 폭발적인 힘'을 뜻하는데, 이것이 진화에 결정적인 작용을 했다는 주장이에요. 베르그송 이전까지만 해도 생명의 진화에 관한 주류적 통설은 신다윈주의자들이 입장이었습니다. 그들은 현재의 생명체가 공동 조상에서 시작하여 여러 갈래로 가지를 뻗어나왔는데, 변이와 자연선택을 통해 '점진적으로' 진화해왔다고 주장했습니다. 하지만 베르그송은 생명이 가진 엘랑비탈의 힘 때문에 '폭발적으로' 진화가 이루어졌다고 보았어요. 엘랑비탈이라는 약동의 힘 때문에 마치 포탄에서 화약이 폭발하듯 무수히 많은 개체가 가지를 뻗어나왔다는 거예요.

베르그송에 따르면, 폭발적 진화는 '생명의 힘'과 '물질의 저항'의 만남에서 시작되었습니다. 생명과 물질의 대립인데, 이해를 위해 각자

머릿속에 포탄을 하나씩 떠올려보겠습니다. 일반적으로 포탄은 내부에 화약이 들어 있고, 외부에는 쇠로 된 외피(탄피)로 구성되어 있지요. 여기서 내부에 있는 화약은 자유롭게 밖으로 뻗어나가려는 성질을 가졌습니다. 생명의 성질이 이러하지요. 반면, 외부를 둘러싸고 있는 탄피라는 물질은 화약이 밖으로 나가려는 것을 안에 가두려는 힘입니다. 물질의 성질이 그렇습니다. 이처럼 포탄은 밖으로 나가려는 생명의 힘과 그것을 가두려는 물질의 저항으로 구성되어 있어요. 생명은 밖으로 나가려는 자유를 상징하고, 물질은 자유를 가두려는 저항을 상징합니다. 폭발은 언제 일어날까요? 자유를 원하는 생명의 힘이 물질의 저항을 넘어서는 순간, 폭발이 일어나면서 무수한 개체로 나누어집니다.

　이러한 진화의 메커니즘을 부모와 자녀간의 관계에 대입해보겠습니다. 자녀는 왜 부모의 뜻에 따르지 않고, 자유를 달라고 조르는 것일까요? 그 이유는 자녀에게 내재한 생명의 원초적 힘인 '엘랑비탈' 때문입니다. 구체적으로 말하면, 자녀를 향한 부모의 기대(물질적 저항, 탄피에 해당)와 자식 안에 잠재되어 있는 자유를 향한 갈망(생명의 자유, 화약에 해당)이 대립하고 있기 때문입니다. 탄피와 화약, 부모의 저항과 자녀의 자유의 힘이 서로 대치하고 있는 상태인 거지요. 여기서 물질적 저항의 힘이 더 강하면 자녀는 부모의 뜻에 따를 것이고, 자유를 향한 생명의 힘이 더 강하면 부모의 뜻과는 달리 자녀는 제 갈 길을 갈 것입니다.

　더불어 알아야 할 것이 있는데, 베르그송의 주장에는 진화의 본질이 우연성이나 불확실성에 기초하고 있다는 점입니다. 이러한 관점은 그전에 신다원주의자들이 생명체의 진화는 어떠한 목적이나 필연성을 가지고 있다고 본 것과는 다릅니다. 베르그송은 생명 진화의 방향은 정해져 있지 않다고 보았어요. 생명의 본성과 물질의 본성이라는 두 힘이 서로 갈등하고 투쟁한 결과로 진화의 방향이 정해진다는 말입니다. 그래서 베르그송은 "생명은 자유다"라고 표현했어요.

'생명은 자유'라는 베르그송의 주장은 얼핏 듣기에 매우 민주적이고 자유롭게 들립니다. 하지만 그의 주장은 부모 입장에서는 난감한 측면도 있습니다. 진화가 우연성이나 불확실성, 그리고 자유에 기인한다는 말은 자식의 인생이 부모 뜻대로만 되지 않는다는 뜻이기도 합니다. 자녀는 왜 부모 뜻에 따르지 않고, 자기 맘대로 성장하는 것일까요? 그것은 자녀가 '생명'이기 때문입니다. 만약 자식이 '물질'이라면 부모 뜻대로 자라겠지요. 주변을 보면 자녀를 부모 뜻대로만 키우는 경우가 있는데, 이는 자녀의 생명성을 질식시키고 물질성을 극대화한 결과라고 해석할 수도 있습니다. 이는 자녀를 생명이 아니라 물질처럼 다루기 때문에 가능한 일입니다.

자녀가 부모 뜻대로 되지 않는다고 마냥 억울해 할 필요는 없어요. 진화가 우연성이나 불확실성 속에 이루어진다는 말 속에는 '잠재성'이 들어 있다는 뜻이기도 합니다. 부모 뜻대로 살지 않는다고 해서 꼭 나쁜 결과로 이어지는 것만은 아닙니다. 앞일은 어찌될지 아무도 모르거든요. 부모의 뜻에 어긋나게 살았던 자녀가 자기만의 길을 갔다가 큰 성공하는 경우도 있습니다. 자유의 힘이 충만한 그들은 부모가 만든 프로크루스테스의 침대에서 뛰쳐나가 독자적인 길을 걸어간 사람들입니다.

베르그송은 진화를 "잠재성의 현실화"라고 표현했습니다. 생명에 내재한 잠재성이 무수한 요소들과 상호 침투하면서 그전과는 다른 창조를 이루어낸다는 거지요. 그래서 그의 책 이름이 《창조적 진화》입니다. 무한한 잠재성을 가진 생명은 자유를 통해 새로움을 창조하고, 그 과정에서 진화가 이루어진다는 뜻이에요. 이를 두고 베르그송은 "생명의 진화 앞에서 미래의 문은 크게 열려 있다"고 말했습니다. 정리하면, 생명의 진화에 대한 베르그송의 주장은 이렇습니다. 생명의 진화 방향은 정해져 있지 않으며, 물질의 저항과 생명의 자유가 상호 침투하면서 창조적으로 진화합니다. 혹시 자녀가 부모 뜻대로 되지 않더라도 너무 슬퍼하거나 노하는 일이 없었으면 합니다. 정윤선의 노래 가사처럼, "엄마 아빠의 사랑을 버리고" 떠나갔다고 해서 마음에 아픔을 느끼거나 울 필요는 없어요. 그냥 '우리 아이에게 생명의 자유가 충만하구나' 하고 생각하면 더 좋지 않을까요?

# 친구와 함께라면

**우정은 흔들리는 것이다**

"여보게, 친구 웃어나보게. 어쩌다 말다툼 한 번 했다고 등질 수 있나. 아지랑이 언덕에 푸르러 간 보리따라 솔향기 시냇가에서 가재를 잡던. 아하, 자네와 난 친구야 친구."

만약 위 문장을 보면서 어떤 멜로디를 흥얼거렸다면 아마도 약간 '쉰(?) 세대'에 가까울 것입니다. 이 곡은 가수이자 방송진행자로서 1970~1980년대 많은 사랑을 받은 박상규가 1976년 발표해 히트했던 〈친구야 친구〉라는 노래입니다. 전우가 작사한 이 노래는 '친구는 곧 의리' 즉, 붕우유신朋友有信 시대에 친구 부탁을 단호하게 거절하지 못했던, 당시 한국인의 의식을 엿볼 수 있기에 나름 의미가 있습니다.

언제부터였는지 한국사회에서 친구란 웬만한 어려운 부탁쯤은 기꺼이 들어줄 수 있어야 비로소 친구로서의 자격을 인정받을 수 있었어요. 여기서 어려운 부탁이란, 가령 빚 보증같이 신용보증회사나 은행 정도는 되어야 감당할 수 있는, 당사자로서는 극히 위험한 일까지 포함하는 개념인데, 상황이 이렇다 보니 옛날에는 지인의 빚 보증을 잘못 서주었다가 집을 날린 경우도 심심찮게 목격할 수 있었습니다. 그만큼 친구에 대한 배려는 상상을 초월할 정도로 관대하면서 동시에 무모했지요. 친구를 주제로 한 노래를 통해 한국인들은 친구와 우정을 어떻게 인식하고 있었는지 알아보겠습니다.

박상규의 노래 이상으로 한국인에게 강한 인상을 남긴 친구 노래는 1985년 발표된 조용필의 〈친구여〉였습니다. 조용필과 위대한 탄생의 객원멤버 이호준은 이 노래를 만든 후에 정식 멤버로 합류할 수 있었습니다. 〈친구여〉는 젊은 시절 함께 일을 도모하며 굳은 약속을 했던 친구들이 이제는 어디로 떠났는지 알고 싶다는, 옛 친구에 대한 그리움을 표현한 곡이지요. 이처럼 친구에 대한 그리움을 그린 노래들은 1990년대 김민우의 〈휴식같은 친구〉1990와 신성우의 〈친구라 말할 수 있는 건〉1993로 이어지며 히트했습니다.

2000년대 들어 한국 가요계에는 힙합이라는 새로운 장르가 X세대와 N세대를 관통하며 관심을 끌기 시작했지요. 2004년 조PD는 선배가수 인순이와 함께 〈친구여〉조PD 작사, 박근태 작곡, 조PD·인순이 노래를 불러서 큰 히트를 기록했습니다. 우정에 대한 감정은 세월이 흘러 새로운 세대에게도 변함없이 공감을 불러일으키는 주제임을 알 수 있습니다. 그런데 조PD가 말하는 우정 속에서는 "이담에 소주 한잔할 때까지 답장은 필수 Always miss you"라는 표현처럼, 핸드폰과 문자 세대다운 변화된 관계양상을 엿볼 수 있지요. 한편, 조PD의 노래 속에서 IMF를 거치면서 이른바 '88만원 세대'라 불리는 저성장의 암울한 그림자가 드리워 있다는 점도 주목할 만합니다. "어느새 남자의 미래는 책임감과 무거운 중압감"에 시달리는 청춘들의 고뇌 또한 노래하고 있거든요.

🎵

우리들의 얘기로만 긴긴밤이 지나도록

When the time is alright It's way to survive 기다려 hold on

사랑들은 하고 있나 많은 것을 약속했나

힘들어도 Try 포기하지 말아 It will be alright alright (…)

우린 일 사랑 사회가 이슈 하지만 인간적일 뿐인 실수는 모두 겪어야지

너무 재수 없는 직장상사 얘기 별수 없이 아저씨 되는게 뭐가 대수

이담에 소주 한 잔 할 때까지 답장은 필수 Always miss you

〈친구여〉 중에서

    가요 속에서 친구 노래는 이렇게 '우정'이라는 동성 간의 관계적 테두리 속에서만 존재하는 것은 아닙니다. 친구를 소재로 한 다른 히트곡에서는 다른 형태의 친구관계가 존재함을 알 수 있는데 바로 남녀 관계 속의 친구입니다. 우선 친구에서 남녀 관계로 발전하지 못하고 한 쪽이 지쳐 떠나가버린 사연들, 다시 말해 우정에서 사랑으로 발전하지 못한 아쉬움을 표현한 노래들이 있는데 한마음이 부르는 〈친구라 하네〉1985, 공일오비의 〈친구와 연인〉1991, 피노키오의 〈사랑과 우정사이〉1993 등을 들 수 있습니다. 이중 〈사랑과 우정 사이〉는 지하철역 앞 불법복제 테이프인 '길보드(길+빌보드의 합성어. 1990년대에 음악을 불법복제한 카세트테이프를 길거리에서 싸게 팔았던 문화 중 하나)'가 유행하던 시절에 수많은 청춘들에게 큰 사랑을 받았지요.

    흥미로운 사실은 1980~1990년대로 넘어가면서 사랑의 어긋남에 대한 표현 방식이 많이 달라졌다는 점입니다. 과거 짝사랑에 대한 추억은 혼자서 고이 간직한 것과는 달리 이제는 "네가 싫다면 나도 떠나가

겠어"라고 명확하게 의사표시를 하는 경우가 많아졌습니다. 그 배경에는 순종이나 침묵을 미덕이라 여겼던 1980년대 이전과는 달리 자기 생각을 거침없이 이야기하는 것이 당연한 것으로 생각하는 X세대가 등장했기 때문입니다. 그 결과, 이제는 노래 가사도 솔직해졌어요. 가령, 공일오비의 〈친구와 연인〉정석원 작사 · 작곡, 윤종신 노래에서는 "더 이상 그대의 인형은 싫다. 그대만의 내가 안 된다면 너의 노리개가 될 수 없다"며 짝사랑했던 상대에 대한 미련을 던져버리고 쿨하게 떠나버립니다.

♪
넌 언제나 내게 잃어버리긴 싫다고
감미로운 목소리로 유혹하듯 얘기하면서도
이리저리 재는 건지 자존심인지
힘들 때 생각나는 친구 이상은 아니라 하네 (…)
그댈 위해 버린 시간들을 이젠 다시 찾고 싶어요
더 이상 그대의 인형은 싫어
그대만의 내가 안 된다면 나만의 그대도 될 순 없어
더 이상 그대의 연극은 싫어

〈친구와 연인 사이〉 중에서

1990년대 이후 친구 노래 히트곡 중에는 그 이전에는 사회적으로 금기시하던 도덕관념을 솔직하게 표현한 노래가 히트하기도 했습니다. 대표적인 노래로 이승철이 부른 〈친구의 친구를 사랑했네〉1990와 김건모의 〈잘못된 만남〉1995, 홍경민의 〈흔들린 우정〉2000 등이 있습니다. 친한 친구의 이성 친구를 사랑했다는 이 설정은 유교 사상이 지배적인 한국 사회의 도덕관념으로는 쉽게 받아들여지기 힘든 주제라 할 수 있는데, 이런 내용을 다룬 노래들이 히트하며 지지를 받았다는 것은 사랑과 우정에 대한 현실 상황을 적극적으로 반영한 결과로 보입니다. 또한 인간관계에 대한 사람들의 의식수준이나 도덕관념이 과거 유교적 사상의 지배에서 많이 벗어났다는 반증이기도 하지요.

변화된 우정 관계를 노래한 〈잘못된 만남〉과 〈흔들린 우정〉은 모두 1990년대 김건모, 박미경, 신승훈, 클론 등을 제작한 프로듀서이자 작곡가 김창환이 작사·작곡한 노래입니다. 김창환은 1995년 〈잘못된 만남〉에서 대중의 시대정신을 확인한 후 5년 후인 2000년 〈흔들린 우정〉으로 다시 한 번 재미를 보았습니다. 모든 분야가 그러하듯, 대중가요도 시대의 흐름을 잘 따라가야 히트할 수 있다는 평범한 진리를 다시 한 번 확인하게 됩니다. 인간사에 사랑이 존재하는 한, 사랑 관련 노래가 영원하겠지요. 마찬가지도 생에서 우정이 건재하는 한, 우정 노래 또한 영원한 것입니다. 우정에 대한 디테일은 변하겠지만 우정에 대한 노래는 영원하리라!

**Listen to the Music!**

▶ 박상규 〈친구야 친구〉

▶ 조PD · 인순이 〈친구여〉

▶ 공일오비 〈친구와 연인〉

## 우정, 그대는 그 사람을 가졌는가?

"친구는 옛 친구가 좋고 옷은 새 옷이 좋다"는 속담이 있습니다. 오래 사귄 친구일수록 우정이 두텁고 깊다는 뜻이지요. 대체로 사랑은 시간이 지날수록 시들해지는 경우가 많은데, 우정은 세월의 침식을 허용하지 않습니다. 죽마고우竹馬故友라는 말도 있듯, 어릴 적 한번 맺은 친구와의 인연은 별일 없으면 평생을 갑니다. 따라서 어떤 친구와 우정을 쌓는가는, 배우자를 선택하는 것만큼이나 중요한 일입니다.

흔히 사람을 제대로 알기 위해서는 당사자보다는 친구를 관찰하면 효과적일 때가 있지요. 아리스토텔레스Aristoteles가 말했듯, "친구는 제2의 자신"이기 때문입니다. 유유상종類類相從이라고, 사람은 본디 비슷한 녀석끼리 잘 뭉치는 법이거든요. 범생이는 범생이랑 친하고, 건달은 건달끼리 쉽게 의기투합합니다. 친구는 자신을 비추는 거울입니다. 《자조론》으로 유명한 새뮤얼 스마일스Samuel Smiles도 "사귀는 친구로 그 사람의 품격을 알 수 있다"고 주장한 바 있습니다. 친구의 수준이 곧 나의 품격이라고 보는 거지요.

사람은 왜 친구를 필요로 할까요? 우정의 필요성에 대해서는 우선 생존본능에서 찾을 수 있습니다. 철학자 토마스 홉스 Thomas Hobbes는 자연 상태를 "만인의 만인에 대한 투쟁" 혹은 "인간은 인간에 대해 늑대다"라고 표현한 바 있습니다. 자연 상태에서는 인간은 서로에게 위험한 존재입니다. 이처럼 위험천만한 자연 상태에서 혼자가 된다는 것은 목숨을 부지하기 어렵다는 뜻입니다. 모두가 모두에게 늑대가 되는 자연 상태에서는 동지同志가 필요합니다. 하지만 아무나여서는 곤란하지요. 믿고 의지할 만한 사람이어야 합니다. 나의 목숨을 맡길 수 있을 정도는 되어야 하고요. 믿고 의지할 수 있는 친구가 곁에 있으면 괜스레 어깨에 힘이 들어가고 두려울 게 없어집니다. 곽경택 감독의 영화 〈친구〉2001에서 "함께 있을 때, 우린 아무것도 두려울 것이 없었다"고 회고한 것처럼요.

나이가 들수록 친구와 우정은 더욱 소중합니다. 나이가 들수록 희로애락을 나눌 수 있는 사람이 점점 줄어들기 때문이지요. 어른이 되면 새롭게 친구를 사귀기란 좀처럼 어렵거든요. 어른이 되면 어릴 적 순수함은 사라지고 세파에 찌든 속물근성이 남는 경우가 대부분입니다. 그 결과, 어른들은 상대방에게 자신의 속내를 잘 드러내지 않으며 쉽게 친해지기도 어렵습니다. 어른이 되면 이해타산이 앞서서 순수한 마음으로 정을 나누기란 쉽지 않지요. 상대의 인간 됨됨이보다는 자신에게 이익이 될지를 먼저 생각하기 때문이에요. 그래서 어른이 되면 새로운 우정을 쌓기보다는 기존의 우정을 유지하는 데 더욱 신경을 써야 합니다.

공자孔子는 군자가 누릴 수 있는 세 가지 즐거움 중 하나로 친구와의 우정을 꼽았습니다. "벗이 있어 먼 곳에서 찾아오면 이 또한 기쁘지 아니한가?**有朋自遠方來不亦樂乎**" 특히 나이가 들수록 친구와의 우정은 소중합니다. 운 좋게 크게 성공하여 많은 재산을 많이 모았다 하더라도 함께할 친구가 없다면 아무래도 기쁨은 반감될 수밖에 없지요. 남들이 부러워할 근사한 요트를 소유했다고 하더라도 친구 없이 혼자 타고 다닌다면 제대로 된 즐거움을 만끽할 수 없습니다. 고급 별장에서 성대한 만찬을 열어도 찾아오는 친구가 없다면 공허하고요. 성공의 기쁨도 친구와 함께할 때 그 즐거움이 배가되는 법이겠지요.

친구의 존재를 이른바 '인적 네트워크'로 해석하는 경우도 있지요. 흔히 현대를 네트워크 사회라고 칭하면서 자신의 약점이나 부족한 면을 인적 네트워크를 통해 보충하거나 보완해야 한다고 말하기도 합니다. 일리가 전혀 없는 말은 아니에요. 현대사회는 규모도 커지고 복잡해진 만큼 한 개인이 사회생활에 필요한 모든 것을 직접 보유하는 것에는 한계가 있을 수밖에 없어요. 이때 자신이 가지지 못한 요소는 인적 네트워크를 활용하여 적극적으로 아웃소싱을 해야 합니다. 좋은 인맥을 가졌다면 상대의 힘을 자신의 것으로 활용할 수 있기 때문이지요. 게다가 그 네트워크가 우정을 나눈 친구라면 금상첨화일 것입니다.

하지만 인적 네트워크가 친구가 아니며, 모든 인맥이 곧 우정이 되는 것은 아닙니다. 온갖 혈연, 학연, 지연을 통해 연결된 가까운 사이라도 그것을 우정이라고 단정하기는 어렵습니다. 솔직하게 말하면, 넓은 인맥을 자랑하는 사람치고 우정을 나누는 친구는 의외로 많지 않지요. 아리스토텔레스가 "누구에게나 친구는 어느 누구에게도 친구가 아니다"라고 말한 것처럼요. 개개인이 보유하거나 관리할 수 있는 네트워크에는 한계가 있습니다. 인맥을 유지하는 데에도 시간과 비용이 들기 때문이지요. 넓은 네트워크를 보유한 사람일수록 관계의 질적 수준은 얕을 수밖에 없습니다. 그런 사람들은 대개 아는 사람은 수두룩하지만 우정을 나누는 친구는 극히 드뭅니다.

인적 네트워크는 왜 우정으로 발전하기 어려운 것일까요? 우정은 기본적으로 이익을 고려하지 않은 상태에서 생겨납니다. 우정은 본성에서 시작되지요. '죽마고우'나 '불알친구'는 이것저것 따지지 않고 만난 사이를 뜻합니다. 그냥 본성이 맞아서 우정으로 발전한 관계인 거지요. 따라서 우정은 이해득실을 따지지 않습니다. 반면, 네트워크로 만난 사람들은 기본적으로 약점을 보완하기 위한 목적으로 만들어진 관계고요. 이익을 얻기 위한 목적으로 맺어진 사이이기 때문에 상대가 자신에게 도움이 되지 않는 경우에는 관계도 풀어지고 맙니다.

이렇듯, 인적 네트워크와 우정은 전혀 다른 성질의 관계입니다. 이에 대해 로마의 정치가이자 사상가인 키케로Marcus Tullius Cicero는 이렇게 말했습니다. "우정이 인간의 약점이 아니라 본성에서 기인했다는 사실은 우정을 더욱 위엄 있고 진실한 것으로 만들어준다. 만약 이익이 우정의 접착제라면 이익이 사라지면 우정도 풀어지고 만다." 이익을 목적으로 한 인적 네트워크가 곧 우정은 아니며, 그런 관계일수록 오래 지속되기 어렵습니다. 결국, 대인관계의 수준은 인적 네트워크가 얼마나 넓은지가 아니라 우정을 나누는 친구가 얼마나 있는지에 달렸습니다. 양이 아니라 질이 중요하지요.

우정은 상황이 어려울 때 잘 드러납니다. 본디 상대가 믿을 만한 사람인지는 극한 상황에서 어떻게 행동하는지에 달렸습니다. 사마천의 《사기史記》〈위세가魏世家〉편에 이런 말이 나옵니다. "가정이 어려울 때 좋은 아내가 생각나고, 세상이 어지러울 때 충신을 분별할 수 있으며, 세찬 바람이 불면 굳센 풀인지 알 수 있다家貧思良妻 世亂識忠臣 疾風知勁草." 상대방이 어떤 사람인지는 상황이 좋을 때는 잘 드러나지 않습니다. 여유가 있을 때는 자신을 좋은 사람처럼 포장할 수 있기 때문이지요. 인간의 진면목은 극한 상황에 봉착했을 때입니다. 상황이 어려우면 가면을 쓸 여유조차 없기 때문이지요. 자신이 잘나갈 때는 인적 네트워크가 우정의 사이처럼 보이기도 하지만, 정작 내가 어려움에 처하면 그들은 별 도움이 되지 않습니다. 그들과는 어차피 이익을 위한 목적으로 만났기 때문에 내가 회복 불가능해 보이는 난관에 봉착하면 안면을 바꾸는 경우가 많습니다. 그런 사이라면 인맥人脈이 아니라 '돈맥'이라 불러야 할지도 모르지요.

반면, 우정을 나눈 친구는 내가 아무리 큰 잘못을 했거나 극심한 어려움에 빠졌더라도 내 곁을 떠나지 않습니다. 친구는 나의 등을 두드리며 위로해주고 나의 손을 잡고 다시 일어날 수 있도록 도와줍니다. 그런 이유 때문인지 키케로는 "어려울 때 친구가 진정한 친구다"라고 단언했습니다. 이렇듯 우정의 진가는 삶의 밝은 면에서는 잘 드러나지 않지요. 진정한 우정은 역경 속에서 꽃을 피웁니다. 키케로가 통찰했듯, "운명의 기복이 친구의 신뢰를 시험"하기 때문이지요. 대체로 성공은 주변에 사람을 불러모으지만, 실패는 그들 중 친구와 인맥을 구분해줍니다. 진정한 친구란 고급 리무진을 함께 타고 가는 사람이 아니지요. 리무진이 고장 났을 때 함께 걸어가주는 사람입니다.

민중운동가이자 문필가인 함석헌은 〈그 사람을 그대는 가졌는가〉라는 시에서 우정에 대해 묻습니다.

♪

만리길 나서는 길
처자를 내맡기며
맘 놓고 갈 만한 사람
그 사람을 그대는 가졌는가

> 온 세상 다 나를 버려
> 마음이 외로울 때에도
> '저 맘이야' 하고 믿어지는
> 그 사람을 그대는 가졌는가

함석헌 시, 〈그 사람을 그대는 가졌는가〉 중에서

    시인은 우리에게 "그 사람을 그대는 가졌는가?" 하고 묻습니다. 어떤 사람의 인생을 두고 잘 살아왔는지를 판단하려면 당사자의 주변을 둘러보면 좋습니다. 그의 곁에 믿고 의지할 만한 '그 사람'이 단 한 명이라도 있다면 '괜찮은 인생'이라고 말해도 좋겠습니다. 먼 길을 나설 때 "처자를 내맡기며 맘 놓고 갈만한 사람"이 있다면, "온 세상이 다 나를 버려 마음이 외로울 때에도" 끝까지 내 맘을 믿어주는 '그 사람'을 가졌다면 그는 분명 성공한 인생이라 할 만합니다.

    반면, 아무리 높은 지위와 많은 재산을 가졌더라도 '그 사람'을 가지지 못했다면 제대로 산 인생이라 말하기 어렵습니다. '그 사람'을 가지지 못한 인생은 '앙꼬없는 찐빵'이요, '고무줄 없는 빤스'에 불과합니다. 그만큼 친구란 나에게 있어 소중한 사람이며, 내 삶을 구성하는 데 있어 빼놓을 수 없는 존재입니다. 나는 친구를 통해 세상을 알아가고, 친구와 함께 희로애락을 나누며, 친구의 손을 잡고 세상의 파고를 헤쳐 나갑니다. 인생의 완성은 "그 사람을 그대는 가졌는가"에 답하는 수준에 달렸다고 말해도 좋습니다.

    대중가요 속 친구 노래에서도 함석헌이 말한 '그 사람'은 어김없이 등장합니다. 조용필의 〈친구여〉에서는 "슬픔도 기쁨도 외로움도 함께

했지"라며 친구를 회고했고, 안재욱의 〈친구〉에서도 "시간은 흐르고 모든 게 변해도 그대로 있어준 친구여"라며 고마워했습니다. 홍경민의 〈흔들린 우정〉에서도 사랑 때문에 잠시 흔들렸으나 "너무나 괴로워 마치 죄를 짓는 것 같아 / 이젠 모든 걸 다 잊고 난 친구 곁으로 돌아가야 하겠어"라며 결국에는 우정을 선택했습니다. 그들 곁에는 모두 '그 사람'이 있었고, 가수는 그러한 친구와의 우정을 노래로 화답했지요. 이제 시인의 질문에 우리가 답할 차례입니다. "그 사람을 그대는 가졌는가?"

# 결혼은
# 미친
# 짓일까

## 노래 속 결혼에는 로맨스가 없다

결혼은 사랑의 완성이자 행복을 추구하는 인간의 행위입니다. 따라서 결혼은 기본적으로 즐겁고 기쁜 일입니다. 하지만 놀랍게도 가요 속에 드러난 한국인의 결혼관은 다소 부정적인 분위기의 노래가 많았지요. 최소한 1990년대 이전까지는 그랬습니다. 아마도 부모의 결정이나 외부요인으로 인해 자신의 의사와 무관하거나 반한 결혼이 많았기 때문이 아닐까 추측해봅니다. 예컨대, 김상국의 〈결혼은 밑지는 장사〉1966, 김용만의 〈죽은 영혼과 결혼〉1966, 남일해·이미자의 〈계약결혼〉1966, 배호의 〈결혼각서〉1968, 김상희의 〈결혼지각생〉1969, 트윈폴리오의 〈웨딩케익〉1970 등의 제목에서도 알 수 있듯, 현실의 결혼이 사랑하는 사람들의 자율적인 선택으로 이루어지기보다는 금전이나 분위기상 떠밀려서 진행되고 있음을 미루어 짐작할 수 있습니다. 하지만 결혼과 관련된 히트곡들은 청혼이나 결혼의 기쁨을 코믹하고 재미있게 표현한 노래들이 많았고, 1990년대 이후에는 점차 한국인이 결혼관이 바뀌어가고 있음을 알 수 있지요.

우선 1960년대부터 명절이면 방송에서 수많은 가수들이 불렀기 때문에 누구의 노래인지 알 수 없는 노래 〈최진사집 셋째딸〉은 1968년 조영남이 부른 버전이 최초입니다. 이 곡은 예쁘다고 소문난 최진사집 셋째딸을 차지하기 위해 먹쇠, 밤쇠, 칠복이가 쟁탈전을 벌이다가 용기 있는 칠복이가 호랑이로 소문난 최진사의 허락을 받아낸다는 코믹송입니다. 이 곡의 앨범에는 정두수 작사, 전우중 작곡으로 표기되어 있는데, 사람들은 이 곡을 민요풍의 가요로 생각하는 경우가 많지만, 실상은 미국가수 알 윌슨 **Al Wilson**이 부른 〈The Snake〉의 번안곡이지요.

원곡의 가사는 이솝 우화인 〈농부와 독사〉에서 착안해 만든 이야기인데 내용은 이렇습니다. 한 여성이 추운 겨울날 거리를 지나다가 얼어붙은 독사를 보고 가엽게 여겨 집에 데려와 보살펴주었는데, 독사는 여성을 물면서 "내가 독사인지 몰랐느냐!"라고 말하는 섬뜩한 줄거리지요. 작사가는 이 노래를 결혼 상황에 빗대어 번안했는데, 바뀐 곡의 분위기는 웃으며 넘길 내용이지만 자녀의 결혼 상대를 부모가 결정하는 것과 여성은 나이가 차면 시집을 가야 한다는 1960년대 결혼 풍습을 담고 있습니다. 이러한 결혼관은 1970년대로 이어지는데 정애리의 대표곡인 〈애야 시집 가거라〉 **박영걸 작사, 김성일 작곡, 정애리 노래**에서는 여성은 열아홉 살이면 시집을 가야 하고, 복스러운 얼굴이 인기가 있음을 보여줍니다.

🎵

상냥하고 복스러운 열아홉 살 순이는 / 시집가란 부모 말씀 좋으면서 싫은 척 화를 낸다네 // 동네 어른 잘 모시고 어린 아이 좋아하며 / 싱글생

글 미소질 땐 부잣집 맞며느리감 / 그 모습이 너무 좋아 어린 동생 장난 삼네 / 얘야 시집 가거라

〈얘야 시집 가거라〉 중에서

한편 1970년에는 서울대학교 건축과 출신 한상일이 발표한 〈웨딩드레스〉가 크게 히트하여 결혼식 축가로도 많이 사용되었습니다. 이 곡의 탄생 배경에는 하나의 가사를 두 명의 작곡가에게서 받아 발표한 특별한 사연이 숨어 있답니다. 하나의 가사에 두 가지 다른 버전의 음악이 있는 셈이에요. 당시 신성일과 윤정희가 주연한 영화 〈먼데서 온 여자〉를 기획한 정인엽 감독과 제작진은 길옥윤과 정풍송 작곡가에게 각각 주제가를 의뢰해 발표했고, 그중 훗날 〈허공〉으로 유명세를 탄 정풍송의 버전이 큰 사랑을 받았습니다.

같은 해에 공교롭게도 트윈폴리오의 〈웨딩케익〉이 빅히트했는데 노래 가사는 사랑하는 사람이 있지만 다른 여성과 결혼해야 하는 남자가 결혼 당일 남몰래 그녀가 가져다놓은 웨딩케이크를 보며 눈물을 흘리는 내용입니다. 이 곡은 한국에서도 〈Stupid Cupid〉1958, 〈Vacation〉1962 등으로 인기가 있던 미국 여가수 코니 프린시스Connie Francis의 〈The Wedding Cake〉1968을 번안한 노래입니다. 원곡은 여성에게 웨딩케이크가 담긴 진정한 의미를 생각해보는 경쾌한 노래인데 한국에서는 슬픈 버전으로 바꿔 인기를 얻었지요.

지금까지 언급했던 〈최진사댁 셋째딸〉〈얘야 시집가거라〉〈웨딩케익〉모두가 당사자들이 원하지 않는 결혼을 소재로 했다는 공통점이 있는데, 당시의 결혼에 대한 풍속을 비판하고 있다고 볼 수 있습니다. 결혼과 관련해서 시대상을 알 수 있는 또 하나의 노래가 있다면 1986년

강병철과 삼태기가 부른 〈함〉 서효석 작사, 강병철 작곡, 강병철과 삼태기 노래이 있지요. 이 곡이 1986년 발표되었습니다. 그 시기에도 결혼식에 앞서 신랑 친구들이 신부의 집 앞에서 "함 사시오"라며 동네방네 떠들었던 풍속이 남아 있었습니다. 지금은 세월이 흘러 '함 팔기'라는 이벤트가 사라진 지 오래지만 가사 속에는 함 안에 오복을 담아 신랑, 신부의 행운을 빌었던 우리 조상들의 기원이 담겨 있습니다.

♪

청실홍실 고운예단 귀한패물 함에 담고
장지에 홍청 물감들여 고운예단 접어놓고
명주 홍청사 타래 메고 홍보로 함을 덮어
백포 여덟자로 동여메고 함진애비 나가신다
함 사시오 함을 사 얼싸둥게 내 사랑아
함 사시오 함을 사 절싸둥게 내 사랑아
행운이 담긴 함 사시오 오복이 담긴 함 사시오

〈함〉 중에서

결혼 노래의 우울한 스토리는 1990년대에도 이어지는데, 1992년 윤종신이 부른 〈너의 결혼식〉은 헤어진 여자 친구에 대한 미련을 버리지 못해 결혼식장에 찾아가는 이야기로 세간에 큰 화제가 되며 인기를 얻었습니다. 당시의 분위기는 두 가지로 갈렸는데, 하나는 "이별의 슬픔을 공감한다"는 쪽이고, 다른 하나는 찌질하게 여성의 결혼식까지 따라가다니 "남자망신 다 시킨다"며 비판하는 사람도 있었습니다.

1990년대 들어서는 여성의 인권이 확실히 신장되고 있음을 알 수 있습니다. 공교롭게도 1990년대 중반에 등장한 두 노래가 당시의 여성에 대한 남성들의 인식을 상반되게 보여주고 있습니다. 우선 박진영이 1995년에 〈청혼가〉를 불러서 다시 이슈로 떠올랐는데, 그 이유는 가사 중에 "나의 사랑을 받아준다면 노예가 되겠다"는 내용 때문이었지요. 당시만 해도 남성이 여성에게 프로포즈하는 것은 일반적이었지만, 프로포즈의 방식에서 "그대가 나와 결혼을 해준다면 나는 그대의 노예가 되어도 좋아"라는 표현은 남성에게는 충격으로 여성에게는 열렬한 지지로 다가왔습니다. 당시까지 성역할 인식에 있어 남성과 여성의 차이를 잘 보여주는 현상이라 하겠습니다.

또한 현숙의 〈사랑하는 영자씨〉**노주섭 작사, 김정일 작곡, 현숙 노래**도 좋은 반응을 얻었는데 이 노래를 발표하게 된 계기는 이렇습니다. 아마추어 작사가 노주섭은 여의도의 한 아파트에 40대 남성이 매일 밤 퇴근할 때 집 앞에서 아내 영자를 위해 '사랑하는 영자씨'를 외치고 들어가는 모습을 목격했다고 합니다. 아마도 술 한 잔 하고 좋은 기분에서 동네 사람들 들으라고 한 행동으로 보이는데 아마추어 작사가 노주섭이 이 재미있는 상황을 보고 노래로 기획한 것이지요.

♪
이 세상에 하나뿐인 사랑하는 영자씨
당신이 원한다면 무엇인들 못하리까
저 하늘의 별이라도 저하늘의 별이라도
당신 앞에 바치오리다

〈사랑하는 영자씨〉 중에서

이후의 결혼 관련 히트곡들은 어떤 것이 있을까요? 이소라의 〈청혼〉1996, 임창정의 〈결혼해줘〉1997, 유리상자의 〈신부에게〉1999, 〈사랑해도 될까요〉2001, 노을의 〈청혼〉2002, 쿨의 〈결혼을 할 거라면〉2003, 이승기의 〈결혼해줄래〉2009 등이 인기를 얻었습니다. 이 노래들의 공통점은 보다 밝거나 템포 있는 댄스음악 그리고 결혼해달라는 적극적인 구애의 표현이 들어 있다는 점입니다. 2000년대 들어 한국의 이혼율은 미국보다도 높아졌다는 통계가 보고되기도 합니다. 아마도 세월이 흐르면서 한국인은 결혼을 살면서 거쳐야 할 통과의례로 보기보다는 결혼을 통해 자신의 행복을 찾으려는 적극적인 노력의 일환으로 보고 있기 때문일 겁니다. 노래를 통해서 보면 그렇다는 얘기입니다.

**Listen to the Music!**

▶ Al Wilson 〈The Snake〉 (〈최진사집 셋째딸〉 원곡)

▶ 정애리 〈얘야 시집가거라〉

▶ 강병철과 삼태기 〈함〉

▶ 현숙 〈사랑하는 영자씨〉

### 결혼은 사랑의 완성일까?

한때 '국민 남동생'으로 불렸던 가수 이승기는 〈내 여자라니까〉2004를 통해 "누난 내 여자니까 / 너는 내 여자니까"라며 도발을 하더니 급기야 〈결혼해줄래〉2009를 통해 청혼을 하기에 이르렀습니다. "나랑 결혼해줄래 / 나랑 평생을 함께 할래" 하면서 말이지요. 〈내 여자라니까〉를 통해 가슴이 설렜던 누나라면 〈결혼해줄래〉를 들으며 세상에서 가장 행복한 기분을 느꼈을지도 모르겠습니다.

　가사를 살펴보면, 남자는 결혼을 아주 이상적인 모습으로 그리고 있습니다. "평생을 사랑할게 / 평생을 지켜줄게 / 너만큼 좋은 사람 만난 걸 감사해 / 매일 너만 사랑하고 싶어" 남자는 상대를 만난 것을 감사하게 생각하고 평생 사랑하고 지켜줄 것을 다짐합니다. 노래에서 남자는 결혼 승낙을 얻기 위해 온갖 약속을 남발하기도 하지요. "검은 머리 파뿌리 될 때까지 / 우리들의 생이 다 끝날 때까지 / 손에 물을 묻혀도 눈에 눈물 절대 안 묻혀 / 시간이 지나서 주름이 늘어나도 / 꼭 지금처럼 너와 나 영원히 함께 할 거야." 물론 청혼을 앞둔 남자의 마음이 거짓은 아닐 겁니다. 하지만 결혼생활을 오래 해본 사람이라면 〈결혼해줄래〉에서 떠버린 공약이 얼마나 지키기 힘든 것인지를 잘 알 것입니다.

흔히 사람들은 결혼을 '인생에서 가장 중요한 이벤트'라고 말해요. 그래서 그런지 결혼식장에서는 주례나 사회자가 아름다운 만남이니, 영원한 사랑이니, 행복한 결혼이니 하면서 현실에서는 좀처럼 관찰하기 힘든 축복의 표현들을 마구 내뱉습니다. 이 대목에서 다음 질문에 솔직하게 답해볼까요? 결혼이라는 이벤트는 정말로 당사자에게 행복을 가져다줄까요? 사랑하는 연인이 결혼을 하면 이전보다 더 행복해질까요? 결혼은 사랑의 완성일까요?

답변은 개인마다 다를 겁니다. 하지만 솔직하게 말하면, 긍정적인 답변보다는 부정적인 답변을 하는 사람이 더 많지 않을까 싶습니다. 사람들은 다들 입으로는 결혼을 행복한 이벤트라고 말하지만, 현실은 반대인 경우도 많아요. 영국 작가 서머싯 몸 William Somerset Maugham은 이런 말을 했습니다. "결혼은 멋진 일이지만, 결혼 생활이라는 관습을 만든 건 잘못이라고 생각한다." 결혼식이라는 이벤트는 멋져 보이지만, 그 이후에 이어지는 결혼 생활은 그다지 행복한 일이 아니라는 뜻이에요. 영국 시인 바이런 George Gordon Byron도 이런 말을 남겼어요. "죽음으로써 모든 비극은 끝나고 결혼으로써 모든 희극은 끝난다." 결혼이 곧 '행복 끝, 불행 시작'이라는 논리지요. 프랑스 천재시인 샤를 보들레르 Charles Pierre Baudelaire는 결혼생활이 얼마나 지겨웠으면 이런 말을 시에 적었을까 싶습니다. "아내가 죽었다. 나는 자유다." 이들의 주장을 종합하면, 어느 가수가 불렀던 노래 가사가 떠오릅니다. "결혼은 미친 짓이다."

사람들은 왜 이렇게 위험천만한 결혼을 하려는 것일까요? 우선,

"서로 사랑하기 때문에"라는 지극히 상투적인 답변이 떠오르네요. 사랑하기 때문에 결혼한다? 일상에서 자주 접하는 이유이긴 하지만 논리적이거나 이성적이진 않습니다. 사랑하는 사이라면, 그래서 좋아 죽겠다면 계속 사랑만 하면 될 일이지 굳이 결혼으로 발전시킬 필요가 있을까 싶습니다. 흔히 기혼자들이 미혼자에게 "최대한 독신을 오래 즐기라"고 조언하는 것을 보면, 결혼생활에는 분명 연애 시절에서 보지 못했던 함정이 도사리고 있는지도 모릅니다.

그럼에도 현실에서는 여전히 많은 사람이 결혼이란 것을 감행합니다. 사람들은 왜 굳이 결혼을 하는 것일까요? 여기에 대해서는 여러 학설이 있습니다. 가장 대표적인 것이 '결핍설'입니다. 구약에서는 하느님이 아담의 갈비뼈로 이브를 만들었다고 합니다. 그 결과, 잃어버린 나의 반쪽을 찾기 위해 결혼이라는 것을 한다는 학설입니다. 이 이론에 따르면, 사람들은 결핍을 채우기 위한 욕구 때문에 자신이 가지지 못한 것을 가진 이성에게 끌리게 되고, 그 결과 그 사람과 결혼까지 한다는 거지요.

이처럼 결핍 때문에 '잃어버린 나의 반쪽을 찾아서' 결혼하는 사람들은 행복한 결혼생활을 영위할 수 있을까요? 얼핏 생각하면, 서로의 부족한 부분을 보완해줄 수 있기 때문에 좋을 수도 있겠다고 생각됩니다. 하지만 결핍설에는 근원적인 맹점이 있습니다. 뭔가 하면, 내가 가진 결핍 때문에 그것을 채워줄 상대를 원했고 결혼까지 했다면, 그 다음부터는 부족한 부분이 없어지게 됩니다. 그 결과, 결혼한 다음에는 상대에 대한 필요성이나 욕망도 사라지게 되지요. 그렇게 되면 처음 가졌던 사랑의 감정을 지속하기 어렵습니다. 이는 마치 목이 마를 때는 물을 간절히 원하지만 막상 물을 충분히 마시고 나면 이전처럼 물이 소중하게 생각되지 않는 것과 같은 이치입니다.

왜 결혼을 하는가에 대한 두 번째 학설은 '종족 보존설'입니다. 이 학설의 대표주자는 독일철학자 쇼펜하우어Arthur Schopenhauer입니다. 먼저 그의 주장을 들어보겠습니다. "사랑에서 시작된 결혼은 현세대의 사람을 희생시켜 다음 세대의 행복을 도모하려는 것이므로 거의 불행으로 그치는 것이 일반적이다." 쇼펜하우어는 결혼의 본질을 종족보존 때문이라고 보았습니다. 그에 따르면, 사랑이라는 감정도 실은 아기 생산에 적절하다고 생각되는 사람에게 끌리는 현상에 불과합니다. 물론 당사자는 눈에 콩깍지가 씌어서 그런 사실조차 깨닫지 못하지요. 아무튼 쇼펜하우어는 결혼을 하려는 목적이 상대방에 대한 사랑의 감정 때문이 아니라 종족 본능의 결과라고 보았습니다. 결혼의 이유에 대한 쇼펜하우어의 주장을 듣고 있으면 갑자기 결혼하고 싶은 생각이 사라질 수도 있어요. 불편하다면 살며시 '패스'해도 무방합니다.

결혼의 이유가 결핍설이건 종족보존설이건 간에 그들 사이에도 공통점이 있습니다. 바로 '상대방을 욕망하기 때문'이라는 점입니다. 우리가 결혼을 하는 이유는, 한마디로 말하면, 상대방을 내가 원하기 때문이지요. 상대를 욕망하기 때문이고요. 따라서 지금부터는 결혼의 근원이 되는 '욕망慾望'에 대해서 논의를 이어가보기로 하겠습니다. 욕망이란 '무엇인가를 가지거나 누리려는 마음'을 말합니다.

여기서 질문 하나. 어떤 남자가 "나는 고급 수입차를 타고 싶어!"라고 말했다고 치겠습니다. 이때 남자가 욕망하는 것은 무엇일까요? 남자는 지금 '고급 수입차'를 욕망하고 있나요? 흔히 사람들은 무엇인가를 욕망한다고 할 때 자신이 원하는 '대상'을 욕망한다고 생각합니다. 하지만 그건 사실이 아닙니다. 프랑스 철학자인 질 들뢰즈Gilles Deleuze는 사람들이 무엇인가를 욕망한다는 것은 자신이 원하는 '대상'을 욕망하는 것이 아니라 그 대상이 관계하고 있는 세계—들뢰즈는 이를 '배치'

라고 불렀습니다―를 욕망하는 것이라고 주장했습니다.

예컨대, 어떤 남성이 고급 수입차를 욕망하는 경우, 그는 '수입차 그 자체'를 원하는 것이 아니라 그것과 관련된 연결 관계―가령 수입차를 타는 모습을 보고 친구들이 부러워하는 모습 또는 옆자리에 아리따운 여인을 태우고 해변가를 질주하는 장면들―다시 말해, 수입차와 관계된 전체적인 '배치'를 욕망하는 것입니다. 어떤 여성이 화려한 드레스를 좋아하는 것도 '드레스 그 자체'를 욕망하는 것이 아니라 그 드레스를 입고 고급 파티에 가서 어울리는 장면, 드레스를 입은 자신의 화려한 모습을 보고 주변 사람들이 부러워하는 장면을 욕망하는 것이고요. 한마디로, 특정 대상이 아니라 내가 원하는 대상과 그 대상이 관계하고 있는 세계 모두를 욕망하는 것을 의미합니다. 대상이 아니라 그 대상이 관계하여 연출되는 그림(배치)을 욕망한다는 뜻입니다.

결국 우리는 무엇인가를 원할 때 자신이 진정으로 바라는 것은 욕망하는 대상물이 아닙니다. 궁극적으로 바라는 바는 그 대상과 연결된 배치, 세계 전체를 욕망하는 것입니다. 결혼도 이와 같습니다. 앞서도 말했지만 결혼도 욕망의 결과예요. 내가 누군가를 사랑해서 결혼하기로 결정할 때, 내가 사랑하는 '그 사람만'을 선택하는 것은 불가능합니다. 그 사람을 선택하는 순간, 그 사람과 연결되어 있는 세계 모두를 선택한 셈이에요. 배우자만 선택하는 것이 아니라 배우자와 연결된 배치 모두를 선택하는 것이지요. 배우자의 부모, 가족, 친구를 동시에 선택한 것이며, 더 나아가 그 사람의 직업과 취미, 습관, 심지어 그 사람의 꿈까지 함께 선택했다는 것을 의미합니다. 한마디로 그 사람의 현재만이 아니라 과거와 미래 모두를, 그 사람의 세계 전체를 선택한 겁니다. 이처럼 결혼이란 당사자 모두에게 엄청난 결정을 내리는 중차대한 선택입니다.

이러한 결혼의 의미를 잘 나타낸 시가 있어요. 정현종 시인의 〈방문객〉이라는 시인데, 시에는 앞에서 언급한 들뢰즈의 철학이 잘 묘사되어 있지요. 시의 일부분을 읽어보겠습니다. "사람이 온다는 건 / 실은 어마어마한 일이다 / 그는 / 그의 과거와 / 현재와 / 그리고 / 그의 미래와 함께 오기 때문이다 / 한 사람의 일생이 오기 때문이다." 시인은 한 사람이 내게 온다는 것을 "어마어마한 일"이라고 표현했어요. 그 사람의 과거와 현재, 미래가 함께 오기 때문입니다. 한 사람의 일생이 오기 때문이지요. 들뢰즈가 말한, 세계 전체가 오기 때문이고요. 이처럼 결혼은 실로 어마어마한 사건입니다. 하여, 술에 취해서 또는 순간적인 감정에 이끌려 대충 결정한 사안이 결코 아니에요.

들뢰즈는 내가 무엇인가를 욕망하여 선택하는 순간, 나와 그 사람의 세계가 이전과는 달라진다고 말합니다. 가령, 결혼을 하면 그 선택으로 인해 상대와 나의 세계가 달라집니다. 상대의 세계에 내가 들어감으로써 그 사람이 속한 세계의 배치가 달라지는 거지요. 나 또한, 상대를 나의 세계에 받아들임으로써 이전과는 전혀 다른 배치가 만들어집니다. 결국 결혼이란 두 사람이 이전과는 전혀 다른 세계를 살아감을 의미해요. 정현종 시인의 표현처럼, "한 사람의 일생이 온다"고 말할 만큼 실로 엄청난 사건이에요.

이처럼 우리가 무엇인가를 욕망한다는 것은 매우 중대한 사건입니다. 내가 욕망하는 것을 손에 넣는 순간, 가령 고급 외제차를 욕망하여 실제 구매하는 순간 나의 세계는 이전과는 전혀 딴판으로 달라져요. 그 외제차로 인해 이전과는 다른 연결과 배치 속에 살게 되기 때문입니다. 한 대에 수억을 호가하는 외제차의 오너가 되는 순간, 분식집에서 사천 원짜리 라면으로 끼니를 때울 수도 없고, 재래시장에서 산 싸구려 '츄리닝'을 입고 다닐 수도 없어요. 고급 외제차를 타고 다니는 순간 비슷한 수준의 차량을 소유한 사람들과 어울리게 되고, 자동차가 없거나 여전히 국산 소형차를 몰고 다니는 친구들과는 점점 멀어지게 됩니다. 고급 외제차를 소유하는 순간 나와 연결되는 세계가 달라지기 때문이지요.

이건 약과에 불과합니다. 어떤 사물을 욕망하는지보다는 어떤 사람을 욕망하고 선택하는지가 인생에서 더욱 중요한 선택이기 때문이지요. 특히 결혼에 대한 선택, 즉 누군가를 평생의 반려자로 맞겠다는 선택은 나와 상대의 세계 전체가 급격하게 바뀌는, 실로 어마어마한 사건이에요. 해서, 결혼을 고려하는 당사자들은 그 선택의 중요성과 의미를 잘 이해하고 숙고한 후에 최종 선택을 내려야 합니다. 그렇지 않으면 얼마 지나지 않아서 "결혼은 미친 짓이다"라는 노랫말을 떠올릴 가능성이 높습니다. 이런 이유 때문에 이승기의 〈결혼해줄래〉에서 "평생을 사랑하게 / 평생을 지켜줄게"라는 약속이 지켜질 수 있는지에 대해서는 판단을 유보하겠습니다. 물론 예측되는 결과가 전혀 없는 것은 아니지만요.

# 학교를 졸업하면 공부도 졸업일까?

## '취업 걱정반'이 된 〈여고 졸업반〉

1979년 늦은 가을 무명가수 김철은 운 좋게 영화주제가 〈순자야 문 열어라〉의 동명주제가를 발표할 수 있는 행운을 잡았습니다. 하지만 얼마 후 노래 제목에 '순자'라는 이름이 들어갔다는 이유만으로 시작부터 금지곡 처분을 받는 불운을 맞고 말았지요.

김철은 3년 후인 1983년 가수 민해경이 소속된 회사로 옮겨 이름을 '김현준'으로 바꾼 후 민해경과 함께 〈내 인생은 나의 것〉**박건호 작사, 김재일 작곡, 김현준·민해경 노래**을 발표합니다. 이 노래는 1983년 KBS TV 〈가요톱10〉 10월 4주 연속 1위를 기록하는 기염을 토했고, 이름을 바꾼 김현준은 당당히 재기에 성공했어요. 명 작사가 박건호가 노랫말을 만든 이 곡의 가사는 성인이 된 자식이 지금까지는 부모님 원하는 대로 했으니 이제 내 맘대로 살겠다는 반항의 메시지를 담고 있습니다.

♪

내 인생은 나의 것. 내 인생은 나의 것. 그냥 나에게 맡겨주세요

내 인생은 나의 것. 내 인생은 나의 것. 나는 모든 것 책임질 수 있어요

사랑하는 부모님 부모님은 나에게 너무도 많은 것을 원하셨어요

때로는 감당하기 어려웠지만 따라야 했었지요

가지 말라는 곳에는 가지 않았고

하지 말라는 일은 삼가 했기에

언제나 나는 얌전하다고 칭찬받는 아이였지요

그것이 기쁘셨나요 화초처럼 기르시면서

부모님의 뜻대로 된다고 생각 하셨나요

부모님은 사랑을 다 주셨지만 나는 아직도 아쉬워 하는데

이렇게 그늘진 나의 마음을 그냥 버려두지 마세요

(…)

부모님이 부모님이 살아오신 그 길이 나의 인생은 될 수 없어요

시대는 언제나 가고 가는 것 모든 것은 달라졌어요

부모님의 어린 시절을 다시 한 번 돌아보세요

그 때는 아쉬운 마음이 없으셨나요

나는 이미 알고 있어요 부모님이 말하는

그 모든 것이 사랑인 줄을 나는 알아요

그러나 내가 원하는 것도 부모님은 알아주세요

〈내 인생은 나의 것〉 중에서

재기의 발판을 마련한 김현준에게 불운은 의외의 곳에서 찾아왔습니다. 이번에는 내 인생은 나의 것이니 부모님은 더 이상 간섭하지 말라는 가사의 내용이 문제가 된 거지요. 억압적이고 가부장적인 가정에서 자라온 청소년들이 이 노래를 좋아하며 열렬히 따라 부르자 방송국에는 항의전화가 빗발쳤다고 합니다. 〈내 인생은 나의 것〉이 히트를 하자 당시에는 부모가 공부하라고 잔소리를 하면 아이들은 "내 인생은 나의 것"이라며 노래를 부르는 일이 유행되었기 때문이지요. 이 사건으로 〈내 인생은 나의 것〉은 5주 연속 1위를 목전에 두고 암묵적인 금지곡이 되어 순위에서 하차해야만 했습니다.

재미있는 점은 〈내 인생은 나의 것〉이 하차한 다음 주인 11월 첫째 주 〈가요톱10〉의 1위곡은 바로 윤시내의 〈공부합시다〉였다는 사실입니다. 우연인지 필연인지는 모르겠지만, 모종의 힘이 작용하지 않았나하는 의심이 들기도 합니다. "낼 모레면 시험기간이야 (…) 열심히 공부하세"라는 마치 건전가요와 같은 윤시내의 노래가 1위를 한 것에 대해 당시 시중에 떠도는 소문은 군사정권에 반대하는 학생운동이 극심해지자 정부가 의도적으로 윤시내의 노래를 방송에서 내보내도록 강요했다는 공작설이었습니다. 즉 데모하지 말고 공부나 하라는 일종의 회유의 메시지였다는 거지요.

공부에 대한 한국 학생들의 고통은 1989년 개봉한 영화 〈행복은 성적순이 아니잖아요〉가 흥행에 성공하면서 표면화되었습니다. 그 영화로 인해 입시위주의 교육이 처음으로 사회문제시 되었는데, 영화 속 사례가 행복은 성적순이 아니라며 스스로 생을 마감했던 한 여중생의 실제 이야기라는 점에서 공부에 지친 학생들의 큰 공감을 이끌어냈습니다.

1980년대를 넘어서서 1990년 이후의 학교는 입시위주의 교육에 몰두하다 보니 학교가 소위 공부 잘하는 아이들만 싸고도는 형국으로 변했고, 그로 인해 생겨난 부작용 중에 하나인 학교폭력이 만연해지는 결과를 낳았습니다. 그 시기 학교라는 제도권 교육을 이탈한 사람들이 가수로 등장하여 거대한 성공을 거두면서 한국 가요계뿐만 아니 사회적인 이슈로 떠올랐는데, 대표적인 인물이 바로 서태지와 아이들입니다. 서태지와 아이들은 모두 공부를 포기하고 고등학교를 중퇴한 후 자신이 좋아하는 노래와 춤을 선택하여 성공에 이르렀습니다. 그들의 행적이 청소년들의 우상이 되었다는 점에서 찬사와 동시에 우려를 낳기도 했습니다.

서태지와 아이들은 랩, 록, 댄스를 결합한 〈난 알아요〉1992로 인기를 얻었지만 〈교실 이데아〉1994를 발표하며 기성 교육에 대한 비판적 시각을 전하기도 했습니다. 하지만 노래를 통한 불만의 표출은 학생들의 환호를 이끌어내는 데는 성공했지만 교육에 대한 실질적인 변화를 이끌어내는 데는 큰 효과를 보지 못했고, 입시 위주의 교육과 학교폭력은 그치지 않았습니다. 때문에 1996년 H.O.T가 데뷔하면서 학교폭력에 대한 전쟁을 선포한 〈전사의 후예〉를 타이틀 곡으로 선정한 것도 이해가 되는 대목이에요.

이렇게 학교 문제를 기성세대가 해결하지 못하고 이 문제의 상업적 가능성을 알아본 음반기획자가 노래로 제작한 H.O.T의 음악에 대해 청소년들이 열렬한 환호와 지지를 보냄으로써 충성스러운 팬덤이 되는 계기가 되었습니다. 그것은 또한 오늘날 케이팝 성공의 밑거름이 되었다는 점에서 큰 성공의 이면에 숨겨진 어두운 면을 생각하면 한편으로는 슬픈 일이 아닐 수 없지요. 오죽하면 〈개똥벌레〉〈터〉 등을 작곡한 한돌은 1990년 〈꼴찌를 위하여〉라는 노래까지 만들었을까요? 슬프게도 〈꼴찌를 위하여〉는 학부모들이 제일 싫어하는 노래라는 우스갯소리도 있습니다.

학교는 언제부터 이렇게 슬프고 고통스런 공간이 되었을까요? 최소한 1970년대 중반까지만 해도 학교는 그야말로 간직하고 싶은 추억의 공간이었던 같습니다. 특히 1972년 발표된 두 명의 라이벌 가수 이수미의 〈여고시절〉과 방주연의 〈자주색 가방〉 그리고 김인순의 〈여고졸업반〉1975, 진추하의 〈Graduation Tears〉1976 같은 노래들이 히트한 것은 아름다웠던 학창시절을 마무리해야 하는 아쉬움과 젊은 청춘에 대한 잊지 못할 추억 때문일 겁니다.

물론 1990년대와 2000년대 들어서도 학창시절을 추억하는 노래가 없지는 않습니다. 김동률과 이적의 프로젝트 카니발의 〈그땐 그랬지〉1997나 f(x)의 〈Goodbye Summer〉김영후 작사, Amber Liu Genneo 작곡, f(x) 노래 같은 노래들은 분명 학창시절의 추억하고 있습니다. 하지만 오늘날 청춘들에게 학창시절이란 〈여고졸업반〉의 아쉬움처럼 추억의 한 페이지가 아니라 진학과 취업이라는 또 다른 걱정과 고통으로 내몰리는 과정에 있음은 분명한 듯합니다.

🎵
기억해 복도에서 떠들다 같이 혼나던 우리 둘
벌서면서도 왜 그리도 즐거웠는지 알았어
그날 이후로 우린 늘 쌍둥이 별자리처럼 넌 나 나는 너였어

졸업하기 전날 많이 울던 너 남자라고 꾹 참던 너
하고 싶었던 말 못하고 뜨거웠던 그 여름처럼 안녕

친구라는 이름 어느새 미워진 이름

감추던 감정은 지금도 아픈 비밀의 기억일 뿐
우리 사인 정리할 수 없는 사진 보면 가슴 아린스토리
I'm sorry 여름아 이젠 Goodbye

〈Goodbye Summer〉 중에서

**Listen to the Music!**

▶ 김현준 · 민해경 〈내 인생은 나의 것〉

▶ f(X) 〈Goodbye Summer〉

**학교 밖에서 배우는 삶**

〈행복은 성적순이 아니잖아요〉라는 영화 제목처럼 공부와 행복, 성적과 성공의 상관관계에 대한 논란은 예나지금이나 여전합니다. 보통 학부모는 '공부는 행복, 학업 성적은 곧 사회 성공'이라는 등식을 강하게 믿는 경향이 있습니다.(그래서 학부모들은 윤시내의 〈공부합시다〉를 좋아합니다) 반면, 아이들은 '학교 성적을 곧 성공이나 행복의 척도'로 연결시키는 어른들의 저의底意에 강한 의구심을 품습니다. 현실에서 검증조차 되지 않은 이론을 가져다가 자녀를 공부하게 만들려는 모종의 술책이라 믿기 때문이지요.(그 결과, 아이들은 〈행복은 성적순이 아니잖아요〉라는 멘트를 혁명구호처럼 되뇝니다)

어른들은 왜 아이들에게 공부를 강요하는 것일까요? 학부모들은 왜 학교 성적에 그토록 집착하는 것일까요? 오늘날 학부모들이 자녀에게 공부를 강요하는 배경에는 '경험론'과 '효율성'의 논리가 강하게 자리하고 있습니다. 인생을 살아보니 계층 사다리를 뛰어넘는 가장 좋은 수단은, 누가 뭐래도 공부라는 사실을 뼈저리게 느꼈기 때문이지요. 또 공부가 효율성이 가장 높은 투자수단, 즉 투자 대비 성과가 가장 높다는 결론을 몸소 체험했기 때문입니다. 어른들은 자신이 인생을 통해 깨달은 바를 사랑하는 자녀에게 알려주고 있는 셈입니다. "공부가 최고"라고 하면서 말이지요.

생각해보겠습니다. 어른들의 주장처럼 공부는 투자대비 성과가 높은 효율적인 수단일까요? 부모가 학생이었던 시절에는 그랬을지도 모릅니다. 과거에는 기본적인 교육, 예컨대 고등학교 정도만 공부해도 먹고 사는 데 필요한 지식이나 기술은 습득할 수 있었습니다.(물론 당시에도 대학교수나 사회 지도층을 꿈꾸는 사람이라면 더 많은 공부가 필요했겠지만 대체로 평범하게 먹고사는 수준이라면 공부에 그다지 많은 투자를 하지 않아도 되었습니다) 하지만 요즘은 웬만한 직장을 얻기 위해서도 과거보다 훨씬 많은 투자를 해야 합니다. 긴 가방끈은 기본이고, 전공 외에 어학과 각종 스펙까지. 준비해야 할 것도 많아졌고 투자 기간도 길어졌지요. 그럼에도 원하는 직장을 구하기란 하늘의 별 따기에 가깝습니다. 오죽하면 대기업 정규직으로 들어가는 것을 '낙타가 바늘구멍을 통과하는 것'에 비유할까요. 아무튼 오늘날은 과거보다 공부에 대한 투자효율성이 나빠진 것만은 분명한 사실입니다.

어렵사리 직장에 들어가도 공부가 끝나는 것도 아닙니다. 직장인이 공부나 자기계발을 게을리 하면 경쟁에서 밀려나 자칫 어렵게 구한 직장을 잃을 위험도 있습니다. 그래서 요즘 현대인들은 직장에 들어가기 위해서도 공부, 직장에 들어가서도 공부를 해야 하는 운명이지요. '평생학습'이라는 말이 괜히 생겨난 것이 아닙니다. 학교에서도 죽어라 공부했는데, 사회에 나와서도 죽도록 공부를 해야 하는 현실을 반영한 말입니다. 여하튼, 현대인들은 학교와 사회 모두에서 공부하라는 압박에 하루도 편히 쉴 날이 없습니다.

지금처럼 사회 전반에서 공부에 전념해야 하고, 공부에 목을 매야 하는 현상은 바람직한 것일까요? 죽을 둥 살 둥 공부에 목을 매야 겨우 인간답게 살 수 있는 세상은 바람직한 사회일까요? 물론 여기에 대해 정답은 없습니다. 관점이나 입장에 따라 해석은 다를 수 있지요. 하지만 판단조차 못하는 것은 아니에요. 공부 열풍이 바람직한 현상인가 아닌가에 대한 판단은 '공부를 통해 각자 행복에 이를 수 있는가'에 달렸습니다. 아무리 힘들어도 그 결과 행복해질 수만 있다면 그다지 나쁜 일은 아닐 겁니다. 하지만 아무리 열심히 공부해도 행복해지지 않는다면 이는 바람직하다고 말하기 힘듭니다. 그래서 앞의 질문은 이렇게 고쳐 묻는 것이 타당합니다. 우리는 공부를 열심히 하면 그 결과 행복해질 수 있을까요?

이 질문에도 답변은 간단치 않습니다. 공부를 통해 행복해지는 사람도 있고, 아닌 사람도 있기 때문이지요. 하지만 확률로 보자면, 공부를 통해 행복에 이르는 사람보다는 그렇지 못한 사람이 더 많은 것 같습니다. 주위를 한번 둘러보세요! 지금도 도서관이나 독서실을 가보면 '공부 중'인 사람은 많지만, 공부를 열심히 한 결과 행복해졌다고 말하는 사람은 찾아보기 힘들어요. 해서, 오늘날 벌어지고 있는 공부 열풍은 전체적으로 보면 투자대비 효율성이 매우 낮은 활동 중 하나입니다.

우리는 왜 공부에 대한 투자를 많이 하는데도 정작 행복에 이르지 못하는 것일까요? 가장 큰 이유는 본인이 원해서 하는 공부가 아니기 때문일 거예요. '공부의 달인' 공자님이 〈논어〉 첫 구절에서 "배우고 때때로 익히면 또한 기쁘지 아니한가**學而時習之不亦說乎**"라고 말한 바 있지만, 그건 어디까지나 공자님이니까 할 수 있는 말이겠지요. 일반인 중에서, 공자님 말씀처럼 배우고 익히면 정말로 기쁜 사람이 얼마나 있을까요? 모르긴 해도 많지는 않을 겁니다. 현실에서는 공부를 하면 기쁘다고 말하는 사람은 거의 찾아보기 어렵습니다. 대체로 공부는 괴로운 일이에요.(아무리 공자님 말씀이라도 조심스럽게 사용해야 합니다. 무턱대고 주변 사람들에게 "공부할 때가 제일 기쁘지 않니?"라고 말하면, 사람들은 공감하기보다 '재수 없어'라고 할 확률이 높아요. 그 다음부터 주변에 가깝게 지내는 사람이 점점 줄어들 것입니다)

공자님 말씀과 달리, 대부분의 사람은 공부를 해도 기쁘기보다 괴롭다는 생각이 앞서지요. 왜 그런 것일까요? 여러 이유가 있겠지만, 대부분의 사람은 공부에 대해서 공자님의 수준에 미치지 못하기 때문입니다. 또 다른 이유를 들자면, 공부를 억지로 하는가 자발적으로 하는가의 차이입니다. 공자님은 공부가 좋아서 공부를 '자발적으로' 했습니다. 그러니까 공부가 재미있고 즐거울 수 있는 것이지요. 하지만 우리는 대부분 공부를 '억지로' 합니다. 그러니 공부가 재미가 없고 괴로울 수밖에요.

이처럼 오늘날 현대인들이 하는 공부나 자기계발은 자신의 욕망에 기초한 자발적 행위가 아닌 경우가 대부분입니다. 대체로 오늘날의 공부는 타인의 욕망에 기초한 타율적이고 수동적인 행위지요. 대학을 진학할 때도 자기가 관심을 가졌던 전공보다는 사회에 나가서 돈이 되는 전공을 선택하는 경우가 훨씬 많습니다. 철학자 슬라보예 지젝Slavoj zizek은 현대인들의 자기계발(공부) 열풍에 대해 이렇게 '지적(?)'했습니다. "자기계발(공부)은 자기 자신의 욕망을 따르는 것이 아니라, 사회가 요구하는 것을 따르는 것이다."

지젝도 현대인들의 자기계발 열풍을 순수하게 보지 않았습니다. 자신이 욕망해서가 아니라 사회가 요구하기 때문에 억지공부를 한다고 본 거지요. 가령, 내가 영어공부를 하는 이유는 영어가 좋아서가 아니라 사회가 영어를 잘하는 사람을 원하기 때문이라는 논리지요. 사실 곰곰이 생각해보면, 지젝의 주장이 그다지 틀린 말은 아닙니다. 이렇게 현대인들은 자신의 욕망이 아닌 타인의 욕망, 사회가 요구하는 것을 따르기 위해 공부하고 자기계발을 하기 때문에 재미를 느끼지 못하는 겁니다.

그럼, 재미있게 공부할 수 있는 방법은 없는 것일까요? 다행스럽게도 이 질문에 대해서도 공자님이 남겨둔 말이 있습니다. 공자님은 위인지학爲人之學을 하지 말고, 위기지학爲己之學을 하라고 조언했어요. 위인지학이란 '남에게 보여주기 위해 하는 공부'를 말합니다. 위기지학은 '자기 자신을 위한 공부'입니다. 공자님은 남에게 보여주기 위한 공부, 세상에 나가 써먹기 위한 공부보다는 자기 자신을 위한 공부를 하라고 가르쳤어요. 요즘 식으로 표현하면, 타인이나 사회가 요구하는 공부를 하지 말고 자기 자신의 지적 욕구에 따른 공부를 하라는 뜻이지요. 그래야만 공부도 재미있어지고 그 결과, 행복에 이를 수 있습니다.

'탈학교 교육'으로 유명한 이반 일리치Ivan Illich는《학교 없는 사회》에서 이런 주장을 했습니다. "학교는 사람을 체계적으로, 그리고 근본적으로 노예로 만든다." 일리치의 관점에서도 학교는 자신의 욕망에 기초하여 공부를 '하는' 곳이 아닙니다. 사회가 요구하는 인간을 만들기 위해 공부를 '시키는' 곳이지요. 결국, 공부가 자기를 계발하는 수단으로 작용하려면 타인의 요구나 욕망이 아니라 자신의 욕망에 기반해야 합니다. 그럴 때에만 공부에 재미를 느낄 수 있습니다.

물론 어른이라고 모두 공부를 강요하는 것은 아닙니다. 공부에 대해 나름의 철학을 가진 사람도 있습니다. 이반 일리치도 그중 한 사람인데, 그는 학교에서 배우는 것만이 공부가 아니라면서 이렇게 말했습니다. "우리가 아는 거의 모든 것은 학교 밖에서 배운 것들이다. 우리는 교사의 개입 없이 말하고, 생각하고, 사랑하고, 느끼고, 놀고, 저주하고, 정치하고, 일하는 것을 배운다." 그에 따르면, 우리가 학교에서 가르치는 것은 고작해야 학교가 정해준 상급 교육기관에 진학하기 위한 자격을 획득하는 정도에 불과합니다. 학교에서는 정작 인생을 사는 데 필요한 것들—가령 사랑하고, 느끼고, 놀고, 저주하고, 정치하고, 일하고, 말하고, 생각하는 것—은 거의 가르쳐주지 않지요. 누구나 인생을 "어떻게 살아야 하는지는 학교 밖에서 배운다"고 합니다.

심지어 그는 교사가 인생에서 중요한 것들을 배우는 과정에 방해가 되기도 한다고 주장했습니다. "대개의 경우 교사는 학교 안에서 진행되는 그 중요한 공부과정에 방해가 된다." 여기 소설가를 꿈꾸는 고등학생이 있습니다. 그는 수학에는 별 관심이 없어요. 수학 수업시간에 그는 선생님 몰래 소설책을 보다가 발각이 되었습니다. 이 학생은 어떻게 될까요? 큰일납니다. "저는 수학에는 관심이 없고 소설가가 되는 게 꿈입니다"라고 말해도 소용없습니다. 수업 시간에 무엇을 공부할 것인가에 대한 결정권은 전적으로 교사에게 있기 때문이지요. 그는 자기가 원하는 것을 아무리 열심히 공부해도 '농땡이'를 부린 것에 불과합니다. 아니면 '학습부진아'이거나.

하버드 출신의 작가이자 《월든》의 저자 헨리 데이빗 소로우Henry David Thoreau도 학교 교육의 효과성에 의문을 품으면서 이렇게 말했습니다. "젊은이들이 당장에 인생을 실험해보는 것보다 사는 법을 더 잘 배울 수 있는 방법이 또 있겠는가? (…) 학교에서는 모든 것이 강의되고 실습되지만 삶의 예술은 가르쳐주지 않는다." 학교에서 배우는 지식이 곧 인생의 지혜로 연결되지 않는다는 소리입니다. 예컨대, 학교는 "망원경이나 현미경으로 세계를 관찰하는 법을 가르치지만, 육안으로 세상을 보는 법은 가르쳐주지 않"습니다. 그 결과, 학교 '범생이'가 사회 고

문관이 되기도 합니다.

　　사회에 나와보면 학교에서 배웠던 것들 중에서 쓸모없는 것이 얼마나 많은지를 자각하게 됩니다. 수능 수리탐구 영역에서 만점을 받을 정도로 뛰어난 수학 실력을 가진 남학생도 정작 여자 친구의 심리상태를 이해하는 것에는 어려움을 겪는 경우도 많습니다. 소로우의 주장처럼, 학교에서는 삶의 예술은 가르쳐주지 않기 때문이지요. 그 때문인지 요즘 주변을 살펴보면 학교에서는 우등생이었는데 사회에서는 지진아인 사람이 의외로 많아요. 석사, 박사 학위를 가진 사람 중에도 제 앞가림도 못하는 이가 수두룩합니다. 오늘날 공부는, 과거와 달리 투자 대비 효율성이 극히 낮은 활동입니다.

　　오늘날 현명한 부모라면 무조건 공부에 목을 매라고 강권하지는 않을 겁니다. 행복이 성적순은 아니듯, 학교에서의 부진아가 곧 사회에서 부적응 어른으로 이어지는 것은 아니기 때문이지요. 어릴 때부터 공부에 뜻이 없다면 차라리 삶을 배우도록 도와주는 편이 나을지도 모릅니다. 소로우도 그렇게 말하지 않던가요. "젊은이들이 당장에 인생을 실험해보는 것보다 사는 법을 더 잘 배울 수 있는 방법이 또 있겠는가?" 공부에 뜻이 없는 아이라면 〈내 인생은 나의 것〉이라는 노래를 들려주며 스스로의 자신의 적성을 찾고 자립심을 기를 수 있도록 도와주는 편이 더 나을 수도 있습니다. 공부의 세계도 이미 피터지게 싸우는 레드오션이기 때문이지요.

　　서양 속담에 "새 술은 새 부대에 담아야 한다"는 말이 있습니다. 이는 공부에도 동일하게 적용할 수 있어요. 21세기를 살아갈 자녀에게 20세기의 관념으로 공부에 매진하라고 강요하는 것은 시대착오적인 발상일 수 있지요. 공부에 대한 새로운 철학과 관점이 필요합니다. 과거의 관념이 현재의 발목을 잡아서 미래로 나아가는 것을 가로막아서는 곤란합니다. 학창시절의 아쉬움은 추억으로만 간직해야 합니다. 더 이상 자녀에게 획일적인 학교 공부를 강요해서는 곤란해요. 그래서인지 요즘 가요계에는 세시봉, 7080 등 복고바람이 불기도 했지만, TV나 라디오에서 윤시내의 〈공부합시다〉를 들어본 기억이 가물가물하네요.

# 크리스마스,
# 캐롤

**썰매를 타고 다릴까, 말까**

해마다 출강하는 대학의 학생들에게 묻습니다. "크리스마스가 무슨 뜻인가요?" "캐럴은 무슨 뜻인가요?" 놀랍게도 선뜻 답변하는 학생이 없어요. 매년 그래왔습니다. 이유가 뭘까요? 아마도 생각해본 일이 없었기 때문일 겁니다. 지금껏 크리스마스를 즐길 줄만 알았지 단어의 뜻은 생각해보지 않은 듯합니다. 이어서 물어봅니다. "우리는 크리스마스를 언제부터 즐겼을까요?" 역시 아는 학생이 없습니다. 잠시 후, 다들 스마트폰을 들고 검색하면서 의미를 알기 시작합니다. 등잔 밑이 어둡다고 해야 할까요? 우리는 해마다 크리스마스를 기념하는데 정작 유래와 의미는 잘 모릅니다. 그냥 크리스마스가 되면 반드시 연인과 데이트를 해야 하는 날 정도일까요? 그러나 우리가 성탄절에 대해 무지하더라도 누구나 익히 아는 것이 있다면 바로 크리스마스를 축하하는 캐럴송입니다. 캐럴carol은 '노래'란 의미의 프랑스어로, 현재는 크리스마스를 축하하는 노래로만 사용되어 '크리스마스 캐럴'로 불립니다. 그렇다면 우리나라에서는 언제부터 크리스마스를 즐겼고 캐럴을 불렀을까요?

한국의 크리스마스는 1945년 해방이 되고, 같은 해 10월 미군정이 크리스마스를 공휴일로 지정이 된 것이 최초였습니다. 이승만 정부가 들어서고 다음해인 1949년 6월 공식적으로 '기독탄신일'이 지정됐습니다. 크리스마스에 맞추어 캐럴은 팻 분Pet Boon이나 빙 크로스비Bing Crosby 등 외국의 도넛 음반들이 미군을 통해 수입이 되었지만 우리 가수들도 본격적으로 캐럴을 발표하기 시작했어요. 당시 한국에서 기독교인은 인구의 5%도 안 될 만큼 매우 작은 비중이었지요. 하지만 크리스마스였던 12월 25일은 다들 즐겼어요. 왜 그랬을까요?

해방 직후 한국의 국내정세는 매우 혼란스러웠습니다. 좌익과 우익이 격렬하게 반목하고 있었고 삶의 터전을 잃은 국민 대다수가 빈털터리나 다름없었지요. 미국은 야간 통행금지를 발표하고 밤 10시부터 새벽 4시까지(1961년부터 0시)는 일반인들의 통행을 금지시켰습니다. 야간에 통행을 금지시키는 것만으로도 치안과 질서 유지에 유리했기 때문입니다. 그런데 예외가 있었습니다. 크리스마스와 새해 첫날인 1월 1일만큼은 통행금지를 일시 해제하여 자유롭게 돌아다닐 수 있도록 했습니다. 본격적인 크리스마스의 통금 해제는 한국전쟁 이후인 1953년으로 봐야하는데 전쟁의 상처로 얼룩진 국민들에게 이날이나마 즐거움을 주기 위한 당국의 정치적 의도가 한몫했지요. 어쨌거나 통금이 해제된 날 밤에 사람들은 마음껏 자유를 만끽했습니다. 경찰서 유치장에는 취객, 바가지요금, 집단 불순행위범, 혼숙범 등 다양한 사범들이 들끓는 바람에 성탄비상경계령이 내려지곤 했지요. 하지만 대다수의 젊은이들과 국민들은 명동거리를 거닐며 해방감을 맛보았습니다. 또한 거리 곳곳마다 캐럴이 넘쳐흘러 낭만적인 크리스마스 분위기를 즐길 수 있었습니다.

당시에는 어떤 캐럴들을 주로 들었을까요? 놀랍게도 당시에는 대부분의 인기가수들은 캐럴송을 한두 곡 정도는 발표했다고 해도 과언이 아닐 정도로 캐럴송이 범람했습니다. 왜냐하면 캐럴은 저작권이 없어서 발표하는 데 장애가 없었고, 시기도 연말연시로 대목이었지요. 캐럴송으로 상술을 발휘할 수 있는 최적의 기회였습니다. 때문에 여러 가수들의 노래를 싣는 컴필레이션 음반도 다수 발매됐습니다. 예를 들면 1965년으로 추정되는 《후라이보 – 이 크리스마스》 음반에는 후라이보이 곽규석의 사회멘트와 함께 〈나 하나의 사랑〉1955의 가수 송민도와 〈밤안개〉1962의 주인공 현미가 부르는 〈징글 벨즈〉와 〈고요한 밤 거룩한 밤〉이 수록되었습니다. 다소 조악한 반주지만 종소리와 함께 들리는 사운드는 크리스마스 분위기를 즐기는 데 문제가 될 것이 없었지요.

1969년 발매된 《펄시스터즈의 Soul Christmas》 음반도 빼놓을 수 없습니다. 1968년 〈님아!〉 〈커피 한 잔〉이 빅히트하며 스타로 떠오른 펄시스터즈가 재킷의 메인으로 장식된 음반의 타이틀이 〈소울 크리스마스〉인 것을 보면 이미 흑인의 소울음악은 이때부터 유행하고 있었음을 알 수 있습니다. 물론 이 음반은 펄시스터즈만이 캐럴을 부른 것은 아니며 함께 인기를 얻었던 장미리, 조영남, 트윈폴리오가 트랙을 채웠습니다. 요즘 어른들은 아이돌그룹의 노래를 두고 '삶이 없는 10대들만의 음악'일 뿐이라며 혀를 차지만, 그 시절 펄시스터즈의 사진을 보면 당시 기성세대들도 비슷한 평가를 했을 것으로 예상합니다. 예나 지금이나 젊은이들의 행동은 기성세대의 성에 차지 않으니까 말이지요.

1970년대는 고고와 포크 등 가요의 장르가 다양해지면서 인기가수들을 중심으로 한 캐럴들이 많이 발매되었습니다. 방송용으로는 부적합하기 때문에 잘 알려져 있지 않지만 록밴드 키보이스와 라스트찬스 캐럴 음반도 발견할 수 있고, 김상희, 김세환, 남진, 박일남, 이승연, 이연실, 장미화, 정미조 등도 크리스마스송을 발표했습니다. 당시만 해도 가수 개인이 발표한다는 것은 쉽게 실행에 옮기기 어려운 일이었기에 겨울 한철만 팔 수 있는 캐롤 음반에 대한 녹음은 레코드사의 철저한 상업적 계산 없이는 불가능했습니다. 즉 캐럴을 녹음하고 앨범을 발표한다는 것은 그 해의 최고 인기가수임을 증명하는 것과도 같았습니다.

한 가지 흥미로운 사실은 1970년대 초 한국 가요계는 어린이 가수 열풍이 불었다는 점입니다. 1971년 다섯 살이었던 박혜령은 이탈리아 어린이 크리스티나 다베나 Christina D'Avena가 부른 〈검은 고양이가 갖고 싶었어 Volevo un gatto nero〉를 번안한 〈검은 고양이 네로〉를 불러 빅히트했습니다. 이후 어린이 가수들의 음반 발매가 줄을 이었는데 이 분위기가 캐럴 시장으로 옮겨 어린이 스타들의 캐롤 음반 발매가 1980년대까지 이어졌습니다. 당시 발매된 어린이 캐롤 음반은《박혜령의 Merry Christmas》1980를 시작으로 드라마 아역스타들의 음반을 발견할 수 있습니다. 1980년 TBC TV 매일연속극 〈달동네〉에서 똑순이 역할로 사랑을 받은 김민희의《똑순이의 캐롤》은 1981, 1982, 1984, 1986년까지 재발매될 정도로 스테디셀러로 자리매김했습니다. '똑순이'의 인기가 어느 정도였는지 그 파워를 실감할 수 있는 대목이지요.

아역스타를 이용해 앨범을 발표하려는 상술은 여기에서 그치지 않았습니다. 1983년 MBC TV 드라마 〈간난이〉는 많은 이들의 사랑을 받았습니다. 일찍이 아버지를 잃고 어머니는 정신이상이 되자 홀로 남겨진 남매 간난이와 영구가 모진 세상을 살아가는 이야기로 시청자들의 눈시울을 적시며 인기를 모았습니다. 여세를 몰아 당시 실감 나는 연기로 스타가 된 간난이 김수양과 영구 김수용의 〈간난이와 영구-X마스와 설날〉1983이 발매되었습니다. 드라마 〈간난이〉는 이듬해까지 히트하는 바람이 남매는 다음해 캐럴음반을 한 장 더 발표할 수 있었습니다.

1980년대 캐럴 음반의 트렌드는 어린이에서 개그맨(우먼)으로 넘어갑니다. 이른바 '코믹 캐롤'이라고 불렸던 웃기는 캐롤송은 아이 어른 할 것 없이 국민들에게 많은 즐거움을 선사했습니다. 바람을 일으킨 주인공은 단연 심형래였습니다. 구봉서, 서영춘, 이기동 등이 포진했던 〈웃으면 복이 와요〉 세대의 코미디언들은 후배 심형래에게 바통을 넘겨주었다고 해도 과언이 아닐 정도였습니다. 그는 찰리 채플린식 슬랩스틱 코미디로 돌풍을 일으켰습니다. 그는 캐럴계에서도 새로운 시장을 개척했다고 할 정도로 재미있는 콘셉트의 노래를 발표했습니다. "흰눈 사이로 썰매를 타고 달릴까, 말까"로 대변되는 코믹 캐롤은 '고요하고 거룩한' 밤의 분위기와는 대조적으로 캐롤을 재미있는 개그로 반전시켰지요. 결과는 대성공이었습니다. 심형래 이후 개그맨들은 자신의 캐릭터를 그대로 사용해 앨범을 발표했기 때문에 앨범 재킷만 봐도 1980년대 TV 인기 프로그램을 다시 떠올릴 수 있을 정도입니다. 심형래는 펭귄 복장으로 대선후보들의 성대모사를 하다 인기를 얻어 《펭귄캐롤》 **1987**을 발표했고, '회장님 회장님 우리 회장님의 김형곤' '김한국과 순악질여사 김미화의 쓰리랑부부' '밥풀떼기 김정식' '척보면 앱니다 황기순' 등이 모두 1980년대 후반 캐럴 음반을 경쟁적으로 발표했습니다.

트렌드만 나열하다보면 중요한 곁가지들을 놓치기 쉬운데, 앞서 소개한 것 외에도 캐롤은 다양하게 사랑을 받았어요. 1980년대 피아노 교습 열풍의 도화선이 되었던 〈아드린느를 위한 발라드〉의 주인공 리처드 클레이더만의 연주캐롤도 발견할 수 있고, 조용필의 캐럴도 빼놓을 수 없지요. 이외에도 캐럴 관련 재미있는 음반들이 많이 있습니다. 1985년 발매된 《꾸러기들의 크리스마스》에는 멤버로 활동했던 최성수, 임지훈 등이 무명시절의 모습을 발견할 수 있습니다.

캐럴송 역사의 사건 하나를 소개하자면, 2013년 영국 대중음악매

거진 《NME New Musical Express》가 발표한 '세계 최악의 크리스마스 앨범 재킷 20선'에 나훈아의 《화이트 크리스마스》가 선정되었다는 것입니다. 재킷의 이미지가 지나치게 유치하다는 이유였어요. 나훈아는 이 음반에서 오버하지 않는 꺾기 창법으로 캐럴을 소화해냈는데, 한편으로는 코믹하게 들리기도 합니다. 앨범재킷이 최악인지 아닌지는 사진을 보시고 여러분들도 판단해보시길 바랍니다.

    비록 캐럴이 예수의 탄생을 찬양하는 것이지만, 해방 이후 지금까지 한국인에게 캐럴은 하나의 축제였고, 공급자에게는 빼놓을 수 없는 비즈니스 기회였습니다. 특히, 지금처럼 놀이 문화가 다양하지 않았던 1970~1980년대에는 크리스마스 시즌이 되면 거리마다 울려 퍼지는 캐럴을 들으면서 설렘을 만끽했습니다. 안타깝게도 지금은 크리스마스 시즌이 되어도 예전 같은 분위기는 찾을 수 없지요. 거리마다 울려 퍼지던 캐럴송이 자취를 감추어버렸기 때문입니다. 음악저작권단체들이 저작권 위반을 빌미로 매장에서 캐럴을 트는 것을 금지시킨 탓에 거리는 한산하고 매장은 조용해졌습니다. 이것이 문제가 되자 소규모 사업장은 허용했다고 하지만 한번 망친 분위기가 쉽게 되살아날 기미가 보이지 않습니다. 그리스도의 은총이 간절히 필요한 시기입니다.

**Listen to the Music!**

▶ 심형래 〈코믹 캐롤〉

▶ 나훈아 〈White Christmas〉

### 크리스마스 선물은 '선물'일까 '뇌물'일까

덩그러니 달력에 마지막 장만 남고, 아침저녁으로 스산한 찬바람이 불기 시작하면 세상은 마지막 축제를 준비하려는 듯 새 단장을 시작합니다. 형형색색의 장식과 조명이 거리를 수놓고 곳곳에서 캐럴이 울려 퍼지지요. 자본주의적 상혼商魂 탓인지는 몰라도 매월 무슨무슨 데이가 만들어졌지만 아직 크리스마스의 아성을 위협할 만한 기념일은 생겨나지 못했습니다. 아기 예수의 탄생을 기리기 위해 만들어진 크리스마스가 지금은 종교를 불문하고 모두가 참여하는 국민 이벤트로 확고히 자리매김했습니다.

우리는 왜 이토록 크리스마스에 관심을 두는 것일까요? 여러 이유가 있겠지만 선물을 주고받는 풍습도 크게 한몫했지 싶습니다. 만약 크리스마스에 선물을 주고받는 관례가 없다면, 아마도 현충일, 제헌절, 광복절, 한글날처럼 '회사에 가지 않아도 되는 날' 정도의 의미만 있는,

여러 공휴일 중 하나에 불과할지도 모릅니다. 빅토리아 여왕 이후 크리스마스는 온 가족의 축제가 되면서 그냥 지나칠 수 없는 리추얼ritual이 되었지요. 성탄절 전야가 되면 크리스마스트리가 작성된 거실에서 캐럴이 울려 퍼지는 가운데 특별히 준비한 성찬盛饌을 즐기며 정성스레 준비한 크리스마스 카드와 선물을 주고받습니다. 크리스마스트리, 캐럴, 성찬, 카드, 선물은 성탄절 의식을 거행하는 데 빼놓을 수 없는 행사 품목이지요. 그중에서도 크리스마스 선물은 사람들이 가장 기대하면서 동시에 가장 부담스러워하는 크리스마스 축제의 주요 소품이 되었습니다.

가만 생각해보면, 크리스마스 선물은 부모로서는 상당히 억울한 일이 아닐 수 없어요. 알다시피 본래 크리스마스 선물 준비는 부모 몫이 아니었습니다. 마음씨 좋고 포근한 인상의 산타할아버지가 자비로 준비하여 제공했던 거예요. 산타클로스는 한 해를 착하게 산 아이들에게는 원하는 선물을 주겠노라고 공공연히 소문을 냈고, 성탄절 아침이면 어김없이 아이들 머리맡에 선물을 가져다주었지요. 부모 입장에서도 산타클로스의 선행을 마다할 이유가 없었습니다. 공짜인 데다 별도로 청구서를 보내오는 일도 없었기 때문입니다. 아이들은 선물을 받아서 기쁘고, 부모들은 추가 비용이 들지 않아서 좋았습니다.

하지만 어느 순간부터 산타클로스가 나타나지 않았습니다. 아무런 사전 통보도 없이. 산타할아버지가 연로하여 배송할 기력이 없어서인지, 과도한 공짜 선물로 인해 파산했기 때문인지, 그냥 단순 태업 때문인지는 몰라도 갑자기 발길을 뚝 끊어버렸지요. 그 결과, 지금은 울며 겨자 먹기로 산타 역할을 부모가 대신하게 된 것입니다. 산타클로스가 괜히 바람은 잡은 탓에 생각지도 못한 지출 항목이 추가되었고, 이미 선물을 받는 것에 길들여진 아이들 때문에 그만둘 수도 없는 상황이에요. 처음에는 공짜로 시작했던 이벤트가 바람잡이 산타클로스는 사라진 뒤,

선물을 주는 풍습만 남게 되었습니다. 이제 해마다 크리스마스가 되면 어쩔 수 없이 선물을 준비해야만 합니다.

사람들은 산타클로스의 존재를 믿는 것일까요? 그럴 리 없습니다. 산타할아버지가 실제로 존재하지 않는다는 것은 하늘도 알고 땅도 아는 사실이에요. 부모도 알고 자녀도 압니다. 어른들에게 "산타클로스를 믿으세요?"라고 물어보면, "내가 바보냐!" 하면서 비웃을 겁니다. 자녀들은 어떨까요? 그들도 잘 알고 있습니다. 요즘 아이들이 얼마나 똑똑하고 영악한데, 그 사실을 모를까요. 다만 모른 척하는 편이 여러모로 유리하다는 사실을 잘 알기에 짐짓 모른 척할 뿐이지요. 크리스마스가 가까워지면 아이는 산타클로스에게 기도를 합니다. "산타 할아버지, 저는 올 한 해 동안 착한 일을 많이 했기 때문에 선물을 받고 싶어요. 이번에는 게임기를 선물 받았으면 좋겠습니다." 그것도 항상 부모가 보는 앞에서만 기도해요. 성탄절 아침이 되면 신기하게도 아이의 머리맡에 게임기가 떡하니 놓여 있습니다.

부모가 없을 때 아이에게 조용히 "너는 정말로 산타클로스가 있다고 믿어서 그렇게 기도를 한 거니?" 하고 물어보면 뭐라고 답할까요? 아이는 이렇게 대답할 겁니다. "저도 바보는 아니에요. 부모님이 실망할까 봐 일부러 믿는 척하는 거지요." 이처럼 사람들은 산타클로스의 존재를 믿지 않음에도 여전히 크리스마스를 기억하고, 트리를 장식하고, 캐럴을 듣고, 선물을 주고받습니다. 역사학자 유발 하라리**Yuval Noah Harari**는 《사피엔스》에서 인간(사피엔스)이 다른 동물을 제치고 최고의 지위에 오른 배경에는 '허구적 상상력'이 있기 때문이라고 주장했습니다. 인간은 실재**實在**가 아닌 허구적인 이야기를 만들어서 그것이 마치 실제인 것처럼 모두가 믿음으로써 결국에서 실재적 현실이 되게 만든다는 거지요. 우리는 크리스마스와 산타할아버지의 이야기가 실재가 아님을 잘 압니다. 하지만 그것의 본질은 허구임에도 엄연히 우리의 삶을 구성하는 사회적 현실이에요. 그래서 우리는 크리스마스를 기념해야 하고 선물도 준비해야 하지요.

사람들은 크리스마스가 되면 응당 선물을 준비해야 한다고 생각합니다. 이는 돈이 많고 적음과도 무관하지요. 아무리 경제적으로 쪼들려도 사랑하는 사이에는 선물을 장만해야 합니다. 이러한 사실은 오 헨리 O.Henry의 단편 〈크리스마스 선물〉에 잘 나타나 있어요. 줄거리는 대략 이렇습니다. 월세방에 사는 가난한 신혼부부 델라와 짐은 크리스마스가 다가오자 상대를 위해 선물을 준비하려고 하지만 돈이 없어 고민합니다. 아내 델라는 남편의 선물을 마련하기 위해 자신의 길고 아름다운 머리카락을 잘라 팔았어요. 그것으로 남편의 시곗줄을 샀지요. 남편 짐은 할아버지 때부터 물려받은 금시계를 팔아서 아내에게 줄 머리빗을 샀습니다. 부부는 상대를 위해 자신의 소중한 것을 팔아 선물을 마련했지만, 정작 둘 다 사용하지 못하는 처지가 됩니다. 이처럼 크리스마스의 마법은 강력합니다. 가난한 신혼부부조차 선물을 마련하지 않고는 못 배기게 만드니 말이지요.

우리는 이 대목에서 크리스마스에 건네는 선물이 진짜 '선물'인지 생각해볼 필요가 있겠습니다. 스승의 날을 기념하여 건네는 선물이 진짜 선물이 아닌 까닭에 김영란법이 제정되지 않았습니까! 본디 선물膳物이란 '존경, 친근, 애정의 뜻을 전하기 위해 주는 물건'을 의미합니다. 선물과 반대되는 개념은 '뇌물'이지요. 선물과 뇌물은 어떻게 다를까요? 알다시피 선물이 '대가를 바라지 않고' 주는 것이라면, 뇌물은 '대가를 바라고' 주는 거예요. 스승의 날에 그동안의 가르침에 감사하는 뜻으로 스승에게 무엇인가를 주면 그것은 선물입니다. 하지만 자녀를 잘 봐달라고 주면 그것은 뇌물이지요.(5만 원 미만은 선물로 허용하되 그 이상은

뇌물이니 불법이라고 정하는 것은 아무래도 어이없는 기준입니다)

　　대체로 어떤 물건이 선물인지 뇌물인지는 대가성 유무에 따라 달라질 겁니다. 하지만 그런데도 문제는 여전히 남습니다. 현실에서는 누군가에게 선물을 주었을 때, 그것의 본질이 선물인지 뇌물인지는 쉽게 구분되지 않기 때문이지요. 가령, 어떤 남성이 애인의 생일날 30만 원짜리 핸드백을 주었습니다. 그 핸드백은 선물로 준 것일까요, 뇌물로 준 것일까요? 당연히 선물로 건넨 것이지요. 남성은 애인의 생일을 기념하여 순수한 마음으로 핸드백을 '선물'로 건넸을 겁니다. 이런 경우라면 어떨까요? 시간이 흘러 남성의 생일이 되었습니다. 이번에는 여성이 선물을 준비했습니다. 여성은 남성을 위해 5천 원짜리 손수건을 선물로 건넸습니다. 손수건을 생일 선물로 받은 남성의 기분은 어떠할까요? 이 상황에서 고마운 마음이 든다면, 과거 남성이 건넨 30만 원짜리 핸드백은 선물로 보아도 좋겠습니다. 하지만 본전 생각이 난다면요? 여성이 건넨 손수건을 보고 과거 자신이 여성에게 준 생일선물의 가격이 떠올랐다면요? 바로 이 지점이 과거 순수하게 건넸던 선물이 뇌물로 변하는 순간입니다. 무엇인가를 주면서 받을 것을 기대한다면 그것은 선물이 아니라 뇌물에 가깝습니다. 이처럼 우리가 일상에서 주고받는 선물은 명목상으로만 선물일 뿐, 그 이면에는 뇌물의 논리가 자리하고 있는 경우가 많습니다.

　　순수한 선물은 불가능한 것일까요? 당연히 순수한 선물도 있습니다. 프랑스 철학자 자크 데리다Jacques Derrida는 선물의 조건에 대해 이렇게 주장했습니다. "선물은 주는 쪽에서든 받는 쪽에서든 망각해야 한다." 무슨 뜻일까요? 데리다에 따르면, 진정한 선물이 되기 위해서는 주는 쪽에서도 선물을 주었다는 사실을 의식하지 못해야 하고, 받는 쪽에서도 선물을 받았다는 사실조차 의식하지 못해야 합니다. 그게 말이 되냐고요? 이해를 돕기 위해 신혼부부의 예를 살펴보겠습니다. 어느 신혼부부의 일상입니다. 신혼인 아내는 출근하는 남편을 위해 기쁜 마음으로 아침 식사를 준비했습니다. 이날 아침 남편은 아내에게 정성스러운 식사를 '선물'로 받았습니다. 하지만 아내도 남편도 선물을 주고받았다는 사실을 인식하지 못했지요. 아내는 사랑하는 남편을 위해 식사를 준비했을 뿐이고 남편은 아내가 준비한 음식을 맛있게 먹었을 뿐이거든요. 이제 월급날이 되었습니다. 남편은 기쁜 마음으로 아내에게 월급봉투를 건넸어요. 이때 남편이 준 월급봉투 또한 그냥 준 것이지, 결코 아내가 차려준 식사의 대가는 아닙니다. 이들 부부는 분명 서로 선물을 주고받았지만 그러한 사실조차 인식하지 못하고 있지요. 이것이 바로 데리다가 말한 진정한 선물입니다.

이처럼 선물을 주고받으면서도 서로 의식하지 못하는 태도 속에 신혼부부의 사랑과 행복의 비밀이 숨어 있습니다. 단지 사랑하는 사람을 위해 식사를 준비했고, 사랑하는 이를 위해 월급봉투를 건넸을 뿐입니다. 만약 아내가 식사를 준비한 대가로 월급을 요구하고, 남편은 월급을 준다는 이유를 들어 아내가 식사를 준비하는 것은 당연한 의무라고 생각한다면, 그들은 선물이 아닌 뇌물을 주고받는 사이에 불과합니다. 그렇게 되면 신혼의 알콩달콩한 사랑도 빛이 바래고, 행복도 물 건너가고 맙니다. 진정한 사랑이나 완전한 행복은 모두 뇌물이 아닌 선물을 주고받는 사이에나 가능한 일이지요.

다시 크리스마스 선물 이야기로 돌아갈까요. 크리스마스에 주고받는 것은 선물일까요, 뇌물일까요? 아마 선물일 가능성이 높을 겁니다. 한 해를 무탈하게 보낸 기념으로 존경과 애정과 친근의 마음을 담아 선물로 건넸을 겁니다. 하지만 자본주의가 심화하면서 우리는 모든 물건에 값을 매기는 습관이 생겼습니다. 오늘날 사회를 움직이는 중심에는 돈의 논리가 자리 잡고 있기 때문이지요. 돈은 모든 가치의 척도가 되었습니다. 우리는 알게 모르게 모든 사물을 돈으로 환산하여 생각하게 되었지요. 선물을 받으면 "이거 얼마짜리니?" 하고 묻는 버릇이 생겼습니다. 우리가 모든 것을 돈으로 평가하는 순간, 선물은 뇌물로 변하고 맙니다. 선물을 주고받으면서 자기가 준 것의 가격과 받은 것의 가격을 비교하기 때문이지요. 하지만 이는 산타클로스의 정신을 훼손하는 것이에요. 산타할아버지는 온 세상 어린이들에게 선물을 주면서 한 번도 값을 생각하거나 대가를 바란 적이 없습니다. 그냥 순수한 선물로 건넸을 뿐이에요. 지금은 우리가 어쩔 수 없이 산타클로스를 대신하여 선물을 주게 되었지만, 형식만 따를 것이 아니라 본질까지 따라해야 하지 않을까요! 대가를 바라는 뇌물이 아니라 순수한 선물로서 주어야 하지 않을까요! 그래야만 주님의 은총이 온 누리에 가득하고, 크리스마스 캐럴이 우리 마음속까지 울려 퍼질 테니까 말입니다. Merry Christmas!

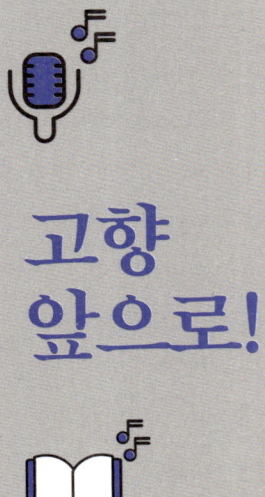

고향
앞으로!

### 저 푸른 초원 위에는 머나먼 고향이

1970년 무명의 작곡가 임종수는 아침 일찍부터 오아시스레코드사 앞을 서성거리고 있었습니다. 우여곡절 끝에 가수 나훈아에게 보낸 노래가 과연 채택이 되느냐 마느냐의 기로에 서 있었기 때문이지요. 오아시스레코드 사장은 당대 최고의 가수였던 나훈아의 사인만 있다면 어떤 노래든 발표할 수 있게 해준다고 약속했기에 나훈아의 승낙은 그의 인생을 결정할 중요한 기회였습니다. 결론은 어떻게 되었을까요? 나훈아는 임종수의 곡을 녹음하기로 결정했고, 〈차창에 어린 모습〉은 발표됩니다. 하지만 이 곡은 당국으로부터 우울하다는 이유로 발매되자마자 금지곡이 되고 말았습니다.

처음부터 금지곡의 오명을 맛보았기에 임종수는 좌절할 수밖에 없었는데 이번에는 오히려 나훈아가 노래를 좀더 밝게 바꾸면 어떻겠냐는 제안을 해왔습니다. 그래서 탄생한 노래가 한국 가요계에서 고향 노래로서 가장 상징적 위치를 가지게 된 〈고향역〉입니다. 이 곡은 1970년대 전국의 시골에서 돈을 벌기 위해 서울로 상경한 뒤 구로공단에 취직하여 젊은 시절을 보낸 청춘들의 주제가가 되었지요. 그들이 고된 일과를 끝내고 소주 한 잔을 마신 뒤 고향 생각이 나면 떼창으로 부르던 노래였습니다.

이후 나훈아는 〈머나먼 고향〉1971 등 유독 고향 노래를 많이 불렀는데, 가수생활 동안에 무려 200여 곡이 넘는 고향 노래를 발표하여 한국가요사에서 고향 관련 노래를 가장 많이 부른 가수로 알려져 있습니다. 오늘날 나훈아가 국민가수로서 인기를 얻은 이유에 대해 많은 전문가들이 구수하고 한국적인 외모, 자연스러운 꺾기 창법 등이라고 생각하고 있지만 데이터로 접근해보면 나훈아는 고향 노래를 많이 불렀기 때문에 롱런하는 가수가 되었다고 해석해볼 수 있습니다.

나훈아를 언급했으니 라이벌인 남진을 빼놓으면 섭섭한 일입니다. 남진은 1967년 〈가슴 아프게〉를 불러 이름을 알리기 시작했는데, 무엇보다 〈님과 함께〉 고향 작사, 남국인 작곡, 남진 노래, 1972가 빅히트하면서 가요사에 이름을 남겼습니다. 〈님과 함께〉는 어린이부터 어른까지 세대를 아울러 인기를 끌면서 남진을 '한국의 엘비스 프레슬리'로 불릴 정도로 대형스타로 만들어준 곡이라 해도 이견이 없습니다. 〈님과 함께〉는 반드시 성공해 고향으로 다시 돌아가고 싶다는 욕구를 표현한 것으로 리듬 있고 활기찬 노래지요. 1970년대 한국의 상황은 가난 탈출과 국가 재건이라는 국민적 과제가 있었기에 정부는 의도적으로 군가와 같은 희망적인 노래를 발표하기를 권장했는데, 그 즈음 〈님과 함께〉는 이러한 정부 시책에 대한 응답으로 탄생한 노래입니다. 다분히 의도적이긴 하지만 〈님과 함께〉는 언젠가 돈을 벌어 고향에 돌아가 사랑하는 사람과 함께 '그림 같은' 집을 짓고 살겠다는 소박한 소시민적 소망을 담고 있습니다. 따라서 대다수 한국인들에게 대리만족을 주기에 충분했고, 그 결과 크게 히트할 수 있었지요.

🎵
저 푸른 초원 위에 그림 같은 집을 짓고
사랑하는 우리 님과 한 백년 살고 싶어
봄이면 씨앗 뿌려 여름이면 꽃이 피네
가을이면 풍년 되어 겨울이면 행복하네
멋쟁이 높은 빌딩 으시대지만
유행따라 사는 것도 제멋이지만
반딧불 초가집도 님과 함께면
나는 좋아 나는 좋아 님과 함께면
님과 함께 같이 산다면

〈님과 함께〉 중에서

일반적으로 고향은 태어났거나 어린 시절을 보낸 장소라고 생각하기 마련입니다. 하지만 1981년 발표한 윤수일 밴드의 〈제2의 고향〉은 빌딩 숲이 모여 있는 도시가 제2의 고향임을 역설하는 가사로 히트했지요. 이 곡은 도시를 소재로 하기는 하지만 한국인도 아닌 미국인도 아닌 윤수일이 자신의 삶에서 고향을 찾기 위한 몸부림으로 탄생한 노래이기도 하지요. 단일민족을 자랑으로 내세우는 대한민국의 국민성으로 인해 혼혈에 대해 차별이 노골적이었던 시기에 윤수일은 고독과 번민의 학창 시절을 보내야만 했을 겁니다.

이처럼 상처받기 쉬운 학창 시절의 고통을 생각하면 한국사회는 그에게 상당한 빚이 있음이 분명합니다. 그 때문인지 윤수일은 〈사랑만은 않겠어요〉1978 이후 1집의 〈제2의 고향〉1981, 2집의 〈아파트〉1982와 〈유랑자〉1982로 이어지는 도시민의 외로움과 이방인의 고독을 표현한 시리즈를 발표하며 경력을 이어나갔습니다. 〈제2의 고향〉은 윤수일의 인생에 반추하여 해석해볼 수도 있겠지만, 무엇보다 1980년대 이후 한국인의 생활방식의 변화와도 맞닿아 있기에 가요사적으로 상당한 의미를 찾을 수 있습니다. 그의 노래가 히트했다는 것은 고향을 떠나 생활의 터전을 잡고 있는 곳을 제2의 고향으로 생각하는 사람들이 많아지고 있다는 것을 의미합니다. 이제 한국인에게 고향이란 과거 나훈아나 남진이 노래처럼 태어난 곳이 아니라 지금의 정주하여 사는 곳이지요. 그 결과, 부모님의 고향과 자녀의 고향이 다릅니다. 때문인지 요즘 세대는 명절에도 고향을 찾지 않고 국내 리조트나 해외여행을 떠나는 가족들이 늘어나고 있어요. 〈고향역〉은 없고 〈제2의 고향〉만 있기 때문입니다.

그럼에도 불구하고, 우리 정서에는 고향에 대한 향수가 끊임없이 일어나고 있음을 알 수 있는 역사적 사건이 있습니다. 바로 1990년 서유석이 불러 히트한 〈홀로 아리랑〉입니다. 〈홀로 아리랑〉은 한돌이 작사·작곡한 노래로, 실향민인 부친이 북에 두고 온 가족을 생각하며 "통일이 되면 북에 두고 온 형을 만나서, 잠시 헤어진다고 생각했지 버린 것이 아니라고 전해 달라"는 한 맺힌 유언을 듣고 만든 노래입니다. 한돌은 아버지의 유언을 받들어 남과 북이 배로 만나는 지점이 독도라는 생각으로 노래를 만들었으며, 때문에 음반재킷도 독도 사진을 실었습니다.

이후 〈홀로 아리랑〉은 좀더 특별한 방향으로 전파되어 생명력을 가지게 됐는데, 2001년 김연자가 북한 김정일의 초청으로 공연 때 부른 것을 시작으로 2005년에는 평양 공연에서 조용필이, 2018년에는 평창동계올림픽 때 북측에서 온 삼지연관현악단이 행사 마지막 곡으로 불러 화제가 되었습니다. 보통 남북한이 함께 공연을 하면 말미에는 〈우리의 소원〉을 서로 손잡고 불렀는데, 이제는 트렌드가 바뀌어 〈홀로 아리랑〉을 부르게 된 것이지요. 도시화로 인해 〈제2의 고향〉을 부르짖지만, 마음 한편에는 여전히 고향에 대한 뜨거운 향수가 마음속에 자리 잡고 있기 때문은 아닌지 모르겠습니다.

한돌은 〈홀로 아리랑〉 외에도 고향을 생각하게 하는 노래들을 많이 만들었습니다. 〈완행열차〉 한돌 작사·작곡, 한영애 노래 에 등장한 첫 구절에는 고향으로 향하는 완행열차에 앉아 동심의 순수한 마음으로 돌아간 한 인간의 모습을 담고 있습니다.

♪

특급열차 타고 싶지만 왠지 쑥스러워서
완행열차 타고서 간다 그리운 고향집으로
차가운 바람 맞으니 두 눈이 뜨거워지네
고향으로 가는 이 마음 이 기차는 알고 있겠지

〈완행열차〉 중에서

1990년대 이후에는 노래 속에서 고향이라는 단어를 찾기 어려워졌습니다. 명절에 고향의 찾는 풍속도 옅어졌고, 요즘 젊은 세대에게는 딱히 고향에 대한 향수나 애틋함이 없기 때문이에요. 다만, 1997년 IMF사태 이후 복고가 유행하면서 과거를 추억하는 노래들이 재등장하기도 했습니다. 영화 〈선생 김봉두〉 2003 에 삽입된 노래, 자전거 탄 풍경의 〈보물〉이 지상파 코미디 프로의 코너 '마빡이'에 삽입되어 "술래잡기, 고무줄 놀이, 말뚝박이, 망까기, 발차기" 같은 가사에서 과거를 추억하게 만들기도 했고, 영화 〈국제시장〉2014이 히트하면서 현인의 노래 〈굳세어라 금순아〉가 배경음악으로 리메이크되기도 했으나 트렌트가 되기에는 역부족이었지요. '10년이면 강산도 변한다'고 했듯, 우리 마음속의 고향도 많이 달라졌기 때문이 아닐까 싶습니다.

**Listen to the Music!**

▶ 나훈아 〈낙엽이 가는 길〉 〈고향역〉

▶ 남진 〈님과 함께〉

▶ 윤수일밴드 〈제2의 고향〉

▶ 한영애 〈완행열차〉

### 유전자의 명령, 고향을 그리워하라!

"고향이 그리워도 못 가는 신세"로 시작되는 〈꿈에 본 내 고향〉 **김기태 작곡, 박두환 작사, 한정무 노래**의 가사처럼, 무슨 연유에서건 고향을 떠나온 뒤로 다시 가보지 못하고 애타게 그리워만 하는 일이 종종 벌어지기도 합니다. 아무리 고향이 그리워도 갈 수가 없어 꿈에서나마 고향을 볼 수밖에 없는 신세라면 애달프기 그지없겠지요. 6·25 전쟁으로 북녘 고향 땅에 가족을 남겨둔 채 평생토록 사무친 그리움에 몸부림치는 이산가족처럼 말이지요.

　고향 떠난 설움이야 이루 말할 수 없을 슬픔이지만, 사실 이러한 상황이 아주 예외적인 경우는 아닙니다. 인문고전을 처음 공부하려는 사람은 어떤 책부터 읽을지를 고민하는데, 처음부터 단계를 밟아나가자고 마음먹는 사람이 으레 손에 쥐는 책이 있습니다. 호메로스**Homeros**의 〈일리아드〉와 〈오디세이아〉예요. 알다시피 〈일리아드〉는 그리스

연합군과 트로이아가 펼치는 트로이 전쟁을 배경으로 한 장편 서사시지요. 〈오디세이아〉는 그리스의 영웅 오디세우스가 10여 년간의 트로이 전쟁이 승리로 끝나자 자신의 고국인 이타카로 돌아가기까지 또다시 10여 년간 바다 위를 표류하면서 수많은 모험을 펼친 이야기입니다. 한마디로 전쟁 때문에 집을 떠났던 오디세우스가 다시 고향으로 가기 위해 갖은 고생을 한다는 줄거리입니다. 자칫 잘못했다가는 오디세우스도 고향에 가지 못한 채 눈물을 훔치면서 〈꿈에 본 내 고향〉을 부를 뻔했습니다.

오디세우스는 귀향 과정에서 괴물과 싸우기도 하고, 여신과 사랑에 빠져 동거하기도 하고, 공주의 도움을 받기도 하는 등 수많은 모험을 펼친 끝에 고향 이타카로 돌아가는 데 성공합니다. 한마디로 파란만장한 귀향길이었는데, 이를 두고 역사학자 시오노 나나미 Shiono Nanami는 "오디세우스의 표류담은 밤새도록 3차 4차 술 마시러 다니다가 새벽에 돌아온 남편이 늘어놓은 거짓말"이라고 표현하기도 했지요. 아무튼, 오디세우스는 천신만고 끝에 고향으로 돌아갈 수 있었고 자신을 기다리던 부인과 아들과 재회하는 데 성공합니다.

사람들은 왜, 굳이 고향을 찾는 것일까요? 오디세우스는 귀향 과정에서 자신을 좋아했던 마법의 여신 키르케와 1년간 동거하기도 했고, 그를 유혹한 바다의 여신 칼립소와는 무려 7년 동안이나 함께 살았습니다.('유부남이 뭇 여성과 동거까지 하다니!' 하면서 도덕적 잣대를 들이밀지는 맙시다) 이쯤 되면 '사실혼' 관계로 보아도 무방하지 않을까요. 게다가 상대는 얼굴도 예쁘고 능력까지 있는 여신女神인데요! 보통의 남성이라면, 아무리 조강지처와 아들이 기다리는 고향이라도 잊어버릴 만한데 그는 굳이 다시 귀향길에 나섰습니다. 무엇이 그를 '고향 앞으로' 향하도록 한 것일까요? 왜?

모든 동물에게는 '귀소본능'이 있다고 합니다. 산골짜기 시냇가에서 태어난 연어가 수천 킬로미터나 떨어진 바다에서 살다가 산란기가 되면 본능적으로 자기가 태어난 고향으로 되돌아와서 알을 낳고 죽는 것처럼, 인간에게도 귀소본능이 있습니다. 술 먹고 '떡'이 된 후 필름이 끊어져도 아침에 눈을 떠보면 신기하게도 낯익은 천장을 목격하게 됩니다. 어떻게 집에 왔는지 기억도 나지 않지만 어쨌거나 집으로 '기어들어'오고야 맙니다. 신발에 모종의 장치가 달린 것도 아니고, 아내가 사무치게 그리웠던 것도 아닐 텐데 말이에요. 그냥 자기도 모르게 본능이 이끈 대로 발이 움직였을 뿐이지요. 내가 '움직인' 게 아니라 나를 조종하는 누군가에 의해 '움직여진' 것입니다. 누구일까요? 바로 '본능'이라는 이름의 유전자예요.

《이기적 유전자》의 저자 리처드 도킨스Richard Dawkins는 생명체의 주인은 우리가 아니라 유전자라면서 다음과 같이 주장했습니다. "우리는 생존 기계다. 즉 우리는 유전자로 알려진 이기적인 분자들을 보존하기 위해 맹목적으로 프로그램된 로봇 운반자들이다." 심히 자존심이 상하는 말이지만, 도킨스에 따르면, 인간이라는 생명체의 주인은 우리가 아니라 우리 몸 안에서 우리를 조정하는 유전자들이고, 우리는 단지 우리의 주인인 유전자의 명령을 충실히 따르는 생존 기계에 불과합니다. 만취해도 한 치의 오차도 없이 집에 당도할 수 있는 이유는 사랑("아내가 보고 싶어서") 때문이거나 가장으로의 책임감("그럼에도 가족은 지켜야지") 때문이 아닙니다. 단지 유전자의 명령을 어길 수 없어서("본능의 힘!") 그랬을 뿐입니다. 하지만 유전자는 우리로 하여금 자신의 명령을 따르고 있다는 사실조차 인식하지 못하게 만들지요. 만약 그 사실을 로봇 운반자들이 눈치챈다면 자신의 신세를 처량하게 생각할 게 뻔하기 때문입니다.(유전자의 배려심일까요, 로봇 운반자들의 멍청함일까요?)

고향을 찾는 귀소본능도 마찬가지예요. 대한민국에서는 해마다 명절이면 엄청난 시간과 비용을 소모해가며 귀향 행렬이 이어지는데, 이는 분명 이성적인 판단의 결과는 아닙니다. 그렇게 어렵게 내려간 고향에서 기껏 하는 일이라고는 누구도 좋아하지 않는 전과 부침개를 끝도 없이 부치고, 나물을 다듬고, 기계적으로 절하는 일밖에 없지 않던가요! 모처럼 떨어져 살았던 친지 가족들을 만나니 좋지 않냐고요? 천만의 말씀입니다. 처음 만났을 때는 잠시 반갑지만 얼마 지나지 않아서 집안 대소사로 얼굴을 붉히고 급기야 싸우는 경우도 생깁니다. '명절 증후군'이라는 말이 생겨날 정도로 명절날 고향에서 가족이 모이는 일은 스트레스를 불러오는 위험천만한 일이지요. 하지만 그럼에도 해마다 명절이면 어김없이 고향을 찾습니다. 왜일까요? 유전자의 명령 때문입니다. 그만큼 유전자의 힘은 강력해요. 그 결과, 싫으나 좋으나 명절이면 귀성인파를 뚫고 '고향 앞으로'를 반복해야 합니다.

고향을 찾는 것이 본능이 아닌 족속들도 있어요. '유목민'이라 불리는 사람들이지요. 유목민은 한곳에 정착하지 않고 수시로 이동을 하며 살아가는 민족을 뜻합니다. 대표적인 사람들이 6세기경부터 중앙아시아에서 유목 생활을 하던 돌궐족입니다. 그들에게 깊이 각인된 본능의 흔적은 명장 톤유쿠크Tonyuquq의 비문에 잘 녹아 있습니다. "성을 쌓고 사는 자는 반드시 망할 것이고, 끊임없이 이동하는 자만이 살아남을 것이다." 돌궐족의 유전자는 정착 생활에 익숙한 민족의 그것과는 사뭇 다릅니다. 그들 유전자에는 이른바 '역마살'이 끼어 있었던 것 같아요. 그들은 지긋하게 엉덩이를 한곳에 오래 붙이고 있는 것을 참지 못했습니다.(아마 공부에는 소질이 없었던 듯) 이리저리 끊임없이 이동하면서 싸돌아다녀야 직성이 풀리는 체질이었습니다. 그들이라고 잠시 쉬고 싶을 때가 왜 없겠습니까. 하지만 그들도 유전자의 명령을 따라야 하는지라 어쩔 수 없이 배회하기를 반복했습니다.(자고로 주인[유전자]을 잘 만나야지, 잘못 만나면 심신이 피곤해지는 법입니다!) 유목민에게는 고향이 없습니다. 고향에 대한 그리움도, 귀소본능도 없습니다. 애초부터 돌아갈 고향이 없기 때문이지요. 그들에게는 발길 닿는 곳, 밤이 되면 눕는 곳이 고향입니다.

최근에는 유목민의 유전자가 아님에도 한곳에 정착하지 않고 이리저리 떠돌아다니는 사람들이 생겨났어요. '노마드 nomad'라 불리는 자들입니다. 이들도 한곳에 정착하지 않고 다른 장소로 이주하면서 생활하는 사람들이지요. 프랑스 철학자 질 들뢰즈는 《차이와 반복》에서 노마드의 세계를 '시각이 돌아다니는 세계'로 묘사하면서 '노마디즘 nomadism'이란 철학 용어가 생겨났습니다. 노마디즘이란 기존의 가치와 삶의 방식을 부정하고 불모지를 옮겨다니며 새로운 것을 창조해내는 일체의 방식을 의미해요. 결국 현대에 와서는 노마드의 개념이 단지 공간적 이동만을 의미하는 것이 아니라 버려진 불모지를 새로운 생성의 땅으로 변모시키는 행위로 확장되었지요. 한 자리에 앉아서도 특정한 가치와 삶의 방식에 붙들리지 않고 끊임없이 자신을 바꾸어나가는 창조적인 행위를 한다면 노마드입니다. 분야를 넘나들면서 삶을 탐구하며 사유 여행을 즐기는 사람도 여기에 속합니다.

《호모 노마드, 유목하는 인간》의 저자 자크 아탈리 Jacques Attali는 인류를 정착민과 노마드로 분류하고, 노마드는 다시 '자발적 노마드'와 '비자발적 노마드'로 구분했습니다. 전자는 스스로 노마드적 삶의 방식을 선택한 경우를 말하고, 후자는 어쩔 수 없이 노마드가 된 자들을 가리킵니다. 자발적 노마드는 고위간부, 연구원, 음악가, 통역사, 안무가, 연극배우, 연극 연출가, 영화감독, 집 없는 여행자 등 창의적인 직업을 갖게 됨으로써 노마드가 된 경우인데, 이를 '하이퍼노마드'라 부릅니다.

관광객, 운동선수, 게이머 등 '유희적 노마드'도 자발적 노마드로 분류됩니다. 비자발적 노마드는 자신의 의지와 무관하게 어쩔 수 없이 노마드가 된 사람들인데 '인프라 노마드'라 부릅니다. 원시부족의 마지막 후손들, 주거지가 없는 사람, 이주 노동자, 정치 망명객, 경제 관련 추방자, 트럭운전수나 외판원과 같은 이동 근로자가 여기에 해당됩니다.

현대로 오면서 본능과는 무관하게 정착민에서 유목민 대열에 합류하는 사람이 증가하고 있는데, 특히 경제 규모가 커지고 세계화가 진행되면서 인프라 노마드와 정착민 사이에, 다른 한편으로는 인프라 노마드와 하이퍼 노마드 사이에 불평등과 갈등이 많아지는 추세입니다. 이처럼 고향이 없는, 또는 고향을 등진 노마드가 증가하면서 과거 고향에 대한 그리움이나 향수가 점점 옅어지고 있습니다. 그 결과, 요즘 명절에는 귀성객은 줄어드는 반면 역逆귀성 하는 사람이 늘어나는 추세예요. 고속버스 터미널보다는 공항 출국장에 더 붐비기도 하지요.

리처드 도킨스는 《이기적 유전자》에서 지구상에서 유일하게 인간만이 유전자의 명령에 대항할 힘이 있다고 말했습니다. "우리에게는 우리의 창조자에게 대항할 힘이 있다. 이 지구에서는 우리 인간만이 유일하게 이기적인 자기 복제자의 폭정에 반역할 수 있다." 현대인들은 도킨스의 주장을 몸소 실천하고 있어요. 수많은 사람이 "명절이 되면 '고향 앞으로' 가라!"는 유전자의 명령을 무시한 채 커다란 캐리어를 끌고 인천공항으로 향하고 있습니다. 분연히 떨쳐 일어나 수백만 년간 우리를 지배했던 유전자의 독재에 항거하고 있는 셈이지요. 이런 추세라면 앞으로 얼마 지나지 않아 고향을 주제로 한 노래는 사라질지도 모릅니다. 한국인이 사랑했던 고향 노래는 음악 박물관에서나 들을 수 있는 날이 머지않은 것 같습니다.

# 영원한 발라드

**세기의 발라드 콤비, 이문세와 이영훈**

한국인이 가장 좋아하는 음악장르는 무엇일까요? 〈강남스타일〉 같은 댄스뮤직일까요? 아니면 모두가 찬사를 보내는 방탄소년단의 노래일까요? 아이러니하게도 사람들은 방탄소년단이 빌보드에 진출해 큰 성과를 거두었다고 칭찬하지만 정작 그들의 히트곡인 〈DNA〉나 〈작은 것들을 위한 시〉 같은 노래를 흥얼거리지는 않습니다. 그러니까 아직 아이돌 음악은 소수 추종자들의 음악에서 크게 벗어나지 못했습니다. 그렇다면 현재 한국인이 가장 좋아하는 음악장르는 무엇일까요? 아마 발라드라는 것에 이견은 없을 겁니다.

발라드Ballard는 '춤춘다'는 뜻으로 시작해 1800년대 서사시 등 다양한 형태로 사용되었지만 '서정적인 노래'를 의미하는 말로 쓰인 것으로 추정됩니다. 특히 오페라에서는 듣기 좋은 부분을 골라서 만든 것을 '발라드 오페라'라고 부르기도 했어요. 독일의 극작가 브레히트의 희곡을 기초로 하여 쿠르드 바일이 작곡한 〈서푼짜리 오페라〉는 발라드 오페라의 좋은 예지요.

발라드는 1900년대 미국 팝 음악계에서도 사용했는데 빠르지 않은 템포의 서정적인 멜로디와 분위기의 음악 정도로 정의될 수 있었습니다. 아마도 스테판 포스터의 〈스와니강〉이나 〈금발의 제니〉 같은 노래가 마치 동요 같지만 발라드의 시초였어요. 그렇다면 한국의 발라드는 언제부터 시작되었을까요? 한국의 발라드는 보통 변진섭이 〈홀로 된다는 것〉을 발표한 1988년 전후를 시점으로 신승훈에서 정점을 찍었다고 봅니다. 당연히 가수 신승훈에게는 '발라드의 황제'라는 영광스러운 호칭이 따라다니지요.

하지만 오늘날 한국에서 발라드가 인기를 얻게 된 결정적인 시기라고 한다면 1985년 가수 이문세와 작곡가 이영훈이 만난 지점으로 거슬러 올라갈 수밖에 없습니다. 1985년 9월 무명의 작곡가 이영훈은 옆방에서 함께 작업하던 신촌블루스 엄인호의 권유로 가수 이문세와 태희를 소개받았습니다. 당시까지 연극, 영화 등에 사용되는 음악을 만들어 오던 이영훈이 대중가요계로 발을 내딛는 순간이었지요. 이영훈은 이문세에게 다섯 곡, 태희에게 두 곡을 주었는데, 두 가수는 이영훈과 엄인호의 곡을 받아 녹음을 하여 그해 11월과 이듬해 1월에 순차적으로 앨범을 발매했습니다.

결과는 어떻게 되었을까요? 이영훈의 발라드 명곡 〈난 아직 모르잖아요〉 〈휘파람〉 〈소녀〉를 수록한 이문세 3집은 무려 150만 장이나 판매되는 기염을 토했습니다. 하지만 이영훈의 〈그대는 비가 좋아서〉 등을 수록한 태희는 엄인호의 곡을 타이틀로 하는 바람에 인기를 얻지 못했어요. 한국 가요계로 놓고 보았을 때, 이문세라는 대형가수의 탄생은 무척이나 반길 만한 일이지만 가수 태희의 입장에서는 안타까운 일이 아닐 수 없습니다. 여기서 자연스럽게 관심이 가는 포인트는 태희가 녹음한 이영훈의 노래는 어떤 스타일이었을까 하는 점이에요. 태희의 〈그대는 비가 좋아서〉를 이영훈을 생각하지 않고 들어보면 일반적인 성인가요처럼 느껴집니다. 그러니까 이영훈도 초기에는 성인가요를 염두에 두고 노래를 만들었음을 짐작할 수 있습니다.

이영훈은 어떻게 한국형 발라드의 시작을 알리는 명곡을 만들 수 있었을까요? 일반적으로 한국 발라드가 탄생하게 된 배경을 분석해보면, 1980년대까지 이어져온 애가哀歌 형식의 성인가요가 세련된 팝 발라드에 영향을 받아 꾸준히 변하면서 오늘날의 발라드가 생겨났다고 볼 수 있습니다. 그렇다면 이영훈은 자신이 가진 천재적인 실력 때문에 비슷한 기류에서 남들보다 좀더 빨리 발을 뻗친 것일까요? 그는 어떻게 한국인의 심금을 울린 〈난 아직 모르잖아요〉〈소녀〉〈사랑이 지나가면〉〈광화문 연가〉〈옛사랑〉 같은 이별 발라드 명곡을 가장 먼저 만들 수 있었을까요?

1991년 희대의 콤비 이문세와 이영훈은 〈옛사랑〉을 발표하며 다시 인기의 정점에 서게 됩니다. 하지만 한편으로 가요팬들은 점차 이영훈의 곡 스타일에 지루함을 느끼고 있었지요. 그렇지만 작곡가가 가지고 있는 노래에 대한 정신과 스타일은 쉽게 바뀌는 것이 아닙니다. 결국 이문세는 8집을 준비하면서 평생의 파트너인 이영훈과 결별하고 말지요. 이문세와의 이별은 이영훈에게 큰 고통을 안겨주었을 것으로 추정됩니다. 그가 결별 이후 당분간 다른 가수에게는 노래를 주지 않았던 사실로 미루어 짐작할 수 있습니다.

하지만 이영훈에게는 그동안 숨차게 달려온 생활을 정리하고 재충전의 시간을 가질 수 있는 기회이기도 했습니다. 이 공백기에 이영훈은 일생일대 소원을 이룹니다. 바로 자신의 히트곡을 해외 유명 오케스트라와 협연하는 것이었습니다. 과거라면 해외 오케스트라와의 녹음은 비싼 비용 때문에 엄두조차 내지 못하는 일이었지요. 그런데 1990년 전후 국제정세는 공산주의 붕괴와 더불어 우리나라는 1991년 소련과 수교를 맺으며 본격적으로 문화교류를 하던 시기였습니다. 이때 음악계의 가장 큰 이슈는 낮은 비용으로 세계 최고의 소련 오케스트라와의 협연을 할 수 있다는 점이었지요. 당시 최정상급 실력의 소련 오케스트라는 미국이나 영국에 비해 절반도 안 되는 비용으로 협연이 가능했습니다. 이영훈은 이 기회를 활용하여 모스크바로 날아가 볼쇼이극장 오케스트라의 연주로 자신의 히트곡들을 녹음했고, 그것을 1993년 자신의 소품집 음반으로 발표하게 됩니다.

이영훈은 왜 자신의 곡을 오케스트라로 녹음했을까요? 그것은 단지 비용의 문제만은 아니었습니다. 모든 노래가 오케스트라로 연주할 수 있는 것이 아니기 때문입니다. 즉, 1980년대까지 상황을 보자면, 국내 가요는 클래식과는 전혀 다른 곡 진행과 구성으로 되어 있기 때문에 편곡을 하여 수십 명에 달하는 단원이 연주하기에는 적합하지 않았습니다. 하지만 이영훈의 노래들을 편곡을 통해 오케스트라가 연주하는 것이 가능했습니다. 그는 자신의 곡의 가치를 알리고 싶었던 것입니다. 그가 볼쇼이극장 오케스트라와의 협연을 감행했던 이유입니다.

이영훈이 곡을 만들 때 어디에서 영감을 받았는지도 생각해볼 필요가 있습니다. 보통의 작곡가들은 1980년대까지만 해도 가요 작곡을 위해서 미국의 팝과 유럽의 노래, 일본 노래에서 영감을 얻었지요. 특히 팝의 비중은 매우 크다고 할 수 있습니다. 한국의 가요는 팝을 모방하면서 발전해왔다고 해도 과언이 아닙니다. 그런데 이영훈은 달랐어요. 그는 팝보다는 클래식을 지향했습니다. 이영훈의 음악이 고급스럽다는 평가를 받아왔는데, 이러한 평가는 한국 가요에 클래식적인 편곡을 도입했기 때문입니다.

　과연 1980년대 활동했던 어느 작곡가가 자신의 노래를 해외 오케스트라와 협연할 생각을 할 수 있었을까요? 그만큼 이영훈은 클래식을 오랜 기간 연구했고, 그것에 대해 상당한 자신감과 자부심을 가졌을 것입니다. 흥미로운 사실은 이영훈이 정식으로 클래식이나 가요 작곡 공부를 하지 않았다는 점입니다. 클래식이나 작곡에 대한 공식적인 학습의 기회도 갖지 않은 그가 자신의 노래에 클래식적인 편곡을 도입하고 세계적인 오케스트라와의 협연을 한 것을 보면 그의 음악적 재능이 얼마나 대단한지 알 수 있는 대목이지요.

　그는 이문세 전담 작곡가로 나서기 직전인 1987년, 이문세 외에 이광조에게도 곡을 주었습니다. 두 가수 모두에게 히트곡이 나왔는데 〈사랑이 지나가면〉〈이별 이야기〉 등과 이광조의 히트곡 〈세월가면〉이었지요. 이 노래들에는 서정적인 클래식한 현악 반주가 들어 있습니다. 바로 강동석 오케스트라의 연주입니다. 이영훈은 대중가요에서 클래식 특유의 현악적 요소와 곡의 질감을 가요에 접목하려고 노력했습니다. 이러한 그의 시도는 한국 가요계의 수준을 한 단계 높였다고 평가할 수 있습니다.

　이영훈의 시도는 노래 내용에도 영향을 미쳤습니다. 한국의 성인가요의 특성은 한恨의 정서를 가진 이별 노래가 중심임은 부인할 수가 없습니다. 이러한 슬픔의 정서가 가요로 표현되면서 애원하는 형태로 표현이 되어 〈홍도야 우지마라〉〈내 곁에 있어주〉〈가슴 아프게〉〈울면서 후회하네〉처럼 이별 상대에 대해 애타게 애원하거나, 말 한 마디 못하고 울면서 스스로 가슴을 치고 마는 내용이 주류를 이루고 있었어요. 하지만 1980년대 후반 들어서는 전쟁을 겪지 않고 물질적으로 풍요로워진 젊은이들이 이러한 정서에 공감하지 못했지요. 이영훈은 새로운 이별 방식을 갈구하던 이들에게 사색이라는 카드를 들고 나왔습니다. 그는 노래를 통해 정동과 광화문, 덕수궁 돌담길을 걸으면서 구세대와 신세대 모두에게 멋지게 이별하는 방법을 알려주었고, 많은 이의 공감을 이끌어냅니다.

    대한민국 가요사에 있어 위대한 업적을 이루어낸 이영훈, 이문세는 결별 후에는 행복하게 지낸 것 같지 않습니다. 이영훈은 영화 〈인샬라〉 〈보리울의 여름〉 등 영화음악을 비롯하여 미스코리아 출신 이은저를 비롯하여 유열, 쥬얼리, JK김동욱 등에게 노래를 주었지만 이전만큼 주목받지 못했습니다. 이문세 또한 김현철 등 퓨전재즈로 8집을 준비했다가 실패했지요. 그후 이영훈과 이문세는 1999년 〈슬픈 사랑의 노래〉를 불러 다시 어느 정도 인기를 회복하기도 했는데, 과거의 영화와 비교하면 아무래도 아쉬움이 남는 성적입니다. 그럼에도 그들이 없었다면 현재 한국에서 정착한 R&B발라드는 존재하지 않았을 것이며, 2NE1의 〈아파〉와 같이 유튜브 등에서 전 세계 사람들에게 감동을 주는 소울한 케이팝은 존재하지 않았을 것입니다.

**Listen to the Music!**

▶ 이문세 〈난 아직 모르잖아요〉

▶ 이영훈 〈사랑이 지나가면〉 (볼쇼이극장 오케스트라 협연)

## 사랑은 왜 변할까

이문세의 발라드 〈난 아직 모르잖아요〉 〈사랑이 지나가면〉 〈광화문 연가〉 〈옛사랑〉의 공통점은 무엇일까요? 사랑이 아니라 이별을 노래한다는 점입니다. 정확히는 끝나버린 사랑에 대한 아쉬움이나 그리움을 노래한다는 것이지요. "세월이 흘러가면 어디로 가는지 나는 아직 모르잖아요 / 그대 내곁에 있어요 / 떠나가지 말아요 / 나는 아직 그대 사랑해요"〈난 아직 모르잖아요〉라거나 "그 사람 나를 보아도 나는 그 사람을 몰라요 / 두근거리는 마음은 아파도 이젠 그대를 몰라요"〈사랑이 지나가면〉처럼 떠나간 사랑의 아쉬움을 노래하기도 하고, "이제 모두 세월 따라 흔적도 없이 변하였지만 / 덕수궁 돌담길에 아직 남아 있어요"〈광화문 연가〉나 "남들도 모르게 서성이다 울었지 / 지나온 일들이 가슴에 사무쳐"〈옛사랑〉라는 노랫말처럼 과거 사랑에 대한 그리움이 절절합니다.

본래 서양 고전음악의 한 장르로 이야기 형태의 시나 악곡을 지칭하던 '발라드'는 현대에 와서는 주로 남녀 간의 사랑과 이별을 노래합니다. 사랑과 이별은 발라드 음악의 단골 레퍼토리인 셈이지요. 사랑과 이별 중에는 어느 쪽이 더 많이 불릴까요? 이별을 주제로 한 노래가 압도적으로 많습니다. 왜 그럴까요? 사랑보다는 이별의 호소력이 더 짙기 때문이에요. 그리스 의학자 히포크라테스Hippocrates는 《격언》에서 "인생은 짧고 예술은 길다"고 썼는데, 그의 말은 사랑과 이별에도 유사하게 적용됩니다. 말하자면, 사랑은 짧지만 이별은 길어요. 사람들은 사랑을 시작하면 열정에 불타오르지만 그리 오래 지속되지는 않습니다. 반면, 이별 뒤의 아쉬움이나 그리움은 길게 이어집니다.

　　사랑이 장작불이라면 이별은 은은한 화롯불과 같습니다. 첫사랑에 대한 그리움은 평생을 가기도 합니다. 사랑을 노래하는 발라드보다는 이별의 아픔과 그리움을 표현한 발라드 음악에 더 많은 사람들이 공감하지요. 게다가 사랑에 빠진 사람들은 진득하게 음악을 듣고 있을 시간이 없습니다. 사랑하기에도 여념이 없기 때문입니다. 반면, 헤어지고 나면 딱히 할 일이 없어서 음악을 찾게 됩니다. 예술과 상업성 사이에서 끝없는 줄다리기를 펼쳐야 하는 대중음악이 사랑의 기쁨보다는 이별의 아픔에 더 주목할 수밖에 없는 이유예요.

　　대부분의 사람은 살면서 한번쯤은 사랑을 하고 이별을 경험해보았을 겁니다. 그래서인지 '첫사랑은 원래 이루어지지 않는다'는 별로 근거 없어 보이는 명제가 회자되기도 합니다.(경험적으로 볼 때 틀린 말은 아닌 것 같지만요) 사람들은 이별을 염두에 두고 사랑을 시작하지는 않습니다. 사랑을 시작할 때는 그 감정이 영원할 것처럼 생각합니다. 하지만 사랑의 왕국과 이별의 나라는 그리 멀리 떨어져 있는 게 아니에요. 바로 이웃하고 있지요. 사랑을 시작한 지 얼마 지나지 않아 뜨거웠던 감정은 시들해지고 사소한 계기로 파국을 맞기도 합니다.

사랑하는 사람과 원치 않는 이별을 맞이하게 된 사람에게는 세상에서 가장 가슴 아픈 상처가 기다리고 있습니다. 삶의 의미가 없어지고 세상이 멈추어섭니다. 그(그녀)가 없는 세상은 존재할 의미조차 없어져요. 실연의 아픔을 경험한 사람에게는 좀처럼 새로운 사랑이 찾아오지 않습니다. 아니 정확히 말하면, 새로운 사랑을 시작할 엄두조차 나지 않습니다. 또 다시 상처를 받을까봐 두렵기 때문이지요. 그만큼 실연은 당사자에게 깊은 상처를 남깁니다.

스위스 출신 작가 알랭 드 보통은 사랑에 관한 에세이 《왜 나는 너를 사랑하는가》에서 사랑하는 사람 사이에서 발생하는 감정의 극단적 변화를 다음과 같이 썼어요. "과거의 사랑들에 대한 무관심에는 극히 잔인한 면이 있다. (…) 오늘은 이 사람을 위해서 무엇이라도 희생할 수 있을 것 같은데, 몇 달 후에는 그 사람을 피하려고 일부러 길 또는 서점을 지나쳐버린다는 것은 무시무시하지 않은가?" 보통은 상대를 위해 무엇이라도 희생할 수 있던 사이도 헤어진 후에는 일부러 피하는 사이가 될 정도로 돌변할 수 있다는 점을 예리하게 관찰했습니다. 사랑도 순식간에 무관심으로 바뀔 수가 있는 것이지요. 그는 "과거의 사랑에 대한 무관심"에는 "잔인한 면이 있다"고 표현했어요.

사람들은 왜 과거 애인에 대해 이처럼 순식간에 돌변하는 것일까요? 왜 오늘은 죽어도 좋을 듯이 사랑하다가도 헤어지고 나면 남보다도 못한, 오히려 일부러 피하는 사이가 되는 것일까요? 혹시 과거의 사랑이 거짓이었던 것일까요? 결론부터 말하자면 지금 상대를 피하는 사이라고 해서 과거의 사랑이 결코 거짓은 아닙니다. 오히려 그러한 행동(일부러 상대를 피하는 행동)은 과거의 사랑이 진실했음을 보여주는 증거인지도 몰라요.

스페인 철학자 호세 오르테가 이 가세트 Jose Ortega y Gasset는 《사랑에 관한 연구》에서 "사랑이 아주 고귀한 행위인 동시에 인간이 저지를 수 있는 가장 낮은 행위"라고 주장했습니다. 그는 또, 사랑을 "평범한 사람들 사이에서 일어날 수 있는 가장 비정상적인 사건"이라고 정의했어요. 오르테가의 주장처럼 사랑하는 사람들은 평범한 사람들은 하지 않는 비정상적인 일들을 많이 벌입니다. 그 사람에게만 빠져서 마치 내일이 없는 사람처럼 행동하지요. 뭔가에 홀린 듯하고, 최면 상태에 빠진 것처럼 보이기도 합니다. 다른 사람들은 그들의 행동을 이해할 수조차 없어요. 이런 관점에서 보자면, 오늘 옛 애인을 피하는 이유는 그(그녀)가 싫어서라기보다 과거 그 사람에게 쏟았던 열정이 스스로 보기에도 비정상이었다고 생각했기 때문일지 모릅니다. 한때 너무 사랑해서 앞뒤 가리지 않고 행동했던 자신의 모습이 지금은 이해가 되지도 않을 뿐더러 부끄럽기까지 하므로 피하는 겁니다. 하지만 이러한 사실은 과거의 사랑이 그만큼 진실했음을 반증하는 것일 수도 있습니다. 진실했기에 그만큼 비정상적일 수 있었지요.

그토록 진실했던 사랑의 감정은 왜 변하는 것일까요? 쉽게 지워지지 않을 상처를 남긴 채 말이지요. 사랑의 변덕스러움을 잘 이해하기 위해서는 사랑이 어떻게 찾아오는지 생각하면 도움이 됩니다. 사랑은 언제 찾아올까요? 알랭 드 보통은 사랑의 시작을 상대방에 대한 무지無知에서 찾습니다. "(사랑을 향한) 최초의 꿈틀거림은 필연적으로 무지에 근거할 수밖에 없다." 그는 또 "모든 갑작스러운 사랑에는 사랑하는 사람의 장점을 의도적으로 과장하는 면이 있다"고 주장했지요. 보통은 우리가 사랑을 시작하는 계기가 상대에 대해 잘 알지 못하는 상태에서, 그 사람의 장점을 과장했기 때문에 발생한다고 보았습니다. 즉 상대에 대한 환상 때문에 사랑이 시작된다는 거지요. 이러한 주장은 "사랑은 환상에 불과하다"고 말하는 스탕달의 관점과도 일치합니다.

사랑이 상대에 대한 무지나 과장, 심지어 환상에서 시작되었다는 점을 전제로 한다면 시간이 지나면서 사랑의 감정이 변하는 것은 어찌 보면 지극히 당연한 결과인지 모릅니다. 시간의 흐름과 함께 상대에 대한 본래의 모습을 조금씩 보게 되었고 과장된 면의 실체를 알게 되었기 때문이지요. 이런 과정을 통해 상대방에 대한 환상이 조금씩 사라지게 됩니다. 상대를 알아간다는 것은 상대에 대한 환상이 사라진다는 것을 의미합니다. 이처럼 환상 때문에 시작된 사랑은 그 환상이 사라지면 사랑도 함께 증발해버리기 쉽습니다.

알랭 드 보통은 사랑의 감정이 변하는 이유에 대해 이렇게 설명합니다. "나는 그녀를 사랑할지 모르지만, 그녀를 알기 때문에 그녀를 갈망하지는 않는다. 갈망은 우리가 알고 있는 사람들을 향할 때에는 무한정 뻗어나갈 수가 없다." 사랑은 하지만 갈망하지는 않는다고요? 이것 또한 사랑의 영원성을 해치는 또 다른 장애물이에요. 상대에 대한 갈망은 그(그녀)를 향하게도 하지만, 사랑이 이루어지는 순간 갈망은 사라집니다. 마치 목이 마를 때는 물을 가진 사람을 갈망하지만 물을 충분히 마신 뒤에는 더 이상 물을 가진 사람을 찾지 않는 것처럼요. 상대방에 대한 환상과 사랑에 대한 갈망은 사랑을 촉발시키는 필요조건이지만, 한편으로는 사랑을 실패로 이끄는 블랙홀이기도 합니다. 사랑의 본질 속에 이미 이별의 씨앗이 들어 있는 셈이지요.

재미있는 점은 사랑이 시작되면 상대방에 대한 환상이 옅어지고 사랑에 대한 갈망도 사라지지만—그 결과 사랑이 파국으로 치닫게 만들지만—이별은 다시 그러한 감정을 원상회복시켜줍니다. 사람들은 이별한 뒤에는 과거 기억 중에서 아름다운 장면만 남겨서 편집하고 각색하지요. 그 결과 옛사랑에 대한 감정은 아련한 추억이 되어 장기기억 속에 저장됩니다. 옛 애인에 대한 환상은 복원되고 사랑에 대한 갈망도 새롭게 충전되지요. 그러다가 이별을 노래하는 발라드 음악을 들으면 과거의 무의적인 기억이 회상됩니다. 아련했던 옛사랑의 추억이 불현듯 떠올라 감상에 빠져드는 거지요.

대체로 사람들은 사랑이 찾아오면 기뻐하고 사랑이 떠나가면 슬퍼하지만, 이는 지나치게 감상적이고 낭만적인 태도예요. 인생에는 사랑의 기쁨도 이별의 경험도 모두 필요합니다. 사랑 못지않게 이별의 아픔도 인생을 풍부하게 만들어주기 때문이에요. 사랑의 경험은 사랑할 때보다 끝난 뒤에 그 의미가 더욱 각별해지는 경우가 많습니다. 프랑스 철학자 에밀 시오랑Emil Cioran은 《독설의 팡세》에서 실연의 경험이 당사자를 철학자로 만든다고 주장했어요. "떠나가는 사랑은 철학적으로 대단히 풍부한 시련이어서 이발사까지도 소크라테스의 제자로 만든다."

사랑이 떠나가면, 어찌되었건 당사자에게는 상처가 남습니다. 특히 상대로부터 일방적인 결별 통보를 받은 사람은 실연의 아픔 때문에 신음할 가능성이 높아요. 하지만 반대급부도 있지요. 에밀 시오랑의 주장처럼, "떠나가는 사랑은 철학적으로 대단히 풍부한 시련이어서" 당사자를 철학자로 만들어줍니다. 실연의 상처가 그로 하여금 깊은 고민에 빠지게 만들고, 그 결과 "소크라테스의 제자"가 됩니다. "아픈 만큼 성숙해진다"는 말이 괜히 만들어진 것이 아니에요. 매몰차게 나를 차버린 그(그녀)는 감사하게도 마지막 선물을 남기고 떠났습니다. 사랑의 아픔이 나를 더욱 성숙한 인간으로 만들어주었어요. 한 번도 실연을 경험하지 못한 이는 오히려 불행한 사람이에요. 이별을 통해 성숙할 기회를 얻지 못했으니 말이지요.

우리는 사랑을 시작하면 이별도 각오해야 합니다. 사랑은 감미롭지만 이별은 쓰라리거든요. 인생을 더욱 풍부하게 만들어주는 것은, 역설적이게도 이별이에요. 이별의 아픔을 맛본 사람은 자신과 비슷한 경험을 노래한 발라드 음악을 들으면서 상처를 치유하지요. 발라드 음악이 카타르시스를 제공하기 때문이에요. 이것이 가수 백지영의 이별 노래 3총사 〈사랑 안 해〉2006, 〈총 맞은 것처럼〉2008, 〈잊지 말아요〉2009에 사람들이 열광하는 이유이기도 합니다. 사람들은 사랑하는 사람에게서 결별 통보를 받으면, "이제 다시 사랑 안 해"라며 사랑을 저주하기도 하고, "총 맞은 것처럼" 정신이 없다가 결국에는 "잊지 말아요"라며 애원하기도 합니다.

아닌 게 아니라 사람들 중에는 이별의 상처가 너무 깊어서 다시는 사랑하지 않겠다고 마음먹는 경우도 있어요. 그런 사람은 또, '처음부터 사랑을 시작하지 말걸 그랬어'라며 후회를 하기도 하지요. 이처럼 모든 사랑에 이별의 씨앗이 들어 있다면 처음부터 사랑을 시작하지 않는 것이 더 좋은 선택일까요? 어차피 실패로 끝날 일, 아예 시작하지 않는 것이 더 낫다고 생각할 수도 있어요. 하지만 그럼에도 사랑을 시작해야 합니다. 왜 그럴까요?

철학자 파스칼Blaise Pascal은 설사 신이 존재하지 않을 가능성이 높다고 하더라도, 그 작은 가능성(신이 존재할 가능성)이 주는 기쁨이 더 큰 가능성(실제로는 신이 존재하지 않을 가능성)이 주는 혐오를 압도하기 때문에 신에 대한 우리의 신앙은 충분히 정당화될 수 있다고 주장했어요. 사랑도 이와 같지 않을까요? 사랑이 실패할 가능성이 아무리 높다 해도 사랑의 작은 가능성이 주는 기쁨이 실패의 가능성을 압도하기 때문에 우리가 사랑을 갈구하고 시도하는 일은 충분히 정당화될 수 있지 않을까요? 사랑은 상처받기 쉽습니다. 그럼에도 불구하고 사랑은 시작되어야 합니다. 오르테가의 주장처럼, 사랑은 "아주 고귀한 행위"이기 때문입니다. 게다가 이별도 그렇게 두려워할 필요는 없어요. 우리에게는 이별의 아픔을 달래줄 발라드 음악이 있으니까요.

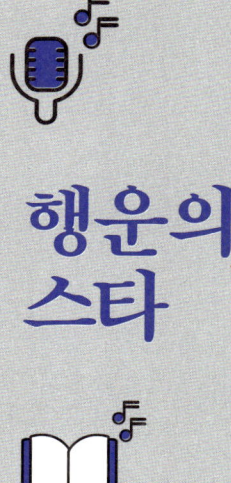

# 행운의 스타

## 노래의 주인은 따로 있었다

히트곡이란 듣는 사람에게는 인기 있는 노래에 불과하지만, 노래를 부른 가수와 작사, 작곡가, 제작자에게는 수입과 직결되기 때문에 매우 중요한 사안입니다. 어떻게 하면 히트곡을 만들 수 있을까요? 수준 높은 노래, 사람들이 좋아할 노래를 만들기만 하면 되는 것일까요? 그렇게 해서 히트곡을 낼 수 있다면 누구나 쉽게 스타가 되어 큰돈을 벌 수 있었겠지요. 하지만 세상사가 그러하듯, 히트곡 만드는 일 또한 그렇게 녹록치 않습니다. 작곡가에게서 좋은 노래도 받아야 하고 가수는 노래를 잘 부르는 것 외에 운도 따라야 하지요. 흥미롭게도 가요계에는 먼저 발표된 노래를 가사나 분위기를 바꿔 불러 빅히트한 경우가 상당히 많습니다. 원작자나 원곡 가수의 입장에서는 땅을 치며 통탄할 일입니다. 그들에게는 어떤 운명의 장난이 있길래 그토록 큰 행운이 빗겨간 것일까요?

가수 문관철은 1981년 경희대학교 재학 시 〈MBC대학가요제〉에 록밴드 시나브로 멤버로 출전해 동상을 수상하면서 가요계에 데뷔했습니다. 그는 얼마 후 자신의 독집앨범을 준비하면서 여러 작곡가들에게 노래를 받았는데, 수록곡 중에는 〈비처럼 음악처럼〉〈그대와 영원히〉〈오페라〉〈다시 처음이라오〉 등이 있었습니다. 노래 제목만으로도 우리에게 익숙한 히트곡들이 문관철의 음반에 수록되어 있어요. 그의 음반 《문관철 1집》은 1987년 발매가 되었는데 도대체 무슨 일이 있었던 것일까요?

사실 이 노래들은 모두 문관철이 먼저 녹음한 것이었습니다. 그런데 문관철이 개인사정으로 앨범 발매가 늦어지면서 다른 가수들이 먼저 그의 노래를 부르게 되어 히트하는 일이 발생한 것입니다. 〈그대와 영원히〉는 1985년 이문세가 3집에 수록해 잔잔한 인기를 얻은 노래지요. "헝크러진 머릿결 / 이젠 빗어봐도 말을 듯지 않고 / 초점 없는 눈동자 이젠 보려 해도 볼 수 가 없는데"의 가사는 유재하가 무명 시절 함께 음악을 했던 문관철의 모습을 보고 만든 거였어요.

〈비처럼 음악처럼〉은 키보드 연주자 박성식이 문관철에게 노래를 주었는데 녹음 후 발표를 하지 못하자, 박성식이 김현식과 봄여름가을겨울 멤버로 들어가면서 김현식에게 다시 준 노래가 〈비처럼 음악처럼〉입니다. 이 곡이 히트할 때 문관철은 땅을 치며 후회했을 겁니다. 《문관철 1집》의 1번 수록곡인 〈오페라〉는 10년이 지난 1999년 김장훈이 리메이크하여 크게 히트하게 됩니다.

한국 가요 100년의 역사에서 하나의 음반에 세 곡을 먼저 녹음했다가 다른 가수가 불러 히트한 경우는 문관철이 유일하지 않을까요. 그런데 문관철의 억울한 사연은 여기에서 끝나지 않아요. 김현식이 생을 마감하기 직전 녹음하여 팬들에게 눈물을 적셔놓은 노래가 있는데, 바로 〈다시 처음이라오〉입니다. 이 곡은 김현식이 갈라지는 목소리로 녹음하여 방송에서 불렀지요. 이 노래는 문관철의 앨범 두 번째 곡으로 수록된 것이었어요.

　　이후 문관철은 몇 장의 음반을 발표했지만 좋은 반응을 이끌어 내지 못합니다. 그가 1993년 〈어쩌란 말입니까?〉를 발표했는데 마치 자신의 처지를 말하는 듯합니다. 아마도 비운의 가수라는 타이틀은 문관철에게 가장 잘 어울리는 것인지 모릅니다. 흥미롭게도 문관철은 1987년에 발표한 노래 전곡을 2011년 다시 녹음하여 〈Boot From Memory〉라는 타이틀로 발표했습니다. 얼마나 한이 되었으면 과거에 녹음한 전곡을 곡 순서도 바꾸지 않고 다시 녹음했을까요?

　　문관철만큼이나 안타까운 사연이 있다면 가수 정민이 아닐까 합니다. 현재 트로트 가수로 활동하는 정민은 1989년 〈고백을 해야지〉라는 노래를 발표했습니다. 그러나 이렇다 할 반응을 이끌어내지는 못했지요. 한편, 1988년 〈슬픈 그림 같은 사랑〉으로 제9회 〈MBC강변가요제〉 금상을 받으며 가요계에 진출한 가수 이상우는 다음해 〈바람에 옷깃이 날리듯〉를 발표하며 인기를 이어가게 됩니다. 이상우는 1990년 2집을 준비하면서 여러 작곡가의 노래를 받게 되는데 그중 하나가 이남우 작사·작곡의 〈고백을 해야지〉였습니다. 이상우는 이 곡을 녹음하기 전 변진섭의 〈희망사항〉1989을 작사·작곡하여 새로운 스타로 떠오른 노영심에게 개사를 요청합니다. 그녀를 통해 새 옷을 입은 노래 제목이 〈그녀를 만나는 곳 100m전〉이었습니다. 이 노래가 빅히트하면서 이상우는 명실공히 대형가수로서 자리잡게 됩니다. 원곡 가수 정민의 입장에서 보면 그야말로 슬픈 일이 아닐 수 없지요.

　　〈그녀를 만나는 곳 100m전〉은 사랑이 싹트는 남녀의 감정을 표현한 미디엄 템포의 노래예요. 때문에 그는 리듬에 맞는 안무를 넣기를 원했습니다. 당시 서울 이태원에서 이름을 날리던 댄서에게 안무지도를 받아 피노키오춤이 탄생했는데, 그 안무가 이름이 동명이었던 이상우였습니다. 그러니까 이상우가 이상우에게 안무를 배운 아재개그 같은 일이 벌어진 것이지요. 이상우는 1991년 〈오! 사라〉를 부를 때도 댄서 이상우에게 지도를 받아 '엉거주춤'을 추어 인기를 더할 수 있었습니다. 이후 댄서 이상우는 1992년 가수 데뷔를 준비하면서 자신의 이름이 가수 이상우와 같아서 활동하는 데 혼선이 될 것 같아 예명을 짓게 되는데, 그가 바로 서태지와 아이들의 멤버 이주노였습니다.

가수 김흥국이 무명을 탈출한 사건에도 행운의 여신이 입김이 작용했습니다. 김흥국은 1959년 서울에서 태어나, 군 전역 후 밴드 오대장성의 드러머로 가요계에 발을 담굽니다. 그는 무명 생활을 거치다 곡절 끝에 1986년 첫 앨범을 냈지만 히트하지는 못했지요. 1988년 MBC 다큐멘터리 〈인간시대〉에서 불치병 소녀의 이야기를 다룬 '정아의 겨울일기' 편에서 무명가수로 출연해 〈정아〉를 불렀는데, 이 일로 그 곡을 만든 배따라기의 이혜민과 인연을 맺을 수 있었습니다. 1989년 김흥국은 대부분 이혜민의 노래로 녹음한 3집 앨범을 발표합니다. 이 음반에 이혜민 작사·작곡의 〈호랑나비〉가 수록돼 있어요. 그는 〈호랑나비〉를 부르면서 벼락스타가 되었습니다. KBS 〈가요톱10〉 5주 연속 1위, MBC 10대가수, 1989년 골든디스크를 수상하는 등 인기의 정점에 오를 수 있었지요. 당시 김흥국은 방송에 출연할 때 콧수염을 기른 채 무대에 올랐는데 그것이 계기가 되어 남성들 사이에서 콧수염 유행을 일으켰고, 노래를 부를 때 처음에 말한 추임새 '앗싸 호랑나비'의 '앗싸'도 유행어로 떠오릅니다. 심지어 모 조사에서는 김흥국이 "한 곡만으로 평생 먹고사는 가수" 조사 1위에 오를 정도로 〈호랑나비〉의 파급력은 상당했습니다.

그런데 흥미로운 사실은 〈호랑나비〉는 김흥국이 제일 먼저 부른 것이 아니라는 점입니다. 사실 〈호랑나비〉를 최초로 부른 사람은 가수 이동기입니다. 〈논개〉1982로 인기가수가 된 이동기는 1985년 4집을 발표하면서 이혜민에게 받은 〈호랑나비〉를 받아서 수록했으나 별다른 히트를 기록하지 못합니다. 1987년 가수 김흥경이 〈호랑나비〉를 발표한 일도 있었습니다. 이때까지만 해도 〈호랑나비〉는 미디엄 템포의 밋밋한 노래에 불과했지요. 그런데 김흥국이 1989년 세 번째로 다시 발표하면서 코믹하게 바꾸어 히트한 것이었습니다. 김흥국은 콧수염을 휘날리며 넘어질 듯 넘어지지 않는 춤을 추며 '호랑나비야 날아라'는 단순한 메시지로 노래를 불렀고 이 코믹한 이미지를 사람들이 부담 없이 받아들이면서 인기를 얻게 되었지요.

김흥국이 1991년 발표한 다른 히트곡 〈59년 왕십리〉도 비슷한 사연이 있습니다. 이 노래는 1987년 가수 김남화가 〈왕십리〉라는 제목으로 먼저 발표했지만 좋은 반응을 이끌어내지 못했습니다. 김흥국은 이혜민에게 이 곡을 받으면서 두 사람이 1959년생 동갑이라는 것에 착안해 제목을 바꾸자고 제안했고, 그 결과 〈59년 왕십리〉라는 제목이 탄생하게 됩니다. 그러니까 김흥국은 자신의 두 히트곡이 다른 가수가 먼저 부른 노래를 다시 발표하여 히트한 운 좋은 가수임이 분명합니다. 그러나 다른 한편으로는 히트하지 못한 노래를 발굴했기 때문에 스스로 운을 만든 것으로도 해석할 수도 있지요. 왜냐하면 가요차트 1위라는 것은 단순히 운명의 여신이 점지하여 달성할 수 있는 것이 아니기 때문입니다.

나훈아의 〈고향역〉과 〈아내에게 바치는 노래〉의 작곡가 임종수는 1985년 나훈아에게 새 곡을 의뢰받게 됩니다. 나훈아는 임종수에게 특유의 경상도 억양으로 이렇게 말했습니다. "저 메이저 트로트 멜로디한 곡만 써 주이소. 진짜 메이저를 나는 좋아합니더. 그런데 요즘 메이저가 없습니더. 선생님이 곡을 주시면 제가 가사를 써서 유명한 히트곡 하나 만들고 싶습니데이."

메이저는 밝은 분위기의 장조이고 마이너는 슬픈 분위기의 단조인데, 메이저 곡이 터지면 마이너 곡보다 더 슬프고 감동도 크다는 것이 평소 나훈아의 지론이었지요. 그렇게 탄생한 노래가 〈무시로〉입니다. 참고로 무시無時로는 '때가 없는 언제나'라는 뜻입니다. 그는 이 곡을 곧바로 녹음을 하지 않고 건축가였던 사촌동생 나진기에게 주려고 했습니다. 그런데 나진기는 나훈아와 목소리가 너무 비슷해 포기하고 말았지요. 결국 임종수의 권유로 최진희에게 넘어가게 되어 1987년 〈미워도 미워 말아요〉로 발표합니다. 제목이 바뀐 이유는 나훈아가 다른 가수가 불러도 좋지만 제목만은 포기할 수 없다고 하여 후렴구의 한 대목인 〈미워도 미워 말아요〉로 바뀐 것이었지요. 하지만 최진희가 다른 노래를 타이틀로 정하는 바람에 결국 묻히고 말았습니다. 이후 〈무시로〉는 가수 김지애가 녹음하기로 했는데 녹음 당일 컨디션이 좋지 않아 무산이 되었고, 결국 나훈아가 더 밝게 노래를 고쳐서 불러 빅히트했습니다.

반대의 경우도 있습니다. 가수 이자연의 대표곡인 "당신, 사랑하는 내 당신, 둘도 없는 내 당신"의 뒷부분을 "둘도 셋도 넷도 없는 내 당신"으로 바꿔 부르는 것이 유행이었던 〈당신의 의미〉1987는 나훈아가 한 해 전 〈내 당신〉으로 먼저 발표했다가 히트하지 못하고 이자연이 리메이크한 노래입니다. 1987년 나훈아가 발표한 〈땡벌〉은 이후 강진이 2000년 리메이크하여 불렀지만 당시에는 별다른 반응을 얻지는 못했습니다. 그런데 6년이 지난 후 영화 〈비열한 거리〉2006가 개봉했는데, 극중에서 주연 조인성이 〈땡벌〉을 불러서 화제가 됐지요. 조직폭력배로 분한 조인성은 장면 곳곳에서 "나는 이제 지쳤어요 땡벌 땡벌, 기다리다 지쳤어요 땡벌 땡벌, 혼자서는 이 밤이 너무 너무 추워요"를 열창했고 이것이 무명가수 강진의 가수 인생에 한 줄기 빛을 가져다주었습니다.

  어떤 운명의 장난이 있길래 노래의 주인은 이렇게 바뀌는 것일까요? 오묘한 세상의 이치를 우리가 다 알 수는 없겠지만, 확실한 것은 먼저 부르고 나중에 부르는 게 중요한 것이 아니라 끊임없이 포기하지 않고 자신만의 길을 묵묵히 걸어가는 자에게 행운은 불현듯 다가온다는 사실입니다. 중간에 포기해버리면 결코 행운을 맞이할 수 없지 않을까요? 동의하지 않을 수도 있겠지만, 운명이 뒤바뀐 히트곡들은 그렇게 얘기해주고 있습니다.

**Listen to the Music!**

▶ 문관철 〈비처럼 음악처럼〉

▶ 정민 〈고백을 해야지〉

▶ 이동기 〈호랑나비〉

## '깜짝 스타'는 존재하지 않는다

"어느 날 아침에 일어나보니 유명해져 있었다 I awoke one morning and found myself famous." 낭만주의 시인 바이런이 2년간의 유럽여행 경험을 토대로 쓴 장시 〈차일드 해럴드의 순례〉로 어마어마한 찬사와 인기를 얻자 소감으로 했던 표현입니다. 이는 대중음악을 하는 사람이면 누구나 꿈꾸는 말이겠지요. 살다 보면 아무리 노력해도 남들이 알아주지 않아서 평범하게 사는 인생이 있는가 하면, 운 좋게 스타 반열에 올라 꽃길을 걷는 사람도 있습니다. 작가가 새 책을 출간하면 '혹시 이번에는 베스트셀러가 되지 않을까?' 하고 기대하듯 가수나 제작자, 작곡가나 작사가는 신곡을 발표하면 '혹시 이번에는 대박을 치지 않을까?' 하는 기대를 갖기 마련이지요. 운 좋게 빅히트를 친다면 그동안의 노고와 무명의 설움을 단번에 씻어버릴 수 있는 기회를 얻게 되니까요. 한방에 인생역전이 가능하지요. 히트만 할 수 있다면 말입니다.

가요계에서는 단 한 번의 히트곡으로 인생역전을 이룬 사례가 꽤 많습니다. 〈호랑나비〉로 이름을 알린 김흥국이나 〈어머나〉로 '행사의 여왕'으로 등극한 장윤정, 〈땡벌〉의 뒤늦은 히트로 인해 무명가수의 설움을 지워버린 강진의 경우가 그렇습니다. 가수 싸이는 〈강남스타일〉 한 곡으로 세계적인 스타 반열에 오르기도 했지요. 지금까지 가요계에서 무수히 많은 깜짝 스타들이 등장했고, 그렇게 이름을 알린 가수들은 그 일을 계기로 슈퍼스타로 등극하거나 그게 아니더라도 최소한 한 번 알려진 이름 덕분에 그럭저럭 먹고사는 데 지장이 없었습니다. 사람들은 깜짝 스타의 등장을 부러워하면서도 한편으로는 그들의 왜 성공하게 되었는지 그 이유를 알고자 합니다. 그래야만 자신도 스타 반열에 오를 수 있기 때문입니다.

깜짝 스타는 어떻게 하루아침에 성공할 수 있었을까요? 흔히 사람들은 성공에 이르기 위한 효과적인 방법을 알고 싶어합니다. 말하자면 성공에 이르는 지름길이나 성공의 법칙 같은 것 말이지요. 여기서 법칙이란 '어떤 현상의 원인과 결과 사이에 내재하는 보편적이고 필연적인 불변의 관계'를 말합니다. 즉 성공이라는 결과를 만들어낸 선행 변수를 알고자 하는 거지요. 현실에서는 성공의 법칙이라는 것이 존재할까요? 가령, 가요계에서 이런저런 요소만 갖추면 반드시 히트곡이 될 수 있는 불변의 법칙이란 게 존재할까요? 안타깝게도 그런 법칙은 존재하지 않습니다. 하지만 사람들은 성공에 이르는 법칙이 존재하기를 바라고 그런 법칙에 마음이 끌리는 것도 사실입니다. 성공을 바라는 사람은 대부분 그것에 이르는 가장 빠른 지름길을 알고 싶어 하기 때문이지요. 지금부터는 대부분의 경우 보편타당하게 적용되는 성공의 법칙을 몇 가지 소개할까 합니다.

가장 먼저 소개할 성공법칙은 '안나 카레니나의 법칙'입니다. 이

법칙은 제레드 다이아몬드 Jared Mason Diamond의 책 《총균쇠》에 나오는 주장인데, 그는 톨스토이 Leo Tolstoy의 명저 《안나 카레니나》의 첫 문장, "행복한 가정은 모두 엇비슷하고 불행한 가정은 불행한 이유가 제각기 다르다"라는 말에서 따왔습니다. 다이아몬드 교수는 이 문장을 나름대로 해석하여 안나 카레니나의 법칙이란 용어를 만들었습니다. 그에 따르면, 행복한 가정을 이루기 위해서는 필요한 것들이 여러 가지가 있습니다. 가령, 경제적 여유가 있어야 하고, 배우자와 성격이나 궁합도 맞아야 하고, 집안의 다른 가족들과도 관계가 좋아야 하고, 가족 전원이 건강해야 하고, 자식도 말썽을 부리지 않아야 하는 등 여러 조건이 모두 충족되어야 합니다. 그중 단 한 가지만 부족해도 행복한 가정을 만드는 데 실패하고 말아요. 나머지 요소는 모두 훌륭한데 단 한 가지가 미흡하면 그것이 실패의 원인으로 작용하기 때문이지요.

다이아몬드 교수는 이러한 안나 카레니나의 법칙이 결혼 생활뿐 아니라 인생의 많은 부분을 이해하는 데도 도움이 된다면서 이렇게 주장합니다. "우리는 흔히 성공에 대해 한 가지 요소만으로 할 수 있는 간단한 설명을 찾으려 한다. 그러나 실제로 어떤 중요한 일에서 성공을 거두려면 수많은 실패 원인들을 피할 수 있어야 한다." 성공을 위해서 필요한 것은 특정한 하나의 요소가 아니라 실패를 불러올 수 있는 수많은 요인들을 피해야 한다는 것입니다. 말하자면, 뛰어난 요소보다는 결함이 없어야 한다는 뜻이지요.

사람들은 흔히 누군가가 성공을 이루었다면 그 이유를 알고 싶어 하는데, 이때 그 성공에 대해 한 가지 요소로 간단히 설명되는 것을 선호합니다. 가령, 잘사는 집안의 자녀가 명문대에 진학하면 부모가 스펙을 잘 만들어주었기 때문이라고 생각하고, 명문대 출신의 직장인이 승진을 빨리하면 동문 선배가 뒤를 봐줬기 때문이라고 생각하지요. 하지만 현실의 성공 법칙은 그처럼 단순하지만은 않습니다. 어떤 성공이라도 그것에 이르기까지 단 하나의 원인만 작용하는 경우는 거의 없습니다. 여러 요인이 복합적으로 작용한 결과가 대부분이에요. 부유한 집안의 자녀라고 모두 명문대에 진학하는 것도 아니고, 명문대 출신이라고 모두 직장에서 빨리 승진하는 것 또한 아닙니다. 안나 카레니나의 법칙이 지시하듯이, 어떤 중요한 일이 성공을 거두려면 성공에 필요한 요소를 모두 갖추어야 합니다. 한 과목이라도 낙제점을 받으면 그것 때문에 실패할 가능성이 높습니다.

안나 카레니나의 법칙을 대중가요에 대입해볼까요? 사람들은 어떤 가수의 노래가 크게 히트했다면 그 원인을 알고 싶어합니다. 이때 대체로 한 가지 특별한 요소로 설명하기를 즐깁니다. 가령, 대형 기획사 출신이라서 히트할 수 있었다거나, 히트곡 제조기로 알려진 프로듀서가 콘셉트를 잘 잡아서 그랬다거나, 가수의 개인적 배경으로 인해 특정 집단이 왕창 밀어줬다거나, 그게 아니라면 운 좋게 유명한 영화배우가 자신의 영화에서 그 노래를 불렀다거나 하는 식의 해설이 뒤따르게 됩니다.

하지만 그러한 분석은—틀린 것은 아니겠지만—단편적인 관점일 가능성이 높습니다. 안나 카레니나의 법칙이 말하듯이 큰 성공은 그것에 필요한 요소를 모두 갖추어야 하기 때문이지요. 대형 기획사 출신 가수라고 모두 히트하는 것도 아니고 히트곡 제조기로 알려진 프로듀서가 만든 곡이라고 모두가 인기를 얻는 것은 절대 아닙니다.

다음으로 소개할 성공 법칙은 누구나 실천하기만 하면 대부분 성공에 이를 수 있는 방법인데, 이름하여 '기우제의 법칙'이에요. 기우제의 법칙은 인디언 부족들이 가뭄이 들면 기우제를 지내는 데서 유래한 방법인데, 인디언들은 기우제만 지내면 100퍼센트 비가 온다고 합니다.

어떻게 그런 일이 가능할까요? 정답은 비가 올 때까지 기우제를 지내기 때문입니다. 결국 이 법칙의 성공 비결은 "성공할 때까지 포기하지 않고 계속 하는 것"입니다. 성공할 때까지 중단하지 않는다면 언젠가는 성공에 이를 수 있다는 논리지요.

　　동양에서도 '기우제의 법칙'과 비슷한 주장을 한 사상가가 있는데, 바로 순자荀子입니다. 그는 이렇게 주장했습니다. "천리마도 한 번 뛰어 열 걸음을 갈 수 없고, 둔한 말도 열 배의 시간과 힘을 들여 수레를 끌면 천리마를 따를 수 있다. 공이 이룩되는 것은 중단하지 않는 데 달려 있다. 칼로 자르다 중단하면 썩은 나무도 자를 수 없지만 중단하지 않으면 쇠나 돌도 자를 수 있다." 순자의 성공 비결도 중단하지 않는 지속성에 있습니다. 그에 따르면, 칼로 돌멩이를 자를 때도 중단하지만 않으면 성공할 수 있습니다. 중요한 것은 개인의 재능이나 자질이 아니라는 것입니다.

　　어떤 어려움이 있어도 끝까지 포기하지 않는다면 성공은 반드시 뒤따라오게 되어 있어요. 이처럼 성공의 법칙은 의외로 단순합니다. 성공을 위해 필요한 것은 뛰어난 능력도 타고난 자질도 시기에 맞는 행운도 아닙니다. 끝까지 포기하지 않는 끈기와 인내심, 지구력만 있으면 누구나 성공에 이를 수 있습니다. 물론 이것을 실천하기란 말처럼 쉽지는 않겠지요. 하지만 성공을 바라는 사람이라면 기억해둘 필요가 있습니다.

　　사람들은 흔히 성공을 원하는 이에게 "노력은 결코 배신하지 않는다"는 말로 조언하기도 합니다. 사람은 누구나 열심히 노력하면 반드시 성공이 뒤따르는 것일까요? 불행히도 현실에서는 아무리 노력해도 성공하지 못하는 경우도 있어요. 성공을 위해서는 반드시 노력이 필요하지만 노력했다고 해서 성공한다는 보장은 없지요. 말하자면, 노력은 성공을 위한 필요조건일 뿐 충분조건은 아닙니다. 그렇다면 열심히 노력 했음에도 성공을 이루지 못한 사람은 어떻게 해야 할까요? 당신이라면 그런 사람에게 어떤 말로 위로를 전하겠습니까?

"진인사대천명盡人事待天命"이란 말이 있습니다. 이 말은 남송의 유학자 호인胡寅이 《독사관견讀史管見》에서 처음 사용한 말로, "사람의 일을 모두 다하고, 천명을 기다린다"는 뜻입니다. 예로부터 동양에서는 '사람이 하는 일'과 '하늘이 하는 일'을 엄격히 구분했습니다. 사람은 제아무리 잘나도 '하늘의 일'에는 관여할 수 없어요. 인간이 할 수 있는 것은 '사람의 일'에 최선을 다하는 '진인사'뿐입니다.

그다음에는 하늘의 뜻을 기다리는 '대천명'해야 합니다. 결국, '진인사대천명'이라는 말 속에는 인간이 아무리 노력해도 원하는 것을 이루지 못할 수도 있다는 뜻이 들어 있습니다. 운동선수가 아무리 노력해도 올림픽 금메달을 따지 못하는 경우도 있고, 수험생이 아무리 노력해도 원하는 대학에 가지 못하는 경우도 생깁니다. 마찬가지로 가수가 아무리 열심히 노래를 불러도 인기를 얻지 못할 수도 있지요. 인간의 노력과는 별개로 하늘의 뜻이 따라주지 않기 때문입니다.

'진인사'와 '대천명' 중에는 어느 것이 더 중요할까요? 대체로 사람들은 '진인사'보다는 '대천명'을 중요하게 생각하는 경향이 있어요. 개인의 노력보다는 운이 중요하다고 믿기 때문이지요. 하지만 이러한 관점은 '진인사대천명'의 진정한 의미를 잘못 해석한 결과입니다. 하늘의 명령을 기다린다는 뜻의 '대천명'은 단지 하늘을 향해 기도하는 것과는 다릅니다.

'진인사대천명'에서 중요한 것은 '대천명'이 아니라 '진인사'예요. '진인사'한 사람, 즉 사람의 일에 최선을 다한 사람만이 '대천명', 하늘의 뜻을 기다릴 수 있는 자격을 가질 수 있기 때문입니다. 이는 달리 말하면, 최선을 다하지 않은 사람에게는 천명을 운운할 자격조차 없다는 뜻이기도 하지요. 결국 천명을 기다릴 자격은 '진인사'한 사람, 최선의 노력을 다한 사람에게만 주어지는 특별한 권리입니다. 최선을 다하지 않은 사람이라면 천명을 기다리기보다는 최선의 노력을 다하는 일이 먼저고요. 결국 성공을 바라는 사람은 자신이 할 수 있는 최선의 노력을 다하는 일밖에 달리 방법이 없습니다. 그다음은 하늘의 뜻에 맡겨야 합니다.

　　최선의 노력을 다했음에도 성공을 얻지 못했다면 어떻게 해야 할까요? 현실을 있는 그대로 받아들일 수밖에 달리 방도가 없겠지요. 하늘의 뜻이 그러한 걸 어떡하겠습니까! 실제로도 자신이 할 수 있는 최선을 다한 뒤에도 성공이 이르지 못한 사람은 의외로 순순히 결과를 받아들입니다. 자신이 할 수 있는 최선을 다했기 때문이지요. 그에게는 어떤 미련이나 회한도 남아 있지 않습니다. 그냥 "하늘의 뜻이 여기까지구나" 하면서 결과를 겸허히 받아들여요. 이처럼 최선을 다한 결과가 좋을 수도 있고 나쁠 수도 있습니다. 하지만 최선의 노력을 다한 사람은 결과에 크게 연연하지 않습니다. 결과가 좋을 때는 감사하게 생각하고 결과가 나빠도 겸허하게 받아들입니다. 자신은 할 수 있는 일에 최선을 다했기 때문입니다.

　　결국, '진인사대천명'에서 핵심은 자신이 할 수 있는 최선의 노력을 다한다는 뜻의 '진인사'에 있습니다. 성공하든 실패하든 인생을 살면서 자신이 가진 에너지를 다 쏟은 사람은 아무런 여한도 없습니다. 중국의 문호 왕멍王蒙은 이를 두고 "인생의 연소燃燒 원칙"이라 불렀습니다. 관련된 그의 주장을 한번 들어보겠습니다. "인생은 하나의 과정이며, 시간이며, 에너지 방출 반응이다. 중요한 것은 참여이며, 투입이며, 있는 힘을 다 바치는 것이다. 이긴다면 물론 기쁜 일이지만, 져도 영광이다. 오직 전력투구했다면, 인생을 결재할 때는 패자의 눈물조차 뜨거울 것이며, 무게가 있을 것이다. 그러나 있는 힘을 다하지 않고 세월을 흐지부지 흘려보냈다면, 눈물을 흘리려고 해도 흘릴 눈물이 없을 것이다." 살아 있는 동안 자신이 가진 힘을 다 쏟아낸 사람, 전력투구 한 사람은 인생의 마지막에서—왕명은 이를 두고 "인생을 결재할 때"라고 표현했습니다—후회할 일이 없는 반면, 그렇지 못한 사람은 눈물을 흘리려고 해도 아무 소용이 없다는 뜻입니다. 자동차에 비유하자면, 우리가 자동차를 구입해 타다가 사용 연한이 지나 폐차를 시킬 때 연료통에 아직 기름이 많이 남아 있으면 후회가 남는 것과 마찬가지지요.

결국 인생에서 중요한 것은 성공이냐 실패냐가 아닙니다. 자신이 할 수 있는 최선을 다했는가, 자신이 가진 힘과 에너지를 다 쏟아부었는가입니다. '진인사'하지 않았거나 전력투구하지 못한 사람은 성공을 얻기도 어렵지만 무엇보다 인생의 끝에서 후회가 남기 마련이지요. 인생을 살면서 자신이 가진 힘과 에너지를 다 소모하지도 못한 채 하늘의 뜻만 기다린 꼴이거든요. 마치 감나무 밑에 입만 벌리고 누워서 감이 떨어지기를 기다린 인생에 불과합니다.

'깜짝 스타'는 어느 날 자고 일어났더니 스타가 된 사람들이 아닙니다. 그들은 모두 남들이 알아주지 않았던 무명의 시간을 묵묵히 견뎌낸 사람들입니다. 눈물 젖은 빵을 먹으며 기나긴 시간을 견뎌낸 사람들이지요. 자신이 할 수 있는 일에 최선을 다한 사람들이라 할 수 있습니다. 그들은 가난의 고통과 무명의 설움, 인고의 세월을 견딘 끝에 성공이라는 파랑새를 품게 됐습니다.

사람들은 성공한 사람을 볼 때 그들이 이룬 성취를 부러워하지만 정작 그러한 성취를 이루기 위한 고통의 과정은 외면하는 경향이 있어요. 하지만 성공보다는 고통을, 성취보다는 노력에 주목해야 합니다. 그것이 그들을 성공으로 이끈 비결이기 때문이지요. 세상에 '깜짝 스타'란 존재하지 않습니다.

# 너희가
# 힙합을
# 아느냐?

**힙합, 이유 있는 열광**

1976년 부산에서 태어난 조중훈은 의상 관련 일을 하고 있었던 부모님을 따라 중학교 때 서울 청담동으로 이사했습니다. 그는 함께 과외를 하던 친구들 중 집 안에 음악 연습실이 있던 친구 덕택에 음악을 좋아하는 몇 명이 모여 연습을 할 수 있었고 이승철, 박광현, 메탈리카, 메가데스 등의 노래를 들으면서 시간을 보냈습니다. 그는 중학교 3학년을 마치고 미국 LA로 유학을 떠나게 되었는데 그곳에서 음악에 대한 다양한 경험을 접할 수 있었습니다.

　조중훈은 LA의 레코드샵을 들락거리며 한국과는 다른 음악적인 경험을 일찍이 쌓을 수 있었습니다. 밴드 경험을 살려 롱아일랜드와 뉴저지의 학교를 다니면서 컴퓨터 음악을 접하기도 했지요. 또한 키보드와 턴테이블로 믹싱을 하며 디제잉 작업을 하면서 음악적인 역량을 넓혔습니다. 하지만 모든 것을 동시에 잘할 수는 없는 법입니다. 그는 음악에 열중하는 동안 학업을 등한시할 수밖에 없었고, 결국에는 1년 만에 다니던 학교에서 퇴학을 당하고 맙니다.

    조중훈은 어떻게든 대학을 들어가야 할 상황이었기에 다른 학교에 입학하여 열심히 공부했고, 예전의 성적을 되찾았습니다. 그 결과, 부모가 원했던 뉴욕의 파슨스 디자인 스쿨에 입학할 수 있었습니다. 그리고 얼마 동안 가업이었던 패션사업을 도와야만 했습니다. 하지만 패션 일은 하면 할수록 스스로에게 맞지 않다는 것을 느꼈지요. 그러던 중 우연히 버클리J스튜디오라는 음악 제작 유통사의 광고를 보고 그동안에 만들어놓았던 음원을 판매했는데, 그 일을 계기로 음악가로서의 첫 가능성을 맛보게 됩니다. 조중훈은 그곳에서 가수 제의도 받았지만 조건이 좋지 않아 거절했고, 버클리 음악대학으로 다시 입학해야겠다는 생각으로 부모의 동의를 얻어냈습니다. 그러던 사이 1998년 평소 자신의 음악을 좋아하던 친구 고한종이 PC통신 나우누리의 신인 가수방에 조중훈이 이전에 만들어놓은 음원을 올렸는데, 일주일 만에 2만 명이 다운받았다는 소식을 전해왔습니다. 고한종은 이 분위기를 이어받아 10여 곡을 더 올렸고 버클리에 입학한 지 얼마 되지 않아 조중훈은 이미 한국에서 유명인사가 되어 있었지요. 이것이 우리 알고 있는 조PD(본명 조중훈)의 데뷔 스토리입니다.

    도대체 조PD의 데뷔작은 어떤 노래들이었기에 일주일 만에 무려 2만 명이라는 젊은이들이 다운받고 열광했을까요? 조PD의 음원들은 다음해인 1999년 정식 앨범 1집으로 발매되었는데, 그중 〈Break Free〉 **조PD 작사·작곡, 조PD 노래**라는 노랫말 속에는 남성의 성기를 나타내는 적나라한 표현이 등장한다는 이유로 청소년유해물로 판정받아 19세 이하는 들을 수 없게 되었습니다. 그 사실은 당시 젊은이들에게 큰 이슈로 떠올랐습니다.

♪

니네는 진짜 웃겨 가만히 듣고 하다 보면 진짜로 웃겨

너는 내가 본 새끼들 중에 제일 웃겨

왜 니가 뭣땜에 된다 안 된다 참견이 많은지 몰라

누가 그걸 몰라 청소년들이 욕을 왜 몰라 니네가 ×같은지

왜 몰라 니네가 그렇게 입을 막고 또 손을 묶고 해도 뭘 잘 몰라

누가 ×같다 안 가르쳐도 다 ×같은 게 ×같은 거지

그걸 어떻게 몰라 다큐멘타리에선 맨날 섹×가 어쩌고 저쩌고

드라마에선 맨날 까고 부수고 그래도 이 새끼 저 새끼까진 가는데

그런데 영화에선 막 ×새끼 ×까 막 그러던데

노래에선 ×됐다 하는 것도 안 된다

청소년들의 눈엔 쇼프로밖에 안 보여?

그런 식으론 안 된다 그렇게 관심 없이

멋대로 굴다간 ×돼지 솔직히 까고 말해

니네 비행 청소년들의 미래 관심 있기나 해 까놓고

상관이나 해 그렇게 사회라는 조직 위에 편히 숨어서 남에게 해

끼치기만 해 돈벌려면 벌어 근데 딴 거 해서 벌어 벌어 벌어

〈Break Free〉 중에서

    1998년 막 20세가 된 조PD가 만든 〈Break Free〉의 가사는 기성 세대가 청소년을 애 취급하며 자유를 제안하는 것에 대한 불만을 나타낸 노래입니다. 한마디로 "넌 공부나 해"라고 말하는 어른들에 대해 강한 반항이지요. 그런데 이러한 시도는 서태지와 아이들이나 H.O.T도 시도했던 것으로 강요된 학업에 대한 부담감, 학교폭력에 대한 청소년

들의 목소리를 담은 노래들은 꾸준히 있어왔습니다. 그렇다면 왜 조PD의 노래가 1999년 PC통신에서 일주일 만에 2만 명에게 다운로드되며 이슈의 중심에 선 것일까요?

조PD의 랩이 서태지와 아이들이나 H.O.T 등과 다른 점이 있다면 기존 가요계에서는 검열 때문에 불가능했던 '거리의 욕설'을 노골적으로 사용했다는 것입니다. 입시, 취직의 압박으로 궁지에 몰린 한국의 청소년들은 거리의 실질적 언어들을 통해 자신들의 존재와 상황을 세상에 알리고 싶었고, 조PD는 그들에게 화답한 것이나 다름없었지요.

여기에서 우리는 '거리의 언어'가 얼마나 대단한 것이기에 훗날 〈고등래퍼〉나 〈쇼미더머니 Show Me The Money〉 등의 프로그램들이 청소년들의 열렬한 지지를 받은 것일까요? 힙합(랩으로 부르다가 힙합으로 명명된)의 기원을 한번 알아볼 필요가 있습니다.

음악학자 래리 스타와 크리스터 워터먼에 따르면 현재 미국에서 사용되는 팝음악의 상당수는 아프리카의 언어에 뿌리를 두고 있다고 합니다. 예를 들면, 흑인들의 언어에서 출발해 일반적인 단어가 되어버린 쿨(cool, 멋진), 힙(hip, 세련된), 그루브(groove, 흥겨운) 등이 좋은 예지요. 더 나아가 일부 언어학자들은 hepcat이나 hipikat 등의 어원을 추적했는데, 세네갈의 월로프 wolof족이 주변을 잘 조율하는 사람을 설명할 때 사용한 단어인 "눈을 크게 뜬 eyes wide open" 사람을 의미한다고 합니다. 심지어 흑인 언어를 뿌리로 하는 일부 음악장르의 용어 중에는 아프리카 미국인들이 쓰던 성性과 관련 단어와 연관되어 있는 경우가 많아요. 가령, 재즈 Jazz의 기원어인 'Jass'에서 'J'를 빼보면 남는 단어는 'ass(엉덩이)'이며, 템포 있는 흑인음악을 통칭하는 단어 펑크 Funk는 성관계 후 나는 땀 냄새를 의미했습니다.

이렇게 미국 팝계에서 가장 영향을 미치고 있는 아프리카계 음악 중 랩은 서아프리카의 아바위꾼의 이야기 방식에서 기초한 토스팅 **toasting**이라는 화술에서 시작되었습니다. 토스팅은 1970년대 후반 흑인 게토(빈민가)에서 태어나자마자 자신도 모르는 사이에 갱단에 들어가 마약과 살인, 폭력 등 인생 막장을 경험하게 되는 흑인들이 자신들의 사연을 노래 가사로 표출하던 방식이었습니다. 태생적으로 교육을 받지 못하고 주류사회에 진출하지 못하게 될 운명을 깨달은 흑인들은 몸소 취득한 거리의 언어로 토스팅을 했고, 그것이 DJ의 백그라운드 사운드와 접목되면서 랩이라는 장르가 탄생했습니다. 당시 랩을 잘 구사하는 사람들을 일컫는 '래퍼'들 중 일부는 조악한 가내 수공업식 레코딩을 통해 자신의 목소리를 담은 테이프를 만들어 배포하기 시작했고, 지역사회의 거친 언어로 만들어진 거리의 노래들 중 몇몇이 대중의 인기를 얻게 되었습니다. 그중 일부는 또 주류 팝계에까지 진출하기도 했지요. 백인들이 지배하던 세상에서 마이너리티인 흑인들에 의해서 만들어진 노래가 점차 대중들의 관심을 끌게 된 것입니다.

그 과정에서 백인들의 세상과 타협하지 않은 20세 전후의 흑인들은 1980년대에 본격적으로 힙합을 통해서 자신들의 세계를 구축하기 시작합니다. 그들이 만든 음악 세계는 1980년대까지만 해도 미국사회에서 비주류였고, 한쪽 세계에서만 불리던 음악에 불과했습니다. 하지만 힙합이 미국 팝계를 점령하는 계기가 된 것은 미국의 백인 청소년들의 도움이 컸습니다. 주류사회의 일원으로 태어난 백인 청소년들은 그들과는 전혀 다른 세계인 흑인들, 나아가 흑인 갱단의 이야기에 상당한 흥미를 가지게 되었습니다. 가보지 못한 세계에 대한 동경이라고 할까요. 아무튼 당시 흑인에 대한 백인 청소년의 궁금증을 해소하는 유일한 방법은 힙합 앨범을 구매하는 것이었습니다. 그것은 일종의 관음증을 해소하는 형태로 나타난 것인데, 이런 경향이 늘어나서 결국에는 힙합의 인기에 기름을 붓게 되었지요.

　　백인 청소년들이 욕설이 난무하는 힙합을 좋아하는 것에 대해 미국의 백인 보수주의자들은 우려를 나타냈습니다. 당시 엘 고어 부통령의 부인 티피 고어는 청소년들을 보호한다는 명목으로 1985년 PMRC Parents Music Resource Center를 설립하여 폭력, 마약, 성을 주제로 한 노래들에 경고딱지 Parent Advisory를 붙이도록 했습니다. 금기는 관심의 다른 말이지요. 힙합에 경고딱지가 붙을수록 백인 청소년들 사이에서 힙합은 더욱 인기가 높아졌고, 마침내 힙합은 가요계의 정식 장르로 등극하게 됩니다. 이제 현대의 팝과 한국의 가요를 비롯하여 세계의 어떤 나라에서도 힙합이 빠진다는 것은 상상할 수 없는 일이 되었습니다.

　　이러한 미국의 사례는 한국에도 그대로 적용되었습니다. 한국 가요계는 사실상 사전심의를 통해 경고딱지는 거의 존재하지 않았어요. 그런데 서태지와 아이들이 1995년 앨범 《Come Back Home》을 발표할 때 수록곡 〈시대유감〉 중 "이 세상이 모두 미쳐버릴 일이 벌어질 것 같네" "모두를 뒤집어 새로운 세상이 오기를 바라네"라는 가사가 부적절하다는 이유로 공연윤리위원회 심의를 보류하는 일이 벌어졌습니다. 서태지는 다음해에 이 일을 공론화하여 문화예술을 사전에 탄압하는 것에 대한 국민적인 관심을 이끌어냈고, 결국 사전심의제를 폐지하고 사후심의로 바꾸는 소기의 성과를 거두었습니다.

　　그 이후 사후심의제에서 부적격 경고딱지를 받은 최초의 가수는 유승준이었습니다. 유승준은 미국에 이민을 떠났다가 가수 신철에게 발탁되어 한국에서 파워댄스와 랩으로 돌풍을 일으켰는데, 그가 했던 랩에 'f×××' 등의 욕설이 등장하는 바람에 공연윤리위원회로부터 부적격 판정을 받았습니다. 이후 랩은 한국 가요계에서 중요한 위치를 차지하게 되는데, 조PD는 공식적인 음원유통 루트를 비껴간 후 검열 없이 거리의 언어를 적나라하게 담은 노래로 처음으로 성공을 거둔 것이지요.

미국의 힙합은 백인 청소년들이 관음증의 해소를 위해 음반을 구매한 덕분에 주류 팝계를 점령할 수 있었지만, 한국에서 조PD의 출현과 성공은 PC통신, MP3라는 기술의 발전이 없었다면 불가능한 것이었습니다. 또한 미국에서 학창시절을 보낸 조PD의 경력은 "조PD가 진짜다(이것이야말로 미국 본토 랩이라는 의미임)"라는 한국 젊은이들의 믿음도 함께 작용한 결과였습니다. 아무튼 어두운 거리의 뒷골목에서 시작된 랩은 점점 자신의 영역을 확장했고, 드디어 '힙합'이라는 이름을 달고 대중가요의 주류가 되었습니다. 비주류가 온갖 역경을 딛고 일어나서 주류 세계에 우뚝 선 것이지요. 빛도 들어오지 않던 지하 단칸방 신세인 힙합이 어둠을 뚫고 지상에 확고히 자리잡았음은 물론 이 기세라면 옥상까지 올라갈 태세지요. 한마디로 역전의 용사, 힙합이 아닐 수 없습니다. 힙합의 성공 스토리에 박수를 보냅니다.

**Listen to the Music!**

▶ 조PD 〈Free Break〉

▶ 서태지와 아이들 〈시대유감〉

**사람을 몰입하게 하는 힘, 이야기**

인간을 다른 동물과 구분하는 특징 중에 '호모homo'라는 말로 시작되는 표현이 여럿 있습니다. 생각하는 인간을 뜻하는 '호모 사피엔스Homo sapiens'나 도구를 사용하는 인간이라는 의미의 '호모 파베르Homo faber'가 대표적이지요. 그러한 표현 중에는 '호모 나랜스Homo narrans'도 있습니다. 호모 나랜스는 '이야기하는 인간'이란 뜻으로 이야기를 만들어 들려주는 것은 인간만이 가진 독특한 능력이에요. 이는 또 인간은 누구나 이야기에 대한 본능을 가진 존재라는 뜻이기도 합니다.

    인류의 역사는 대부분 이야기로 전해집니다. 역사학자 헤로도토스Herodotos의 《신들의 계보》에서는 아득한 옛날 우주와 신들의 탄생에 관한 문헌을 이야기 형태로 소개하고 있습니다. 고대 그리스 시인인 호메로스가 트로이 전쟁에서 영웅들의 활약상을 소개하고 있는 《일리아드》와 트로이 공략 후 오디세우스가 고향으로 돌아가기 위한 10년간의 모험담을 담은 《오디세이아》도 이야기로 구성되어 있지요. 우리나라에서도 단군 신화나 박혁거세의 탄생 신화는 모두 이야기 형태로 후대에까지 전해졌습니다. 이처럼 인류의 역사와 함께 시작된 이야기에는 세계의 탄생에 대한 비밀과 인간 삶에 대한 이해가 담겨 있습니다. 만약 인간에게 이야기를 만드는 능력이 없었다면, 인류의 역사는 지금보다 훨씬 빈약하지 않았을까요.

인간이 언제부터 이야기를 시작했을까요? 명확한 기록은 없습니다. 하지만 문자가 없던 시절에도 이야기는 분명 있었을 겁니다. 이야기는 인간이 생존하기 위해 반드시 필요한 요소이기 때문이지요. 인간이 수렵과 채집 생활로 연명하던 시절을 생각해보겠습니다. 인간은 생존을 위해 먹을 수 있는 것과 먹지 말아야 할 것을 분류해야 했고, 달려들어 잡아야 할 동물과 만나면 줄행랑을 쳐야 할 동물을 구분해야 했습니다. 당시에는 문자가 없었기에 이야기를 통해 입에서 입으로 전할 수밖에 없었지요. 이때 이야기를 통해 정보가 얼마나 잘 전달되는지는 부족의 생존에 결정적인 영향을 미쳤을 겁니다. 식용 가능한 버섯과 독버섯, 사슴과 사자를 다르게 취급해야 한다는 정보가 잘 전달된 부족은 살아남을 확률이 높았겠지만, 그렇지 못한 부족은 생존을 장담하기 어려웠을 것입니다. 사자를 먹잇감인 줄 알고 맨손으로 달려드는 돈키호테 같은 원시인이 만수무강할 수는 없는 노릇이니까요. 이처럼 신체적 능력이 열등한 상태로 태어난 인간은 이야기를 통해 집단지성과 협력 정신을 키웠고, 그 결과 생존에 유리한 지식을 축적했습니다.

러시아 출신 문학이론가이자 철학자인 미하일 바흐찐 Mikhail Bakhtin 은 인간의 삶을 "나의 이야기와 남의 이야기가 서로 섞여 가는 상호교차적인 대화의 과정"이라고 보았습니다. 자신의 이야기를 남에게 들려주고, 상대방의 이야기를 들으면서 우리의 삶이 구성된다는 뜻이에요.

아닌 게 아니라 대체로 우리는 이야기를 잘하는 사람에게 호감을 갖습니다. 가령, 이성이 만나 서로에게 호감을 느끼는 순간도 대개는 서로가 주고받는 이야기가 공감될 때입니다. 외모가 아무리 매력적이어도 말이 서로 통하지 않으면 좋은 관계로 발전하기 어렵습니다. 서로가 공감할 수 있는 이야기는 사람과 사람을 한층 가깝게 해줍니다. 인간이 얼마나 이야기를 좋아하는지는 우리에게 '천일야화'로 잘 알려진 《아라비안 나이트》에 잘 나타나 있어요. 이 책은 정확히는 1,001일 밤의 환상적인 이야기를 다룬 책인데, 주인공인 셰에라자드는 이야기를 통해 죽음을 면할 수 있었습니다. 사연은 대략 이렇습니다.

　인자하고 너그러운 페르시아의 왕 샤흐리야르는 왕비가 흑인 노예와 정을 통한 사실을 목격하고는 크게 분노한 나머지 왕비와 흑인 노예를 모두 죽였습니다. 그리고 이렇게 선포하지요. "앞으로는 절대 여자를 믿지 않겠다. 이제부터 나와 결혼하는 여자는 첫날밤을 마지막으로 모두 처형할 것이다." 그날 이후 왕은 매일 하루 한 명씩 새로운 처녀를 부인으로 맞아들였고, 다음 날이면 어김없이 신부를 죽여버렸습니다. 3년이 지나자 나라에는 처녀라고는 찾아볼 수 없게 되었지요. 그러나 왕은 계속 신부를 구해오라고 명령했고, 결국 충성스러운 대신이 자신의 딸 셰에라자드를 신부로 보내게 됩니다. 그런데 이번에는 다음날이 되어도 이전 신부들처럼 셰에라자드를 죽이지 않았습니다. 왜 그랬을까요?

　비결은 이야기에 있었습니다. 첫날밤을 맞은 셰에라자드는 왕에게 재미있는 이야기를 들려주었지요. 왕은 그녀가 들려주는 이야기에 빠져들어 시간가는 줄 몰랐습니다. 새벽을 넘어 날이 밝아오자 왕은 남은 이야기를 내일 듣기로 약속했고, 그녀의 처형은 미루어졌습니다. 결국 샤흐리아르 왕은 천 일하고도 하룻밤 동안 스스로의 맹세를 잊은 채 이야기에 빠져 지냈습니다. 셰에라자드가 가진 이야기 능력이 그녀의 목숨을 살린 셈이지요. 이처럼 이야기에는 사람을 몰입하게 하는 힘이 있습니다.

그리스 시대로 넘어오면서 인간의 이야기 능력은 학문으로 발전했습니다. 이름하여 《시학詩學》입니다. 시학이란 시에 관한 학문인데, 아리스토텔레스의 《시학》에서 시란 그리스 비극과 서사시 등 당대의 문학작품을 뜻합니다. 그에 따르면 시(문학)는 모방의 기술인데, 비극은 "공포와 연민의 감정을 불러일으키는 사건의 모방"입니다. 당시 유행했던 비극 작품 속에는 사람들로 하여금 공포와 연민을 자극하는 사건들의 이야기가 들어 있습니다.

그리스 비극 시인 소포클레스Sophocles의 《오이디푸스 왕》의 줄거리를 잠시 살펴보겠습니다. 테바이 왕의 아들로 태어난 오이디푸스는 잘못된 신탁 때문에 자신도 모르는 상태에서 아버지를 살해하고 어머니를 왕비로 맞았으나, 나중에 사실을 알게 된 그는 자신의 눈알을 뽑아버리고 왕비는 자살하는 비극적 결말로 끝납니다. 관객들은 오이디푸스 왕의 비극을 보면서 연민과 공포의 감정을 느꼈습니다. 연민이란 주인공이 부당하게 불행에 빠지는 것을 볼 때 생겨나는 감정이며, 공포는 나에게도 그런 불행이 닥칠 수 있다고 여겨질 때 일어나는 감정입니다. 사람들은 오이디푸스 왕이 겪은 비극에서 연민과 공포의 감정을 통해 정서적 카타르시스를 느꼈던 것입니다. 비극 작품의 이야기 속에는 인간의 욕망을 자극하는 요소가 들어 있으며, 그것 때문에 사람들은 그 비극적 이야기에 귀를 기울입니다.

현대 음악에서도 비극적 이야기를 소재로 새로운 장르를 개척한 사례가 있지요. 바로 랩Rap 음악입니다. 랩은 비트에 맞춰 빠른 어조로 리드미컬하게 말하는 스타일의 음악입니다. 1970년대 후반 뉴욕의 흑인들이 만든 힙합 문화에서 생겨난 것입니다. 랩 음악은 리듬과 운율을 중시하는 다른 음악과 달리 경쾌하게 이야기를 쏟아내는 데 집중한 창법입니다. 리듬과 운율보다는 노래 가사에 초점을 맞춘 새로운 방식의 음악인 셈입니다. 흑인들은 민속음악, 블루스, 재즈, 펑키 등 비교적 단순한 리듬에 자신들의 생각을 담아 이야기하듯 읊조리기 시작했습니다.

한편, 랩과 힙합은 비주류 문화의 소산입니다. 뉴욕 빈민가에서 태어난 흑인들은 백인 중산층이 누리는 문명의 혜택을 거의 받지 못하며 살았습니다. 그들은 언제나 비주류였으며 아웃사이더이자 마이너에 속해 있었지요. 그들에게는 행복보다는 불행이, 희망보다는 절망에 더 가까웠습니다. 그들은 주류사회와 불화했고 그들이 사는 세계는 언제나 부조리했습니다. 그 결과, 그들의 마음속에는 분노와 함께 세상을 향한 반항심이 쌓여갔어요. 그들은 자신들의 울분을 노래 가사에 담아 랩을 부르기 시작했는데 그것은 또 다른 탈출구가 되었습니다.

사람들은—특히 백인 청소년까지—왜 흑인들의 이야기에 몰입하고 열광하게 된 것일까요? 어쩌면 백인 청소년 또한 비주류이자 마이너였기 때문이 아닐까요? 당시 백인 청소년들도 기성세대에 의해 마이너 취급을 받았고, 그들의 내면에는 기성세대를 향한 반항 의식이 싹트고 있었습니다. 그 결과, 흑인들이 쏟아내는 분노와 울분에 공감할 수 있었던 것입니다. 결국 랩과 힙합이 많은 사람의 호응을 얻고 새로운 음악 장르로 부상하게 된 배경에는 사람들 사이에 자라난 반항의 감정이 있었기 때문입니다. 요컨대 힙합은 반항의 상징인 셈이지요.

반항이란 무엇인가에 대들거나 맞서는 정신인데, 이 반항심은 인간을 인간답게 만드는 특징이기도 합니다. 소설가 알베르 카뮈Albert Camus는 《반항하는 인간》에서 이런 말을 남겼습니다. "나는 반항한다. 그러므로 우리는 존재한다." 이 말은 데카르트의 유명한 코기토 명제인

"나는 생각한다. 고로 존재한다"를 빗대어서 한 말입니다. 카뮈에게 있어 반항은 데카르트의 코기토와 같은 역할을 합니다. 즉 인간에게 있어 반항은 매우 중요한 정신이란 뜻이지요. 카뮈는 반항하는 인간만이 실존한다고 보았습니다. 달리 말하면, 반항을 해야 할 상황에서도 반항하지 않는 사람은 실존하지 않는다는 뜻이기도 합니다.

조PD는 평소 청소년들이 대화 중 욕설을 자주 사용하는 것을 보고 자신의 노래 가사에도 욕이 들어가야 한다고 생각했습니다. 하지만 세상은 그의 생각을 허용하지 않았습니다. 1999년 한국에서 발매된 1집 음반은 욕설이 많이 들어갔다는 이유로 청소년유해물 판정을 받았습니다. 그가 보기에 이는 매우 부조리한 일이었습니다. 그의 가사처럼 "다큐멘터리에선 맨날 섹×다 어쩌고 저쩌고" 하고 "영화에선 막 ×새끼 ×까 막 그러던데", 가사에는 유독 욕설이 들어가서는 안 된다는 논리는 너무도 부당하다고 생각했지요. 물론 "쓸데없이 랩에 욕만 쓴다면 그건 쓸데없이 벗는 외설 영화의 한 장면이나 다름없지만" 창작을 위해 필요할 때 사용하는 표현이라면 막아서는 안 된다는 것이 그의 입장이었습니다. 그는 결국 '반항'을 선택했습니다. 기성세대의 위선적인 도덕 관념이 자신의 예술가적 창작열에 제한을 가하는 것을 도저히 묵과할 수 없었기 때문이었습니다. 그는 자신의 생각을 실천에 옮겼고, 그로 인해 그의 음반은 청소년 유해 판정을 받았습니다. 하지만 그러한 사실로 인해 그의 음악은 청소년 사이에서 더욱 이슈로 떠오르게 됩니다. 조PD는 부조리한 현실에 굴하지 않고 적극적으로 반항함으로써 자신만의 색깔을 지닌, 당당한 음악가로 실존하게 되었습니다.

카뮈는 "삶이 부조리하다고 말할 수 있으려면 의식이 살아 있어야 한다"고 주장했습니다. 반항을 하려면 먼저 의식이 깨어 있어야 하는데, 반항의 의식은 현실이 부조리하다고 느낄 때 비로소 발생하는 것입니다. 청소년이 듣는 노래에는 욕설이 들어가는 가사를 써서는 안 된다는 현실에 반항하려면 먼저 그 상태가 부조리하다는 사실을 깨달아야 합니다. 여기서 부조리란 '이치에 맞지 않거나 도리에 어긋난다'는 뜻인데, 실존주의 철학에서—카뮈도 실존주의자로 분류됩니다—부조리란 "희구하는 정신과 그를 좌절시키는 세계 사이의 단절"로 표현됩니다. 조PD는 청소년이 실제 사용하는 언어를 가사로 옮기기를 희망했지만, 현실 세계는 그러한 생각을 좌절시키려 했습니다. 사실 부조리를 경험하는 것은 조PD만이 아닙니다. 대부분의 사람은 수많은 부조리를 경험합니다. 카뮈에 따르면, 인간과 그를 둘러싼 세계는 기본적으로 부조리합니다. 이처럼 세계가 부조리하기에 우리의 삶도 부조리한 것이지요.

　카뮈가 말하는 반항하는 인간이란 부조리한 세계를 인식하고, 부조리에 맞서려는 의식을 가진 사람입니다. 그는 반항하는 인간을 다음과 같이 표현했습니다. "반항하는 인간이란 '확 돌아서고 돌변하는 자'다. 그는 주인의 채찍질에 못 이겨 걸어가고 있었다. 그런데 그가 돌연 몸을 확 돌려 주인과 맞선 것이다." 카뮈는 우리 인간을 노예에 비유했습니다. 노예는 반항의 의식이 생겨나기 전까지는 모든 강제와 억압을 묵묵히 참고만 있었습니다. 하지만 부조리한 현실을 인식하는 순간 그의 의식은 깨어났지요. 그는 이제 부조리에 맞서 반항을 시작합니다. 조PD가 반항을 선택했듯이 말이지요. 사람들은 흔히 반항을 나쁜 태도로 해석하려는 경향이 있는데, 카뮈에게 있어 반항은 전혀 부정적인 행동이 아닙니다. 그가 말하는 반항이란 단순한 거부를 넘어서 더 멀리 더 높이 나아가려는 활동이지요. 따라서 부조리한 현실을 만나면 기꺼이 반항해야 합니다. 반항이란 자기 권리에 대한 의식을 가진 가장 명석한 인간의 거룩한 행위이기 때문입니다.

　오늘날 청소년이 힙합 음악에 열광하는 이유는 그리스 비극에 관객들이 몰입하는 것과 유사합니다. 그들은 모두 누군가가 들려주는 이야기에 공감하고 그것으로 카타르시스를 느끼기 때문입니다. 《STORY》의 저자 로버트 맥기Robert McKee는 이야기가 사람들의 욕망을 자극하는 수단이 된다면서 이렇게 말했습니다. "이야기는 욕망이 주도한다. 즉, 한 인물이 자신의 삶에 균형을 찾기 위해 무엇을 필요로 하고 갈망하는지가 이야기를 풀어낸다. 간단히 말하면 인생의 균형이 깨지면 인간은 균형을 되찾기 위해서 인생의 온갖 세력과 고군분투한다." 오늘날 힙합 가수 이야기에는 평탄한 것이 없습니다. 대부분 부조리한 현실로 자신의 삶이 무너졌고, 가수는 그러한 현실에 반항함으로써 삶의 균형을 찾아가려는 스토리로 전개됩니다. 힙합을 듣는 사람들은 가수가 처한 상황과 자신을 동일시하고, 그가 역경을 헤쳐나가는 과정에서 카타르시스를 느낍니다. 힙합이 자신의 욕망을 대신 충족시켜주기 때문입니다.

　우리나라에서 〈고등래퍼〉가 인기를 끄는 이유는 청소년 시절부터 부조리를 자주 경험하기 때문인지도 모릅니다. 자신의 꿈과 의지와는 무관하게 어릴 적부터 극심한 공부와 경쟁에 내몰린 청소년들이 울분을 토해내고 대리 만족을 느끼는 대상으로 〈고등래퍼〉를 선택했는지도 모릅니다. 이러한 상황을 어른들이 부정적으로만 바라볼 필요는 없습니다. 문제는 부조리한 세상이지 부조리에 반항하는 청소년들의 의식이 아니기 때문이지요. 카뮈는 부조리에 맞서는 의식이 자유와 열정을 불러오기도 한다고 보았습니다. "부조리의 발견은 끝이 아니라 시작이다. 부조리의 감정이 반항을 불러오고, 자유와 열정을 이끌어낸다." 조PD의 〈Break free〉를 들은 청소년들이 그것을 통해 카타르시스를 느끼는 것에 그치지 않고, 자기 삶에서 자유와 열정을 이끌어내는 계기가 되었으면 합니다.

인생은
한 잔
술

**노래가 건네는 술 한 잔**

도대체 인생이란 무엇인가요? 아마도 이 질문에 답할 수 있는 사람은 하느님도 아니며 부처님도 아니며 오로지 자신 외에는 그 누구도 답할 수 없을 것입니다. 개인의 인생을 그 누가 함부로 말할 수 있을까요? 하지만 "내 인생은 왜 이렇게 안 풀리지" 하며 생각하는 사람들이 최근에는 상당히 늘고 있는 듯합니다. 혹시 "나는 왜 부자가 되지 못할까" "나는 왜 유산이 없나" "남들 승진하는 동안 나는 뭐했나" "나는 왜 진작 부동산과 주식에 관심을 갖지 않았나"라고 생각한 적은 없나요? 한국인은 이러한 푸념을 어떻게 늘어놓고 살았을까요? 대중가요 속에서는 이 '푸념'을 어떻게 노래했을까요? 많은 사람이 그런 노래를 좋아했다면, 대다수 사람의 인생도 뜻대로 풀리지 않았다는 뜻일 테니 다소나마 위안이 되지 않을까요!

 1960년대 한국인이 가장 사랑한 '인생 노래'를 고른다면 신사가수 최희준의 〈하숙생〉 **김석야 작사, 김호길 작곡, 최희준 노래**일 것입니다. 서울대 출신 최희준이 프랭크 시내트라처럼 포근하게 부르는 〈하숙생〉의 가사에서 사람들은 공감과 위안을 느꼈습니다. 이 곡의 시작은 작가 김석야가 집필한 라디오 드라마 〈하숙생〉의 주제가에서 출발합니다. 드라마의 스토리는 젊은 화학도와 훗날 미스코리아가 되는 여성이 펼치는 사랑과 복수의 드라마입니다. 두 남녀는 〈하숙생〉을 부르며 연애를 했는데 여인이 남자친구의 화학실험실에 놀러간 날 실험실에 불이 나서 남자는 여자를 간신히 구했지만 자신은 얼굴에 화상을 입고 맙니다. 이후 여자는 남자를 떠나 미스코리아가 되었고, 남자는 복수심에 여자의 집 근처에 기거하며 아코디언으로 〈하숙생〉을 연주하고, 여자는 미쳐간다는 내용이지요.

충남 천안 태생의 김석야는 1963년 어느 봄날 충남 공주에 있는 동학사 쓰레기장에서 비구니가 되기 위해 수많은 여성이 깎아놓은 머리칼을 보며 '공수레 공수거'라는 단어를 떠올렸다고 합니다. 그때의 상념을 기반으로 〈하숙생〉의 가사를 썼다고 전해집니다.

♪

인생은 나그네길 어디서 왔다가 어디로 가는가
구름이 흘러가듯 떠돌다 가는 길에
정일랑 두지말자 미련일랑 두지 말자
인생은 나그네길 구름이 흘러가듯 정처없이 흘러서 간다

인생은 벌거숭이 빈손으로 왔다가 빈손으로 가는가
강물이 흘러가듯 여울져 가는길에
정일랑 두지말자 미련일랑 두지 말자

인생은 벌거숭이 강물이 흘러가듯 소리없이 흘러서 간다

〈하숙생〉 중에서

1970년대 히트한 '인생'에 대한 노래 두 곡을 소개하겠습니다. 이 두 곡을 통해 우리는 인생을 바라보는 두 가지 상이한 관점을 접할 수 있습니다. 윤항기·윤복희 남매가 부른 〈다 그런거지〉**1977**와 이종용의 〈난 참 바보처럼 살았군요〉**1980**입니다. 〈다 그런거지〉는 1970년대 발표되어 히트했지만 오늘날까지도 주변에서 쉽게 들을 수 있는 한국인의 체념적인 인생관을 말해줍니다. 아마도 자신의 의지로는 어찌할 수 없는 격동의 전쟁사와 수많은 정경유착으로 인한 비리, 빈부의 격차는 한국인에게 체념의 지혜를 가르쳐주었을 것입니다. 이러한 삶에 대한 회피적인 시각은 1990년대로 이어지는데 1994년 여행스케치가 발표한 〈산다는 건 다 그런 게 아니겠니〉는 밝은 멜로디와 템포로 부르면서 "산다는 건 그런게 아니겠니 / 원하는 데로만 살 수는 없지만 / 알 수 없는 내일이 있다는 건 설레는 일이야 두렵기는 해도 / 산다는 건 다 그런 거야 누구도 알 수 없는 것"으로 말하며 삶의 질곡을 낭만적으로 바라보려는 시도도 엿보입니다.

반면 1970년대 활동하던 가수 김도향이 작사·작곡한 〈난 참 바보처럼 살았군요〉의 히트는 당시 자신의 지난 삶에 대해 후회하는 한국인들이 많았다는 것을 의미하기도 했습니다. 이 곡은 투코리안스로 활동하던 김도향이 1977년 대마초 파동으로 활동을 금지당하자 고통스러운 마음에 떨어지는 낙엽을 보며 만든 것이었습니다. 김도향은 가수 활동이 불가했으므로 가수 이종용에게 이 곡을 먼저 주었습니다. 이종용은 1970년대 후반부터 이 노래를 부르다가 1980년 정식으로 레코드를 발표했는데 김도향은 같은 해에 〈서울국제가요제〉에 출품하기 위해 곡을 의뢰하러 온 김태화에게도 이 곡을 주었습니다. 그러자 이종용은 김도향에게 찾아와 자신의 노래를 왜 다른 사람에게 주느냐며 항의를 하게 되지요. 이 일로 문제가 되자, 김도향은 1980년 본인이 직접 부른 노래를 다시 발표합니다. 한 해에 같은 곡으로 세 명의 가수가 발표하는 황당한 일이 벌어진 것이지요. 당시만 해도 노래 저작권에 대한 인식이나 관리가 허술했던 시기였기 때문에 가능한 해프닝이었습니다.

어쨌거나 〈난 참 바보처럼 살았군요〉는 이후에 여러 사건의 중심에 섰는데, 1980년 전두환이 제11대 대통령으로 취임할 당시 대학생들이 과도정부의 최규하 전 대통령을 빗대어 불렀습니다. 1980년대 한국은 비약적인 경제발전을 이루면서 주부들이 여가시간이 생기자 에어로빅과 노래교실이 활성화되었고, 이때 주부들의 노래교실에서 가장 많이 부른 곡이었습니다. 남편과 자식 뒷바라지로 자신의 삶을 살지 못한 여성들을 이 노래를 부르면서 맺힌 한을 달랜 것이지요.

1980년대는 가요계에서 '인생 노래'로서 대표할 수 있는 또 다른 히트곡이 발표됩니다. 바로 이진관이 부른 〈인생은 미완성〉입니다. 이 곡은 이진관이 작곡하고 작사가 김지평이 노랫말을 썼습니다. 김지평은 작사가이자 음악평론가 생활을 하면서 서울구치소에서 사형수의 전담 카운슬링을 했는데 〈인생은 미완성〉은 사형수들과의 대화 속에서 탄생한 가사였습니다. 그는 자신의 책 《한국가요정신사》에서 "인생의 유한한 미를 담았다. 미완성은 절망이 아니며 끝이 아니다. 영원한 머무름이다"라고 작사의 이유를 밝혔습니다.

1980년대를 마무리하면서 빼놓지 말아야 또 한 명의 가수가 있습니다. 바로 신해철입니다. 신해철은 21세 때인 1989년 〈mbc대학가요제〉에 출전해 대상을 수상한 후 같은 해에 출전자들과 함께 발표한 앨범에서 〈우리 앞의 생이 끝나갈 때〉 신해철 작사·작곡·노래를 수록했습니다. 그는 가사에서 "세월이 흘러가고 우리 앞의 생이 끝나갈 때 지나간 세월에 후회 없었다"고 말할 수 있겠냐며 철학적인 질문을 던집니다.

♪

흐린 창문 사이로 하얗게 별이 뜨던 그 교실
나는 기억해요 내 소년 시절의 파랗던 꿈을
세상이 변해갈 때 같이 닮아 가는 내 모습에
때론 실망하며 때로는 변명도 해보았지만
흐르는 시간 속에서 질문은 지워지지 않네
우린 그 무엇을 찾아 이 세상에 왔을까
그 대답을 찾기 위해 우리는 홀로 걸어가네

세월이 흘러가고 우리 앞의 생이 끝나갈 때
누군가 그대에게 작은 목소리로 물어보면
대답할 수 있나 지나간 세월에 후회 없노라고
그대여

〈우리 앞의 생이 끝나갈 때〉 중에서

2000년대 히트한 인생 노래로는 이상은의 〈삶은 여행〉과 인디밴드 옥상달빛의 〈하드코어 인생아〉를 들 수 있습니다. 1988년 〈강변가요제〉를 통해 혜성처럼 등장한 가수 이상은은 노래 제목처럼 방송계를 떠난 후 세계 여러 곳을 여행하며 그림을 그리고 책과 앨범을 발표하는 삶을 살았습니다. 그녀는 2007년 일본 오키나와의 바닷가에 잠시 머물며 〈삶은 여행〉을 발표했지요. 이 노래에서 이상은은 삶은 "놓아버리는 것"에서 시작한다는 의미의 관조적 시각을 넌지시 던져놓습니다.

한편, 2010년 옥상달빛이 발표한 〈하드코어 인생아〉는 돈 없고 빽 없이 세상을 개척해나가야 한다고 생각하는 1020세대의 깊은 고민을 담았다는 점에서 소비의 시대, AI시대 젊은이들의 시대정신을 일부나마 엿볼 수 있습니다. 정말로 2000년대를 살아가는 20세 전후의 세대들은 대부분 세상살이가 팍팍하다고 느끼고 있는 것일까요? 여러분의 20대는 어땠나요? 꿈을 먹고 사는 젊은이였나요? 아니면 하드코어 인생이라고 생각했나요?

여기에서 정호승 시인의 시에 안치환이 곡을 붙인 〈인생은 나에게 술 한 잔 사주지 않았다〉**정호승 작시, 김현성 작곡, 안치환 노래**를 생각해보겠습니다. 열심히 살았는데 인생은 나에게 술 한 잔 보답도 해주지 않았다고 생각하시나요? 아니면 나는 인생에게 충분히 보답받았다고 생각하시나요? 이호건 선생님이 이 질문에 대해 함께 생각할 거리를 줄 수 있을 것 같습니다.

🎵

인생은 나에게 술 한 잔 사주지 않았다
겨울밤 막다른 골목길 포장마차에서
빈 호주머니를 털털 털 털어
나는 몇 번이나 인생에게 술을 사주었으나
인생은 나를 위하여 단 한 번도 술 한 잔 사주지 않았다
눈이 내리는 그런 날에도 돌연꽃 소리 없이 피었다 지는 날에도
인생은 나에게 술 한 잔 사주지 않았다

빈 호주머니를 털털털 털어

나는 몇 번이나 인생에게 술을 사주었으나

인생은 나를 위하여 단 한 번도 술 한 잔 사주지 않았다

눈이 내리는 그런 날에도 돌연 꽃 소리 없이

피었다 지는 날에도

인생은 나에게 술 한 잔 사주지 않았다

인생은 나에게 술 한 잔 사주지 않았다

〈인생은 나에게 술 한 잔 사주지 않았다〉 중에서

**Listen to the Music!**

▶ 최희준 〈하숙생〉

▶ 넥스트 〈우리 앞의 생이 끝나갈 때〉

▶ 안치환 〈인생은 나에게 술 한 잔 사주지 않았다〉

**술에 취해 인생에게 시비 걸지 말지어다**

'장발장 이야기'로 우리에게 잘 알려진 원작 소설 《레 미제라블》의 작가 빅토르 위고 Victor Marie Hugo는 "신은 물을 만들었고, 인간은 술을 만들었다"는 유명한 말을 남겼습니다. 이렇듯 인간의 역사에서 술은 빼놓을 수 없는 물건입니다. 독일의 문호 괴테 Johann Wolfgang von Goethe는 "우리를 즐겁게 하는 것은 술 뿐이다"라며 술의 필요성을 높이 평가했습니다. 포도주를 좋아했던 시인 보들레르도 《포도주 예찬》이라는 책을 썼을 정도지요. 술은 인간을 즐겁게도 만들지만 눈물짓게도 만듭니다. 술은 인간을 어울리게도 하고 싸우게도 합니다. 술은 사람을 용감하게 만들기도 하고 흥분하게도 합니다. 술은 마음의 빗장을 풀게도 만들고 솔직해지라고 부추기기도 합니다. 인류의 역사에서 술은 언제나 인간의 희로애락과 함께했습니다.

그런 의미로 보자면, 안치환의 노래〈인생은 나에게 술 한 잔 사주지 않았다〉는 논리적으로도 비유적으로도 틀린 말입니다. 파란곡절 많은 인생이 우리에게 지금껏 술 한 잔 사주지 않았을 리가 없습니다. 오히려 걸핏하면 취하도록 많이 사주었지요. 우리가 살다가 겪는 우여곡절과 희로애락 속에는 어김없이 술이 등장했습니다. 오죽하면 소설가 현진건玄鎭健이 1921년《개벽》지에 단편소설 〈술 권하는 사회〉를 발표했을까요? 소설의 줄거리는 대략 이렇습니다.

소설 속 주인공인 지식인 남편은 사회 현실에 대해 고민하지만 딱히 자신이 할 일은 마땅치 않습니다. 경제적으로 무능한 그는 매일 술에 취해 살지요. 어느 날 만취 상태로 귀가한 그는 아내에게 이 시대가 자신에게 술을 권하고 있다고 말하며 식민지 조선의 현실에서 자신이 할 수 있는 것은 술주정꾼 노릇밖에 없다고 푸념합니다. 그러나 아내는 남편의 말뜻을 이해하지 못했고, 아내의 무지에 답답해하는 남편은 집을 나가버립니다. 아내는 남편의 뒷모습을 보면서 '몹쓸 사회가 왜 술을 권하는고!'라면서 중얼거리지요. 일제강점기 치하에서 고뇌하던 지식인은 그 슬픔을 술로 달래고 있는 겁니다.

소설 속 주인공처럼, 우리는 인생이 뜻대로 풀리지 않으면 자신도 모르게 술잔에 손이 가는 경우가 있습니다. 사람들은 왜 술을 마시는 것일까요? 생텍쥐페리의 소설《어린 왕자》에는 어린 왕자가 술꾼과 대화하는 장면이 나옵니다. 그들의 대화는 다음과 같이 이어집니다.

📖

한 아이가 술을 마시고 있는 어른에게 물었다. "뭘 하고 있는 건가요?"
술꾼은 몹시 침울한 표정으로 대답했다. "술을 마시고 있단다."
"왜 술을 마시나요?"
"잊으려고."

"무엇을 잊고 싶은데요?"

"부끄러움을 잊고 싶구나."

"뭐가 부끄럽다는 거지요?"

"술을 마시는 게 부끄럽단다."

(조용히 떠나면서) '어른들은 정말 이상해'

《어린 왕자》에도 나오듯이 사람들은 왜 술을 마시는지도 모르면서 술을 마시기도 합니다. 이 이야기는 이유도 모른 채 술을 마시는 어른들의 한심스러움을 비꼬는 것으로 읽히기도 하지만, 한편으로는 술이 그만큼 우리의 일상 깊숙이 들어와 있음을 반증하는 것이기도 합니다. 술을 마시는 일이 너무도 일상적이기에 굳이 이유조차 물을 필요가 없는지도 모릅니다. 이렇듯 술은 인간의 일상 깊숙이 들어와 있습니다. '술을 왜 마시는가?'의 물음은 '인생이란 무엇인가?'라는 질문과 일맥상통하는 말이기도 합니다.

사람들은 왜, 언제 술을 마실까요? 술은 항상 인간의 희로애락과 함께했지만 기쁠 때보다는 슬플 때, 즐거울 때보다는 화났을 때 더 많이 찾게 됩니다. 술은 인생이 뜻대로 풀리지 않을 때 찾는 치료제지요. "인생은 나에게 술 한 잔 사주지 않았다"는 노랫말은 인생이 뜻대로 풀리지 않는다는 푸념일 뿐입니다. 누구나 경험해본 일이겠지만, 인생을 살다보면 뜻하지 않게 시련이나 좌절이 찾아오기도 합니다. 가령, 사업이 뜻대로 풀리지 않아서 재산을 탕진할 수도 있고, 수험생이 열심히 공부해도 원하는 대학에 진학하지 못하는 경우도 있습니다. 사실 이러한 실패나 좌절은 누구에게나 찾아오는 불가피한 일이기도 합니다. 하지만 그것에 어떻게 대처하는가에 따라 삶의 만족도나 결과는 사뭇 달라집니다. 요컨대, 인생에서는 성공보다는 실패나 좌절을 어떻게 극복하는지에 따라 행복과 불행이 더 크게 좌우됩니다.

　인생에서 실패나 좌절을 만나면 어떻게 대처해야 할까요? 좌절에 대해 포기하고 그 상태에 만족하는 편이 나을까요, 아니면 그것을 뛰어넘기 위해 노력하는 것이 더 나을까요? 이해를 돕기 위해 예를 들어보겠습니다. 어떤 남성이 마음에 드는 여성에게 프로포즈를 했다가 거절을 당했습니다. 좌절을 경험한 셈이지요. 이런 상황이라면, 남성은 구애를 포기하는 쪽이 현명할까요, 아니면 여성의 마음을 얻기 위해 끝까지 포기하지 않고 도전하는 것이 더 나을까요? 상대가 자신의 이상형이라면 포기하지 않고 도전하는 편이 더 나을 수도 있습니다. "열 번 찍어 안 넘어가는 나무 없다"는 속담도 있듯이, 단 한 번의 도끼질에 넘어가지 않는다고 금방 포기하는 것도 현명한 태도는 아니지 싶습니다.

　주변에서 성공적인 인생을 사는 사람들은 대부분 이렇게 말합니다. "어떠한 어려움이 닥치더라도 절대 포기하지 말고 맞서야 한다." 인생에서 실패나 좌절을 겪더라도 포기하지 말고 끝까지 부딪치는 편이 낫다는 조언입니다. 그런데 이 대목에서 이런 의문이 들기도 합니다. '어떤 상황에서도 절대 포기하지 말고 맞서라'는 주장은 모든 상황에서도 유효한 지침일까요? 정말로 그 어떤 경우라도 끝까지 포기하지 않고 끈질기게 부딪히는 것은 현명한 태도일까요? 섣불리 답을 구하기보다 다음의 경우를 한번 생각해보겠습니다.

　이런 경우라면 어떨까요? 여기 세계 최고의 스프린터를 꿈꾸는 육상선수가 있습니다. 그는 육상에 뛰어난 자질을 보여 많은 사람의 기대를 한 몸에 받고 있습니다. 그런데 불행한 일이 발생했습니다. 갑작스러운 교통사고로 인해 그는 한쪽 다리를 잃어버렸습니다. 그에게 크나큰 좌절이 찾아온 것이지요. 이 상황에서도 그는 최고의 스프린터가 되겠다는 생각을 단념하지 않고 계속 유지해야 할까요, 아니면 자신의 꿈을 포기하는 편이 더 나을까요? 아마도 지금 상황이라면 최고의 스프린터가 되겠다는 생각은 접고 또 다른 꿈을 찾는 편이 보다 현명한 선택일 수 있습니다.

이 대목에서 우리는 로마시대 스토아 철학자인 세네카<sup>Lucius Annaeus Seneca</sup>의 주장을 들어볼 필요가 있습니다. 세네카는 살다 보면 누구에게나 좌절감을 안겨주는 불행이 찾아올 수도 있다고 경고했습니다. "우리는 모든 것에 기대를 가지면서도 한편으로는 어떤 일이든 다 닥칠 수 있다고 예측해야 한다." 세네카는, 앞의 육상선수 사례처럼 누구에게나 언제든 나쁜 일이 일어날 가능성이 있으니 항상 그러한 상황을 고려해야 한다고 교훈했습니다.

사실 세네카의 주장이 그다지 기분 좋게 들리지는 않습니다. 하지만 현실적으로 생각하면 결코 틀린 말은 아닙니다. 우리는 어느 누구도 자신에게 교통사고가 일어나기를 바라지는 않지만 그럼에도 매일 교통사고는 일어나고 있으며, 자신에게도 언제든 그런 불행이 찾아올 수도 있습니다. 하지만 세네카가 말한 주장의 핵심은 방금 이야기한 그 부분에 있는 게 아닙니다. 세네카는 사람들에게 나쁜 일이 일어날 가능성을 고려하라고 요구하면서도 한편으로는 나쁜 일의 결과가 우리가 두려워하는 것만큼 끔찍하지 않을 수 있다고 덧붙였습니다. 누구에게나 불행이 찾아올 수 있지만 그렇다고 해서 불행이 생각만큼 견디기 힘든 것은 아니라는 뜻입니다. 하늘이 무너져도 솟아날 구멍은 반드시 존재하는 법이지요.

세네카는 사람들이 좌절감을 느낄 만한 현실에 직면했을 때 어떤 조언을 할까요? 가령, 교통사고로 한쪽 다리를 잃은 육상선수에게 무슨 말을 해줄까요? 아마도 세네카라면 '현재 상태에 만족하라'고 조언했을 것입니다. 단지 현재 상태에 만족하라고? 돌이킬 수 없는 불행한 사고를 당한 사람에게 너무 무책임한 말이나 늘어놓는 게 아닌가 하는 생각이 들지도 모르겠습니다. 하지만 곰곰이 생각해보면 세네카의 조언은 분명 일리가 있는 주장입니다. 왜 그럴까요?

 세네카는 갑작스런 좌절이나 불행이 닥쳤을 때, 그 상황에 어떻게 대응하는가가 중요하다고 보았습니다. 그는 이렇게 말했습니다. "현명한 사람은 모든 것을 잘못 해석하지 않는다." 세네카는 사고로 한쪽 다리를 잃은 사람조차 '해석'을 잘하는 것이 중요하다고 보았습니다. 이어지는 그의 말을 들어보겠습니다. "현명한 사람은 자족할 것이다. 만약, 질병이나 전쟁으로 한쪽 손을 잃게 되거나, 사고로 한쪽 다리 혹은 두 다리를 모두 잃는다고 해도 현명한 사람은 남은 것에 자족할 것이다." 여기서 '자족自足'한다는 말은 '스스로 족하다, 넉넉하다'고 믿는 것을 말합니다. 세네카는 사고로 한쪽 다리를 잃어도 남은 한쪽으로 넉넉하다고 보아야 한다는 입장입니다.

 세네카의 주장이 언뜻 받아들이기 어려울 수도 있습니다. 하지만 감정적인 태도를 배제하고 생각하면, 인간이 한쪽 다리만으로 살아가지 못하는 것은 아닙니다. 다만 불편할 뿐이지요. 여기서 핵심은 현명한 사람들이 갖는 삶의 태도입니다. 물론 사고가 안 나는 쪽이 더 좋긴 합니다. 하지만 불행히도 사고가 난 상태라면, 그 결과를 어떻게 해석해야 하는지를 지적하고 있는 것이지요. 불행한 사고를 당한 사람이 '왜 나에게만 이러한 불행이 찾아왔나' 하면서 원망만 하고 있거나 술에 의지해 현실을 도외시하고 있다면 이는 결코 현명한 태도가 아닙니다.

 "현명한 사람은 자족한다"는 세네카의 말에는 인생과 행복에 대한 스토아학파의 중심 철학이 녹아 있습니다. 대체로 사람은 무엇이든 많이 가질수록 인생이 풍부해지고 행복할 것이라고 생각하지만 실상은 그렇지 않습니다. 자본주의를 살아가는 우리는 돈에 대해 다다익선多多益

**善**, 많으면 많을수록 좋다고 생각하지만 이런 생각을 가진 사람은 아무리 많은 돈을 가져도 만족하지 못합니다. 아무리 많이 가져도 더 많이 가지고 싶은 생각 때문입니다. 행복에서 중요한 것은 스스로 '이 정도면 넉넉하다'고 느끼는 마음입니다. 재벌 중에는 수천 억을 가져도 만족하지 못하는 사람이 있는가 하면 천만 원만 가지고도 충분하다고 생각하는 사람도 있습니다. 행복의 척도는 많고 적음의 객관적인 양**量**이 결정하는 것이 아니라 그것을 해석하는 질**質**의 문제이기 때문이지요.

오해하지 말아야 할 것은 세네카도 물질적인 측면을 부정하지 않았다는 점입니다. 그도 살아생전에는 대부분 매우 부유하게 살았습니다.(세네카는 로마시대 폭군으로 유명한 네로 황제의 스승이었습니다. 물론 말년에는 네로에 의해 죽임을 당했지만요) 다만 그는 가난이 두려워하거나 경멸할 대상은 아니라고 보았을 뿐입니다. 세네카가 현명하다고 인정받는 이유는 불행에 대처하는 그의 태도 때문입니다. 그는 갑작스러운 불행이나 빈곤이 닥쳐도 분노를 느끼거나 낙담하지 않았고 있는 그대로의 현실을 받아들였습니다. "현명한 사람은 자족한다"고 하면서 말입니다.

세네카의 조언이 자칫 지나치게 현실에 안주하라고 가르치는 것처럼 들릴 수도 있습니다. 아닌 게 아니라 세네카의 주장을 들어보면, 불행이나 좌절 앞에서 그저 체념하고 받아들이라고 부추기는 것 같기도 합니다. 하지만 세네카의 의도는 그것보다는 훨씬 심오합니다. 무슨 말이냐고요? 우리가 살다 보면 마음먹은 대로 만들어갈 수 있는 때가 있는가 하면 이와는 반대로 아무리 노력해도 절대 변화시킬 수 없는 경우도 있습니다. 전자처럼 적극적으로 부딪쳐야 하는 현실이 있는가 하면 후자처럼 평온한 마음으로 받아들여야 할 현실도 있지요. 세네카는 이 둘을 구분할 줄 알아야 한다고 보았는데, 그 둘을 구분하는 능력이 바로 '지혜'라고 말했습니다. 결국 지혜로운 사람은 좌절이나 불행에 맞서

부딪쳐야 하는 상황과 자족하면서 평온하게 받아들여야 하는 경우를 잘 구분할 줄 아는 사람입니다.

이렇듯 인생에 대한 세네카의 조언은 현실적이면서도 심오합니다. 그는 "현명한 사람은 자족한다"는 말을 통해 실패와 좌절을 만나면 모든 것을 포기하고 받아들이라고 교훈한 것은 아닙니다. 먼저 상황을 잘 파악한 후 구분하여 대응하라는 것입니다. 열심히 노력하여 상황을 변화시킬 수 있다면 좌절에 맞서되 아무리 노력해도 변화시킬 수 없는 상황이라면 남아 있는 것에 자족하라고 조언하고 있는 것이지요. 우리에게는 갑작스러운 사건이나 불행이 찾아오는 것을 막을 힘은 없습니다. 하지만 그 상황을 대하는 태도를 선택할 자유는 있습니다. 그 자유를 지혜롭게 활용하는 이가 현명한 사람입니다. 그러므로 살면서 불행이나 좌절을 만나더라도 지혜롭고 현명하게 해석해야 합니다.

그런 의미로 보자면, 인생이 뜻대로 풀리지 않을 때 술을 마실 수는 있으나 현명하게 마셔야 합니다. 실패와 좌절을 만났을 때 한 잔 술로 위안을 받고 다시 힘을 내는 기회로 삼는 것은 좋겠지만 만취하여 운명을 한탄하고 삶을 비관하는 일은 피해야 합니다. 특히 "인생은 나에게 술 한 잔 사주지 않았다"며 인생을 탓하는 행동은 자제해야 합니다. 이는 전형적인 '유체이탈' 화법인데, 본디 인생은 나에게 술 사주기 위해 존재하는 것은 아닙니다. 인생은 나와 분리되지 않습니다. 싫으나 좋으나 각자의 인생에 대한 책임은 본인에게 있습니다. 뜻하지 않게 어려움에 처했더라도 술을 인생의 도피처로 삼아서는 곤란합니다. 인생과 싸우기 위해 또는 인생에 핑계를 대기 위해 술이 존재하는 것은 아닙니다. 술은 인생을 즐기기 위해 그리고 인생에서 만나는 어려움을 극복하기 위해 존재합니다. 술에 취해 인생에게 시비 걸지 말아야 합니다.

# 휴대전화, 소통과 단절 사이

## 삐삐 쳐도 아무 소식 없기에

1980년대가 지나고 1990년이 막 시작되는 어느 즈음 가수지망생 윤종신은 〈대학가요제〉 출신들이 새 그룹을 결성하는데 객원가수를 구한다는 소식을 지인에게 듣게 됐습니다. 그렇게 윤종신은 아직 아마추어지만 실력과 재능을 겸비한 정석원과 장호일(정석원의 친형으로 본명 정기원이다)을 주축으로 하는 공일오비를 운명적으로 만났고, 우연인지 필연인지 모두의 데뷔작인 〈텅빈 거리에서〉**정석원 작사·작곡, 윤종신 노래**가 탄생하게 됩니다.

〈텅빈 거리에서〉는 장호일이 카투사 복무 시절 아내를 잃고 슬퍼하며 술을 마시는 어느 미군을 모습에 영감을 얻어 만든 것으로 사연이 많은 노래입니다. 우선 윤종신이 자신의 목소리를 찾기 이전에 소년 같은 미성을 들을 수 있는 유일한 곡이라는 점에서 의미가 있습니다. 또한 이 곡은 처음 발표됐을 때는 전혀 히트를 하지 못했고 비슷한 시기에 발표한 신해철의 〈슬픈 표정하지 말아요〉〈안녕〉이 빅히트하자 소속사에서 비교를 당하는 수모까지 겪은 노래이기도 했습니다. 그러나 시간이 지난 후에 라디오에서 반응이 오기 시작하면서 히트의 기회가 찾아왔지요.

이 노래의 백미는 마지막 부분에 있는 파이프 오르간 연주인데 정석원이 신디사이저로 연주해 추가했습니다. 당시 제작사였던 대영AV의 유재학 사장은 노래가 길어지면 방송에 부적합하다며 이 부분을 잘라내자고 했지요. 하지만 정석원이 고집을 부려 그대로 앨범에 수록했다고 합니다. 만약 이 파이프 오르간 효과가 없었다면 과연 1990년대 초반 돌풍을 일으키며 정점에 섰던 공일오비가 탄생했을지 생각해볼 일입니다.

노래 가사 중에는 '전화' 이야기가 등장합니다. 헤어진 연인을 잊지 못한 한 남자가 그녀의 목소리를 듣고 싶어 공중전화 앞에서 서성이지만 차마 전화를 걸지 못하는 상황을 묘사했지요. 결국 유우부단한 그에게 들려진 것은 전화를 걸기 위해 쥐고 있던 동전 20원 뿐이었습니다. 아마도 지금의 10대에게 1990년대 초반만 해도 20원을 내고 공중전화를 사용했다고 말하면 믿지 않을지 모르겠습니다. 까마득히 먼 과거라고 생각되는 그 시절에는 공중전화를 오래 건다고 폭행이나 살인사건이 종종 발생하기도 했는데, 그 시기가 불과 1990년 전후였습니다.

♪

내 곁에 머물러줘요 말을 했지만 수많은 아픔만을 남긴 채
떠나간 그대를 잊을 수는 없어요 기나긴 세월이 흘러도
싸늘한 밤바람 속에 그대 그리워 수화기를 들어보지만
또 다시 끊어 버리는 여린 가슴을 그대 이제 알 수 있나요

유리창 사이로 비치는 초라한 모습은 오늘도 변함 없지만
오늘은 꼭 듣고만 싶어 그대의 목소리 나에게 다짐을 하며
떨리는 수화기를 들고 너를 사랑해 눈물을 흘리며 말해도
아무도 대답하지 않고 야윈 두손에 외로운 동전 두 개뿐

〈텅 빈 거리에서〉 중에서

한국가요사에서 전화를 소재로 한 노래가 등장한 것은 1930년대부터였습니다. 김해송과 박향림이 부른 〈전화일기〉**1938**를 시작으로 크게 히트하지는 않았지만 1960년대에 김상희가 부르는 〈잘못 걸려온 전화〉, 남진의 〈사랑의 공중전화〉 같은 노래도 발견됩니다.

전화를 소재로 한 노래는 1988년에야 비로소 히트작이 나왔는데, 이건우, 유영선 콤비가 만든 3인조 보이그룹 소방차의 〈통화중〉입니다. 이건우와 유영선은 〈통화중〉이 히트하자 아이디어를 살려 다음해인 1989년 〈디디디〉를 만들어 가수 김혜림의 데뷔작에 수록합니다. 디디디**DDD**는 'Direct Distance Dialing'의 약자로서 당시 한국의 통신기술의 상황을 말해줍니다. 즉 1987년 이전에는 지방에 전화를 걸 때 주로 전화교환원을 통해야 했거든요. 왜냐하면 디디디는 1971년 도입이되었지만 전화요금이 비싸 일반 사람은 자주 통화하지 않았고, 1987년 되어서야 전국에 확대되었습니다. 때문에 시기에 맞추어 노래로 만들어졌습니다. 댄스 장르의 노래 〈디디디〉가 상당히 히트하면서 김혜림의 데뷔를 성공적으로 이끌었습니다. 조금 비싸지만 디디디라는 직통전화를 통해 사랑하는 사람에게 빠르게 전화해 목소리를 듣겠다는 의지를 표현한 노래였습니다.

통신수단의 변천은 1990년대 들어 급변하게 되었는데 그 시작은

바로 1990년대 중반 상용화되어 인기를 끌었던 무선호출기였습니다. 소위 '삐삐'라고 불렸던 무선호출기는 수많은 관련 문화를 낳았는데 삐삐번호로 걸었을 때 코믹한 노래가 나오게 한다던가 4개의 숫자를 이용하여 만들어진 '1004(당신은 천사야)' '8282(빨리빨리 전화해)' 등은 휴대전화 시대로 넘어간 후에도 남겨진 숫자조합이었지요.

삐삐는 노래 속에서도 자주 등장하는데, 1998년 쿨이 발표한 〈애상〉에는 "삐삐 쳐도 아무 소식 없는 너"라는 내용이 있습니다. 당시 한국인들은 무선호출을 하는 행위를 "삐삐 친다"고 표현했어요. 그 이유는 전화의 모양에서 유추해볼 수 있는데 다이얼 전화를 할 때는 "전화를 건다"고 했고 전자식으로 누르는 전화기가 보급된 이후에는 "삐삐 친다"로 표현한 것입니다. 쿨은 놀랍게도 2집을 발표할 때까지 제작자가 별로 재미를 보지 못했습니다. 때문에 히트 작곡가로 떠오른 윤일상을 찾아가 해체를 염두에 두고 마지막으로 받은 노래가 〈운명〉이었습니다. 이승호·윤일상 콤비가 만들어 여름에 발표해 빅히트한 이 노래는 제목처럼 쿨의 운명을 바꾸어놓았지요. 이승호와 윤일상은 이후 여름 시즌에 쿨에게 〈해변의 여인〉1997과 〈애상〉1998을 주어 여름을 대표하는 혼성그룹으로서 이미지를 구축하는 데 일조했습니다.

2000년대 들어 통신수단은 어떤 형태로 노래 속에 녹아 있을까요? 스마트폰과 SNS, 무료 메신저의 시대에 사람들이 누군가에게 연락한다는 행위는 기존과는 다른 의미를 지니게 되었습니다. 통신수단의 발전으로, 이제 목소리보다는 문자로 마음을 전하는 시대가 도래했습니다. 흥미로운 반전이 아닐 수 없는데, 수단은 다양해졌지만 히트한 노래는 의외로 많지 않습니다. 통신수단은 아니지만 공교롭게도 같은 해인 2004년에 발표되어 히트한 다이나믹 듀오의 〈Ring My Bell〉, 지누션의 〈전화번호〉가 좋은 반응을 얻기도 했습니다만, 세대를 넘어서서 깊은 인상을 주지는 못했습니다. 이제 상대에게 연락을 할 때는 전화 외에도 이메일, SNS, 메신저 등 다양한 형태로 의사를 전달할 수 있기에 통신수단에 대한 절실함은 별로 없어서일까요? 이제 수화기를 붙들고 상대의 목소리만이라도 듣고 싶어하던 절실함은 옛말이 되어버렸습니다.

가수 신해철은 〈내 마음 깊은 곳에 너〉 신해철 작사·작곡·노래를 발표하면서 자신의 절실함을 전화로 전달해보려는 마음을 담은 노래를 만들었는데 비슷한 경험을 해본 사람이라면 첫 가사에서 깊은 울림을 받게 됩니다. 이 노래는 1991년 발표되었지만 언택트 untact 시대에 오히려 더 공감을 불러일으킬 노래로 해석될 수 있습니다. 남자는 미래를 함께 해보자고 말하고 싶었지만 여자에게 직접 말하지 못한 채 고뇌만 하고 있지요. 그리고 얼마 후 여자에게 함께 하자는 결심을 전하려고 수화기를 든듭니다. 하지만 그녀는 이미 떠나버리고 없음을 알아차리고 수화기를 놓습니다. 하지만 언젠가 돌아올 그녀를 위해 남자는 다시는 널 혼자 두지 않을 것이며, 눈을 감을 때까지 널 지켜주겠다고 다짐합니다. 신해철은 그 당시에 이미 언택트 시대를 예견한 것일까요?

🎵

너에게 전화를 하려다 수화기를 놓았네
잠시 잊고 있었나봐 이미 그곳에는 넌 있지 않은걸
내 마음 깊은 곳의 너
마지막 작별의 순간에 너의 눈 속에 담긴
내게 듣고 싶어 한 그 말을 난 알고 있었어 말하진 못했지
내 마음 깊은 곳의 너

너에게 내 불안한 미래를 함께하자고 말하긴 미안했기에

내게로 돌아올 너를 또 다시 혼자이게 하지는 않을 거야

내 품에 안기어 눈을 감을 때 너를 지켜줄 거야

언제까지나 너를 기다려

내 마음 깊은 곳의 너

〈내 마음 깊은 곳의 너〉 중에서

**Listen to the Music!**

▶ 공일오비 〈텅 빈 거리에서〉

▶ 신해철 〈내 마음 깊은 곳의 너〉

**연락되지 않는 휴대전화는 고문도구**

"인파에 묻혀 수화기를 들었네 / 오늘도 그 마음은 통화중 / 친구를 시켜 다시 한 번 걸었네 / 여전히 그 마음은 통화중." 1980년대 인기를 끌었던 3인조 댄스그룹 소방차의 〈통화중〉의 한 대목입니다. 무언가 실수를 저지른 남성이 애인에게 전화를 걸어 화해와 용서를 시도하려 하지만, 토라진 여성은 통화중인지 전화를 아예 받지 않습니다. 어쩌면 전화를 받지 않으려고 아예 수화기를 어딘가에 던져놓고 계속 통화중인 상태로 만들었는지도 모릅니다. 수화기 너머로 들려오는 '통화중'이라는 메시지는 남성에게 큰 고통으로 다가올 것입니다. 언제쯤 그녀는 화를 가라앉히고 남성의 전화를 받아줄까요?

연인에게 있어 소통은 관계를 유지하는데 필수적인 요소지요. 소통이 없으면 상대에게 마음을 전할 수도 없고 애정을 나눌 수도 없습니다. 소방차의 〈통화중〉처럼, 소통이 단절되면 애정전선에 이상이 생겼다는 신호입니다. 《주역周易》에 이런 말이 나옵니다. "궁즉통 통즉변 변즉구窮則通 通則變 變則久" 궁하면 통하고 통하면 변하고 변하면 오랫동안 지속될 수 있다는 뜻입니다. 사람의 몸도 혈액이 통通하면 막힘이 없어서 건강하게 오래 살 수 있습니다. 이 논리는 인간관계에도 그대로 적용됩니다. 인간관계도 소통이 원활하면 막힘이 없어서 오래 지속될 수 있지요. 반면에 소통이 되지 않으면 어떻게 될까요? 막혀서 아픈 곳이 생깁니다. 소통이 잘되지 않아서 대화가 단절되면 관계는 병들고 맙니다. 말하자면, 소통의 수준이 곧 관계의 수준입니다. 남성의 전화를 받지 않는 여성은 지금 연인 관계를 청산하고 싶어 하는지도 모릅니다. 남성에게는 이른바 '비상사태'일 텐데 달리 어쩔 도리가 없습니다. 그녀가 아예 전화조차 받지 않으니 말이지요.

인간은 생활의 편리함을 위해 여러 도구를 발명했습니다. 이를 두고 사람들은 "문명의 이기利器"라 부릅니다. 문명의 이기는 말 그대로, 인간의 삶을 이롭게 하려고 만들어진 물건을 뜻합니다. 전화기도 그중 하나지요. 과거 전화기가 없는 시절, 연인끼리 마음을 전하기 위해서는 직접 손편지를 쓰고 우체통에 넣은 뒤 하염없이 기다렸습니다. 상대가 그 편지를 받고 읽고 답장을 써서 다시 우체통에 넣어야 그로부터 며칠 뒤 고대하던 답장을 손에 쥘 수 있었지요. 말하자면, 서로의 마음을 한 번 주고받으려면 족히 십수 일은 걸렸습니다. 그런데 전화기가 발명되면서 연인 사이의 거리는 한층 가까워졌어요. 이제 수화기만 들면 연인과 연결이 가능하고 마음을 전할 수 있게 되었지요. 전화기가 휴대전화로 바뀐 후로는 실시간 소통이 가능해졌습니다다.

휴대전화는 연인들의 관계를 더욱 친밀하게 만들었을까요? 안타깝게도 그런 증거는 찾아보기 어렵습니다. 휴대전화가 보급되면서 연인들은 자신이 원하는 때에 언제든지 연락할 수 있게 되었습니다. 상대가 뉴

욕에 있건 파리에 있건 남미에 있건, 장소 불문하고 연결이 가능해졌지요. 아침이건 저녁이건 한밤중이건 애인 사이라면 시간적 구애도 받지 않습니다. 휴대전화라는 문명의 이기가 공간적 시간적 제약을 없애버렸기 때문입니다. 그런데 상시 연결이 가능한 휴대전화가 편리함만 가져다준 것은 아닙니다. 때로는 전화기가 고통을 가져다주기도 합니다.

휴대전화는 연인 사이에 마음을 전하는 수단이 되기도 하지만 때로는 감시도구가 되기도 합니다. 휴대전화는 연인의 활동 반경을 제약했습니다. 다양한 어플리케이션을 장착한 고성능 휴대전화는 상대방의 일거수일투족을 실시간으로 확인할 수 있게 만들어주었지요. 그 결과 연인들은 서로가 서로에게 마치 '부처님 손바닥 안에 든 손오공' 신세가 되었습니다. 휴대전화가 연인 사이를 더욱 강하게 연결하기도 했지만, 서로의 생활상을 속속들이 알게 만듦으로써 자유를 제한하기도 했습니다. 하지만 강한 결속은 강한 구속의 다른 말이기도 합니다. 상대에게 자신의 행동이 낱낱이 까발려지는 상황은 애정보다는 피로감으로 작용할 가능성이 높지요. 아무리 연인 사이라도 지나친 관심은 자칫 구속이나 억압으로 변질될 수 있기 때문입니다.

휴대전화가 때로는 고문도구로 돌변하기도 합니다. 알랭 드 보통은 《왜 나는 너를 사랑하는가》에서 이렇게 썼습니다. "전화기는 전화를 하지 않는 연인의 악마 같은 손에 들어가면 고문도구가 된다." 분명히 전화를 할 수 있는 상황임에도 아무런 연락이 없거나 전화를 받을 수 있는데도 받지 않는다면 이는 필시 중대한 사고이거나 상대가 크게 토라진 상황입니다. 전화가 없던 시절이라면 '무소식이 희소식'이라며 넘어갈 수도 있겠지만 휴대전화가 생긴 후부터 무소식은 사달이 날 징조입니다. 소방차의 〈통화중〉에서 남성은 지금 상대로부터 고문을 당하고 있는 셈이지요. 이처럼 문명의 이기인 휴대전화는 현대인에게 행복보다는 고통과 절망을 안겨주었습니다.

　　모든 면에서 탐욕스러운 인간은 문명의 이기를 끊임없이 발전시켰습니다. 전화기도 예외는 아니지요. 과거 집집마다 한 대씩 있는 전화기는 일정 부분 제약이 있었습니다. 수신자가 전화기 곁에 있어야 통화가 가능했기 때문입니다. 하지만 휴대전화로 발전하여 그러한 공간적 제약이 사라지면서 언제 어디서나 통화가 가능해졌습니다. 이제 휴대전화는 진화를 거듭하여 스마트폰이라는 새로운 도구로 발전했습니다. 스마트폰의 등장으로 인해 주고받을 수 있는 정보의 양이나 내용이 엄청나게 증가했습니다. 이제 연인들은 스마트폰을 통해 음성뿐만 아니라 사진이나 동영상 등 다양한 시각적 이미지를 교환할 수 있게 되었습니다.

　　휴대전화가 스마트폰으로 진화함으로써 사용자는 무엇이 달라졌을까요? 주로 사용하는 감각이 달라졌습니다. 2G폰이라 불리는 휴대전화가 청각을 사용하는 매체라면 스마트폰 사용자는 청각뿐만 아니라 시각을 사용합니다. 청각보다는 시각이 주된 감각입니다. 즉 휴대전화가 듣는 매체라면 스마트폰은 보는 매체에 속합니다. 이제 우리는 연인의 음성을 '듣는' 게 아니라 연인의 일거수일투족을 '보는' 시대를 살고 있습니다. 과거에는 연인에게 사랑을 '들려줘야' 했다면, 지금은 연인에게 사랑을 '보여주어야' 하는 시대인 것이지요.

　　감각의 관점에서 생각해보겠습니다. 인간에게는 다섯 가지의 감각, 오감五感이 있습니다. 시각, 청각, 촉각, 후각, 미각 등이 그것입니다. 앞서 말했듯, 휴대전화는 청각을 사용하는 매체라면, 스마트폰은 시각을 사용하는 매체입니다. 우리가 어떤 매체를 사용하는가에 따라서 주로 사용하는 감각이 달라집니다. 휴대전화가 스마트폰으로 진화하면서 사람들은 청각보다는 시각을 월등히 많이 사용하게 되었습니다. 흔히 사람들이 사용하는 감각에도 수준 차이가 있다고 합니다. 시각과 청각을 비교해보겠습니다. 둘 중 어느 쪽이 더 높은 수준의 감각일까요? 사람들은 흔히 청각보다는 시각이 더 고급 감각이라고 생각하는 경향이 있습니다. 아무래도 시각적 이미지가 더 화려하고 자극적이기 때문입니다. 하지만 정답은 청각입니다. 청각이 시각보다 높은 수준의 '고급진' 감각입니다. 왜 그럴까요?

불교에는 여러 종파가 있는데, 대승불교 학파 중에서 '유식불교唯識佛敎'라는 종파가 있습니다. 유식불교에서는 인간의 마음의 구조를 상세하게 논했는데, 그중 '팔식설'이라는 게 있습니다. 팔식설八識說은 '인간의 마음을 구성하는 여덟 가지 의식'을 말하는데, 1식이 가장 낮은 의식이고 8식이 가장 높은 의식이에요. 여기서 높다는 말은 마음과 가깝다는 뜻인데, 높은 의식일수록 마음에 가장 가깝게 전달된다는 의미입니다. 유식불교의 팔식설에서 가장 낮은 의식이 바로 '눈의 의식'입니다. 두 번째는 '귀의 의식'이며, 그다음으로는 '코의 의식, 혀의 의식, 신체의 의식' 순으로 올라갑니다. 오감으로 말하면, 시각이 제일 낮고 그다음이 청각, 후각, 미각, 촉각 순입니다.

각종 시각적 이미지를 소비하는 데 익숙해진 현대인이라면 팔식설에서 제시한 감각의 순서에 고개가 갸웃거려질 수도 있습니다. 하지만 곰곰이 생각해보면 팔식설의 순서에도 일리가 있습니다. 예를 들어보겠습니다. 가령, 남녀가 맞선을 보기 위해 처음 만났다고 하지요. 남녀는 상대를 알기 위해 모든 감각을 동원할 것입니다. 이때 오감 중에서 가장 먼저 사용하는 감각은 무엇일까요? 대부분 시각으로 시작합니다. 처음 만나면 자기도 모르게 일단 상대방을 눈으로 '쓱~' 하고 한번 훑어봅니다. 그런 다음, 조금 친해지면 대화를 시도하지요. 2단계인 청각을 사용하는 것입니다. 거기서 더 친해지면, 가까이 다가가서 상대의 체취를 맡고(후각), 더 친해지면 키스도 하고(미각), 포옹도 합니다(촉각). 이런 식으로 순서를 밟아 나가는 것이 상식이에요. 즉 상대와의 친밀도에 따라 시각, 청각, 후각, 미각, 촉각 순으로 진도를 나갑니다. 이처럼 관계의 수준에 따라 낮은 감각에서부터 시작해서 친밀도가 높아감에 따라 높은 수준의 감각으로 나아가는 것이 상례입니다.

만약 이 순서를 지키지 않고 거꾸로 하면 어떻게 될까요? 가령, 처음 만난 남자가 갑자기 3단계인 후각부터 사용하려고 여성에게 코를 들이대고 킁킁거리면 어떻게 될까요? 변태나 이상한 사람 취급당하기 쉽겠지요. 서로 친해지지도 않은 상태에서 갑자기 고급 감각을 사용하면 상대방이 불쾌해할 수도 있습니다. 사용하는 감각이 서로 간의 친밀도와 어울리지 않기 때문이지요. 이는 역으로 말하면, 알고 지낸 지 오래되었는데도 시각과 같은 낮은 수준의 감각만 사용한다면 그다지 친밀하지 않은 관계라고 볼 수 있습니다. 예컨대, 사귄 지 수년이 지났음에도 포옹이나 키스도 하지 않고 멀찍이 떨어져서 시각으로만 교환한다면 별로 가까운 사이가 아니라고 봐도 무방합니다. 친밀한 사이라면 사용하는 감각의 수준도 높아지기 마련입니다.

아무튼 시각과 청각만 놓고 비교하더라도 시각보다는 청각이 훨씬 고급스러운 감각입니다. 시각보다는 청각이 상대의 마음속 깊은 곳까지 침투할 수 있기 때문입니다. 프랑스 철학자 질 들뢰즈는 시각보다는 청각을 자극하는 일이 더 효과적이라면서 이렇게 말했습니다. "음악은 우리 내면에 침투한다. 색깔로는 대중을 움직일 수 없다." 시각을 자극하는 색깔보다는 청각을 자극하는 음악이 사람의 정서를 더 잘 자극한다는 뜻이지요. 가령, 공포영화를 볼 때 볼륨을 죽여서 소리가 나지 않게 한 뒤 보면 무서울까요? 별로 무섭지 않습니다. 소리 없는 시각만으로는 내면에 깊이 침투되지 않기 때문이지요. 스피커에서 괴기스러운 음향이 흘러나와야 공포감이 배가됩니다.

색깔보다는 음악, 즉 시각보다는 청각적 요소가 내면에 더 잘 침투한다는 들뢰즈의 주장은 우리가 자주 관찰할 수 있는 것이기도 합니다. 가령, 음악회에서 유명 가수가 노래를 부르면 청중 중에는 눈을 지그시 감고 음악에 심취하는 사람이 있습니다. 심지어 어떤 사람은 노래에 감명을 받아서 눈물을 흘리기도 하지요. 음악이라는 청각 요소가 청중의 마음속 깊이 파고들었기 때문입니다. 그럼, 미술관에서 그림을 감상하면서 눈물을 흘리는 사람도 있을까요? 아마도 미술작품을 보면서 눈물을 흘리는 사람은 거의 없을 것입니다. 이것만 보더라도 미술보다는 음악이 사람의 정서를 깊이 자극한다는 사실을 알 수 있습니다.

처음으로 돌아가 휴대전화는 연인들의 관계를 좋게 만들었는지에 대해 생각해보겠습니다. 휴대전화, 더 나아가 시각을 자극하는 스마트폰은 연인들의 관계를 더욱 애정이 넘치게 만들었을까요? 여기에 대해서는 대체로 부정적인 답을 내릴 수밖에 없습니다. 앞서도 언급했듯, 스마트폰의 활용으로 인해 주로 사용하는 감각이 시각 위주로 바뀌었기 때문입니다. 가장 낮은 감각인 시각으로만 소비하는 습관으로 인해 우리는 연인끼리도 정서를 교환하거나 깊이 교감하는 일이 점점 어려워졌습니다. 연인과 깊은 관계를 맺기 위해서는 스마트폰을 내려놓고 청각, 후각, 미각, 촉각 등 높은 수준의 감각을 활용하는 시간을 더 많이 가져야 합니다.

독일의 소설가인 루이제 린저Luise Rinser가 어딘가에서 이런 말을 했습니다. "언어는 종종 소통의 수단이 아니라, 단절의 수단으로 절감된다." 루이제 린저의 말은 휴대전화에도 그대로 적용됩니다. 휴대전화는 종종 소통의 수단이 아니라 단절의 수단이 됩니다. 특히 발전된 문명의 이기인 스마트폰은 점점 소통보다는 단절을 가져올 가능성이 높습니다. 스마트폰은 종종 연인끼리 깊은 교감을 나누는 것을 방해하지요. 남녀가 커피숍에서 마주 앉아서 각자 스마트폰을 보고 있다면 곧 헤어질 가능성이 농후하다고 보아도 크게 틀리지 않습니다. 아니면 상대에 대한 감정이 시들해졌을 수도 있습니다. 둘 중 하나이거나 둘 다일 가능성도 높습니다. 그 상태는 소방차의 〈통화중〉에서 수화기를 들고 기다리는 연인들보다 더욱 마음과 마음이 멀어진 관계이기 때문입니다. 과거 전화기는 연인 사이를 연결해주었지만 오늘날 스마트폰은 연인 사이를 갈라놓고 있는지도 모릅니다.

# 낙엽 따라 이별하기

## 잊히지 않는 가을 노래, 〈잊혀진 계절〉

여러분에게 최고의 가을 노래는 무엇인가요? 아마도 연령대에 따라서 박일남의 〈갈대의 순정〉에서부터 아이유의 〈가을 아침〉까지 다양할 것입니다. 한국인의 가을 노래로 선정될 수 있는 가장 객관적인 노래가 한 곡 있습니다. 바로 이용의 〈잊혀진 계절〉입니다. 이 곡은 가사 "지금도 기억하고 있나요. 10월의 마지막 밤을" 때문에 1982년 발표 이후에 현재까지 매년 10월 31일이면 방송에서 빠지지 않고 소개되는 불멸의 노래가 됐습니다. 과거 라디오방송국에서 LP로 노래를 틀어주던 시절, 10월 31일이 되면 PD들이 이용의 음반을 재빨리 차지하기 위해 쟁탈전을 벌였다는 일화는 〈잊혀진 계절〉의 인기를 가늠할 수 있게 합니다. 아마 방송 횟수만으로 따지면 가장 많은 송출이 있었을 것으로 추정되는데, 아직까지 이 곡을 이겨낸 노래를 없는 것 같습니다. 언제쯤 대작사가 박건호의 걸작을 넘어서는 노래가 나올 수 있을까요?

재미있는 점은 불멸의 가사 '10월의 마지막 밤'은 원래 '9월의 마지막 밤'이었다는 사실입니다. 노래의 제목이 바뀐 이유는 당초 8월에 예정이었던 레코드 녹음이 늦어지는 바람에 발매 일정에 맞추어 10월로 변경했기 때문이었습니다. 노래를 부른 가수도 바뀌었지요. 원래 이 곡은 가수 조영남이 부르기로 했었는데, 음반사와의 계약문제로 부를 수 없게 되자 이용에게 돌아간 것이었습니다. 생각해볼까요. 이 곡을 조영남이 불렀다면 어떻게 되었을까요? 그리고 9월의 마지막 밤으로 발표되었다면 지금과 같이 긴 생명력을 가진 노래가 과연 될 수 있었을까요?

심수봉의 기 막힌 이야기도 있습니다. 1979년 10월 26일 늦은 저녁, 가수 심수봉은 청와대 궁정동 안가에 불려가 박정희 대통령 앞에 차려진 술상 끝에 자리 잡았습니다. 잠시 후 22세 여대생 신재순이 들어와 앉았고, 심수봉의 반주에 맞추어 신재순은 〈사랑해〉를 부르고 있었습니다. 하루의 피로를 푸는 자리 같았지만 왠지 스산함도 함께 있었던 방 안에서 갑작스레 몇 발의 총성이 울렸습니다. 대한민국 현대사의 격동기를 알리는 박정희 대통령 암살 사건이 벌어진 겁니다. 이 거대한 정치 사건의 현장에 있었던 심수봉은 큰 충격으로 한동안 침잠할 수밖에 없었고, 이후 정보기관의 블랙리스트에 올라 마음대로 활동할 수도 없는 처지가 되었습니다.

그녀가 겪은 일은 누구도 예상치 못한, 천재지변에 비견할 만한 사건이었기에 조금만 기다리면 천직이었던 가수 생활로 다시 돌아올 날이 있을 것으로 믿었습니다. 그녀는 기회를 보면서 서서히 재기를 준비하고 있었지요. 그렇게 홀로 집에서 칩거하며 기다리던 심수봉은 1980년 뜻밖의 제안을 받게 됩니다. 박호태 감독의 영화 〈아낌없이 바쳤는데〉에서 배우로 출연함과 동시에 주제가도 함께 불러달라는 제안이었습니다. 톱스타인 유지인과 신영일이 주연한 영화에 심수봉이 직접 출연까지 했기 때문에 개봉부터 상당한 화제를 모았고, 심수봉이 부른 영화의 삽입곡 〈순자의 가을〉심수봉 작사·작곡·노래은 인기의 조짐을 보이고 있었습니다.

그렇게 조금씩 가요팬들에게 인지도를 쌓아가던 어느 날 〈순자의 가을〉이 금지곡으로 지정되었다는 통보를 받았습니다. 이유는 '순자'라는 이름이 당시 전두환 대통령의 영부인의 이름과 같다는 이유 때문이었지요. 당시 전두환은 자신과 닮은 배우도 TV에 출연하지 못하게 했고, '순자'라는 이름이 들어간 영화나 노래 등 모든 것들을 금지시켰습니다. 이 때문에 재기를 꿈꾸던 심수봉을 비롯한 많은 사람이 무고한 피해를 보게 되었습니다. 아무튼 금지곡 판정은 10·26사태 이후에 천신만고 끝에 재기를 노린 그녀에게 청천벽력 같은 소식이었습니다. 가수에게 금지곡이라는 것은 마치 손발을 자르는 것과 같은 것이었고 심수봉에게 두 번째로 닥친 예상치 못한 난관이기에 아픔은 배가되었지요. 그녀는 다시 한번 방송과 가요계에서 물러나 은둔할 수밖에 없었습니다. 그렇게 심수봉은 대중들 사이에서 잊히는 듯했습니다.

🎵

묻지 말아요 내 나이는 묻지 말아요
올 가을에 사랑할 거야
나홀로 가는 길은 너무 쓸쓸해 너무 쓸쓸해
창밖에 눈물짓는 나를 닮은 단풍잎 하나 아!
가을은 소리 없이 본체만체 흘러만 가는데

〈순자의 가을〉 중에서

그렇게 심수봉이 활동을 금지당한 지 3년 후인 1983년 가을, 가수 방미는 6집을 준비하면서 타이틀 곡을 〈올 가을엔 사랑할 거야〉로 정했습니다. 이 곡은 트로트 성향의 성인가요이자 가을을 소재로 한 우수 있는 노래로서 KBS TV 〈가요톱10〉 5주 연속 1위를 차지했고, 그로 인해 방미는 연말 MBC 10대 가수에 오르기도 했지요. 방미에게 〈계절이 두 번 바뀌면〉의 히트 이후 인기를 이어나갈 수 있게 해준 이 곡의 앨범에는 '작곡 심미경'으로 표기되어 있었는데, 사람들은 그가 누구인지 눈치채지 못했습니다. 알고보니 심미경은 가수 심수봉의 다른 이름이었습니다. 〈올 가을엔 사랑할 거야〉는 심수봉의 기 발표된 노래 〈순자의 가을〉을 가사를 조금 고쳐 다시 부른 것인지도 사람들은 알아채지 못했습니다. 하지만 방미가 부르는 〈올 가을엔 사랑할 거야〉의 도입부에는 허밍이 등장하는데, 아마도 귀 밝은 심수봉이 팬이었다면 그녀의 소리인 줄은 눈치챌 수도 있었을 것입니다. 하지만 당시의 분위기로서는 심수봉의 코러스를 발설하면 안 되었기 때문에 조용히 넘어갈 수밖에 없었지요. 아무튼 이 곡의 히트는 〈그때 그 사람〉 이후 묻혀 있었던 심수봉의 실력을 다시 한 번 입증한 계기가 되었으며 〈순자의 가을〉이 금지되었던 한을 풀 수 있었습니다.

사람들은 왜 〈올 가을엔 사랑할 거야〉를 두 번이나 좋아했던 것일까요? 노래의 인기 이유를 찾는 데 가장 중요한 것은 뭐니 해도 귀를 잡아끄는 멜로디임을 부인할 수 없습니다. 〈올 가을엔 사랑할거야〉는 트로트와 성인가요의 어딘가로 우리를 끌고 가는 매력을 가진 노래입니다. 심수봉은 주류 가요계에 진출한 후 곧바로 히트곡을 여럿 내면서 1980년대 대중들이 어떤 멜로디를 좋아하고 있는지 명확히 알고 있었습니다. 또한 노래를 만든 1980년대 상황도 생각해보겠습니다. 일반인들에게는 쉽게 벌어지지 않는 고통스러운 사건을 겪은 30세 여성이 "내 나이도 묻지 말아 달라" "올 가을엔 사랑하겠다"고 애원하는 모습 속에 그녀가 겪었던 깊은 슬픔을 사랑으로 해결하고 싶은 욕구로 해석해도 무방할 듯합니다.

한편, "나이를 묻지 말아 달라"는 표현에서 우리는 당시의 사회상을 엿볼 수 있습니다. 바로 연상연하, 노처녀, 노총각에 대한 편견이 남녀가 만나는 데 매우 중요한 영향을 미쳤음을 알 수 있습니다. 지금이야 나이가 무슨 상관이냐 하겠지만 당시에는 여성이 나이가 많거나, 남녀 나이가 30세가 넘는 경우에는 보통 '무슨 문제가 있는 사람'으로 인식되는 경우가 상당히 많았습니다. 즉 〈올 가을엔 사랑할 거야〉는 연상연하, 나이차이가 많이 나는 커플, 결혼 못한 노땅들에게도 폭넓은 지지를 받을 수 있는 그런 곡이라고 흥미롭게 해석해볼 수 있겠습니다.

1970~1980년대는 가을 노래가 많이 나왔는데 1983년에 발표된 패티김의 〈가을을 남기고 간 사랑〉도 오랫동안 사랑받은 명곡입니다. 한국가요계에서 최고의 사랑을 꼽는다면 아마도 길옥윤과 패티김의 만남과 이별이라고 해도 과언이 아닐 것입니다. 당시 두 사람은 세간에 관심이자 부러움의 대상이었습니다. 하지만 그들은 1973년 이혼하고 말았고 길옥윤은 일본으로, 패티김은 미국으로 떠났습니다. 그리고 10년 후 패티김은 박춘석의 곡을 받아 〈가을을 남기고 간 사랑〉을 발표했습니다. 패티김의 마음 속에 남겨진 가을은 과연 무엇이었을까요?

한편 1980년대 후반 서울 대학로 소극장의 인기가수 중에는 단연 김광석이 돋보였습니다. 그는 동물원의 멤버로서 또한 통기타 가수로서 젊은 층의 열렬한 지지를 받고 있었습니다. 그가 부른 〈흐린 가을 하늘에 편지를 써〉는 1980년대와 1990년대를 관통하며 20대를 보낸 청년들의 가을 애창곡이었지요. 김창기가 작사·작곡한 이 노래는 1988년 동물원 2집에 수록되어 명곡으로 남았습니다. 노란색 바탕의 동물원의 음반은 마치 비민주적이었고 혼탁한 한국사회와 거리를 두는 듯 순수함을 한껏 느낄 수 있습니다. 동물원의 1, 2집은 노래 실력이나 반주, 심지어 녹음에서 아마추어적인 측면이 있었으나 이러한 모습이 오히려 젊은 층을 매료시켰습니다.

〈흐린 가을에 편지를 써〉만큼이나 가을에 사랑받는 노래는 윤도현이 부른 〈가을 우체국 앞에서〉라고 해도 이견이 없을 것 같습니다. 제목에서부터 가을이면 그리운 사람에게 편지 한 통 써야 할 것 같은 분위기를 자아내는 이 곡은 윤도현의 대표 히트곡 중 하나지요. 윤도현은 경기도 파주시 문산읍에 위치한 세탁소집 아들로 태어나 일찍이 가수 김현성이 주도했던 일산, 파주의 노래동아리 종이연에서 활동을 시작했습니다. 이후 김현성은 〈가을 우체국 앞에서〉를 비롯해 〈이등병의 편지〉를 만든 작곡가로 성장했고, 종이연의 객원 싱어 중에는 유리상자의 박승화도 있었습니다. 종이연은 1992년 한 장의 음반을 발표했는데 그 안에 〈가을 우체국 앞에서〉의 최초 버전이 수록돼 있습니다. 당시 이 노래는 종이연의 멤버 이승현이 가장 먼저 불렀습니다. 그리고 윤도현이 1994년 1집을 발표하면서 다시 〈가을 우체국 앞에서〉를 발표해 히트한 것입니다.

가을 얘기가 깊이 있게 흐르니 1990년대 발매된 노래 중에서 양희은의 〈가을 아침〉이 빠지면 안 될 듯합니다. 양희은은 1983년 난소암을 극복하고 남편과 함께 미국으로 떠나 슈퍼마켓을 경영하며 자리를 잡고 있었습니다. 하지만 양희은에게 음악은 떼려야 뗄 수가 없는 한 몸과도 같았고, 결국 음악은 그녀를 다시 소환했습니다. 양희은은 오스트리아 비엔나에서 유학중이던 기타리스트 이병우를 찾아 음반기획을 부탁했지요. 이병우는 양희은의 재기를 위해 곡을 만들어 미국으로 떠났습니다. 미국에서 조우한 두 사람은 재즈계에서 이름 있는 명프로듀서

제랄 벤자민Jeral Benzamin을 선임하고 40일간의 연습 후 녹음에 들어갔습니다.

그렇게 발매된 《양희은 1991》은 이례적으로 이병우의 클래식 기타반주로만 녹음된 특별한 앨범이었습니다. 이 음반에서는 〈사랑 그 쓸쓸함에 대하여〉가 사랑을 받았는데, 댄스뮤직과 발라드에게 자리를 내주며 대중들로부터 멀어진 포크음악에 대한 향수를 상기시켜준 음반으로서 기록됩니다. 2017년 9월 가수 아이유는 앨범 《꽃갈피 둘》을 발표하면서 이 음반의 수록곡 〈가을 아침〉을 다시 리메이크하여 타이틀곡으로 발표했는데 곧바로 음원차트에서 1위를 하며 크게 히트했습니다. 〈가을 아침〉은 양희은 버전은 크게 주목받지 못한 노래였지만, 아이유가 다시 부르며 새롭게 탄생한 곡이라 하겠습니다.

가을 노래의 향연은 여기서 끝나지 않습니다. 낙엽이 우수수 떨어질 때 시작하는 우수의 노래로는 유주용의 〈부모〉1969(이 곡은 겨울노래이기도 하지요)로 시작하여 최헌의 〈가을비 우산속〉1978이나 유열의 〈가을비〉1987, 〈찬바람이 불면〉1990 같은 노래들도 꼽을 수 있는데, 비가 내리거나 찬바람이 불기 시작하는 가을날이면 라디오 리퀘스트에 늘 오르는 곡들입니다. 또한 뛰어난 실력과 감각으로 가요계에 혜성처럼 등장한 악동뮤지션의 〈시간과 낙엽〉2104도 빼놓을 수 없는 작품입니다.

그리고 무엇보다도 사람들의 가슴 속에 있기에 언급하지 않으면 안 되는 노래는 바로 이문세의 〈가을이 오면〉1987이 아닐까 싶습니다. 작곡가 이영훈과 만나 발표한 두 번째 음반인 이문세의 4집은 무려 285만 장이나 팔려나가며 얼마 후 변진섭으로 이어지는 팝 발라드의 시대를 열었다고 해도 과언이 아닙니다. 때문에 수록곡 〈가을이 오면〉은 성인가요와는 확연히 다른 세련된 발라드로서 가을이면 자연스럽게 흥얼거리게 됩니다.

봄은 여자의 계절이라면 가을은 남자의 계절이라고들 하지만 언급된 히트곡을 보면 그러한 공식에 의문을 가지게 됩니다. 왜냐하면 여성 가수들이 부른 가을 노래도 꽤 히트했기 때문이지요. 또한 악동뮤지션이 부른 노래도 있고, 아이돌 그룹이 부른 가을 노래도 많습니다. 가을은 남자의 계절이라는 공식은 고정관념의 산물이 아닐까 합니다. 아무튼 가을이 되어 떨어지는 낙엽을 보면서 쓸쓸함에 젖는 감정은 남성들의 전유물이 아닌 것만은 분명합니다. 가을 노래가 남성 가수만의 전용 레퍼토리가 아니듯이 말이지요.

**Listen to the Music!**

▶ 심수봉 〈순자의 가을〉

▶ 방미 〈올 가을엔 사랑할 거야〉

▶ 아이유 〈가을 아침〉

**낙엽이 지면 사랑도 간다**

늦은 가을 오후, 아이가 묻습니다. "아빠, 나뭇잎은 왜 땅에 떨어지나요?" 아빠가 답했습니다. "학교에서 만유인력의 법칙을 안 배웠니?"

이렇게 답하는 아빠가 있을까요? 있다면, 그 아빠는 "찬 바람이 싸늘하게 얼굴을 스칠" 때 "따스했던 그녀의 두 뺨이 그리워지"는 경험을 못 해본 사람일 것입니다. "낙엽이 지면 꿈도 따라가는 줄"도 모를 겁니다. 한마디로 〈낙엽 따라 가버린 사랑〉에 대한 추억이 없는 사람인 거지요. 낙엽이 지는 현상을 두고 물리법칙으로만 이해하는 사람이 제대로 된 사랑을 할 수 있을까요? 사랑의 그리움을, 그 쓸쓸함을, 그 아련함을 알기나 할까요? 아마도 그는 사랑도 인생도 그리움도 모르는 무미건조한 사람일 가능성이 농후합니다.

낙엽落葉은 '떨어진 나뭇잎'입니다. 지기 전까지는 나무와 한 몸이었지요. 동장군이 물러가고 산천에 봄기운이 스며들기 시작하면 초목에

새싹과 새잎이 돋아납니다. 한여름 정오의 태양이 절정에 이르면 한껏 푸르름을 자랑하던 나뭇잎도 가을이 되면서 색색 빛깔로 색상을 뽐내다가 마침내 낙엽이 되어 흙으로 돌아갑니다. 이러한 나뭇잎의 순환 주기는 사람의 생명주기와 닮아 있습니다. 인간도 탯줄을 끊고 세상 밖으로 나온 뒤 유아기와 유년기, 청소년기를 거쳐 어른이 되고 중년과 노년을 지나서 일생을 마감합니다. 이처럼 나뭇잎이 낙엽이 되어 떨어진다는 것은 생의 종말, 즉 죽음을 의미하기도 합니다.

낙엽과 생의 비유는 미국 작가 오 헨리의 소설 〈마지막 잎새〉에 잘 나타나 있습니다. 대략적인 줄거리는 이렇습니다. 폐렴에 걸려 시한부 선고를 받은 존시는 죽음을 눈앞에 두고 있지요. 그녀는 창밖으로 보이는 담쟁이덩굴 잎을 보면서 그 잎이 모두 떨어진다면 본인도 죽을 것으로 생각했습니다. 그녀의 아래층에 살고 있던 원로 화가 베이먼은 존시가 잎이 떨어지면 죽는다는 소문을 들었지만 터무니없는 이야기라고 일축했습니다. 그날 밤 비바람이 세차게 불었지요. 아침이 되자 담쟁이덩굴 잎은 모두 떨어지고 마지막 한 장만 남았습니다. 마지막 남은 잎새마저 떨어지면 존시의 생도 마감될 것입니다. 다음 날 밤에도 심한 비바람이 몰아쳤습니다. 하지만 마지막 남은 잎새는 여전히 담장에 붙어 있었습니다. 이것을 본 존시는 기력을 되찾았지요. 존시가 본 마지막 잎새는 베이먼이 그녀를 위해 담장에 붓으로 정밀하게 그린 것이었습니다. 그로 인해 존시는 기적적으로 완쾌되었지만, 차가운 비바람을 맞으며 밤새 잎을 그렸던 베이먼은 폐렴으로 이틀 만에 죽고 말았습니다. 베이먼은 마지막 잎새 때문에 죽음을 맞았지만, 존시는 새 생명을 얻은 것이지요. 오 헨리의 소설에서 마지막 잎새는 죽음과 동시에 새로운 생명의 탄생을 내포하고 있습니다.

우리는 흔히 잎이 떨어지는 모습을 보면서 쓸쓸한 기운에 휩싸일 때가 있습니다. 나뭇잎에서 생명의 기운이 빠져나가서 죽었고, 그 잔해가 낙엽이 되어 땅에 떨어진다고 생각하기 때문이지요. 즉 나뭇잎이 생명이라면 낙엽은 죽음을 상징합니다. 하지만 누군가의 죽음은 새로운 생명의 탄생을 예비하는 것이기도 하지요. 생명의 순환 주기를 마무리한 나뭇잎은 낙엽이 되어 땅에 떨어지지만, 그곳에서는 새로운 생명의 사이클이 시작됩니다. 떨어진 낙엽은 유기물의 화학작용을 거쳐서 수많은 생명체의 성장발육을 돕는 퇴비가 되어 새로운 삶을 이어나갑니다. 낙엽이 없다면 땅에 뿌리를 내리고 살아가는 생명체는 모두 제대로 성장할 수 없을 것입니다. 결국 낙엽은 죽음이 아니라 새로운 탄생이지요. 생명의 끝이 아니라 새로운 시작입니다.

〈마지막 잎새〉에서 존시는 낙엽을 보면서 자신의 죽음을 예감했지만, 대부분의 사람은 낙엽을 보고 죽음까지 생각하지는 않습니다. 살아 있는 생명체가 삶 너머에 있는 죽음을 떠올리는 일은 그 자체로 엄청난 고역이기 때문입니다. 인간은 본디 죽음을 부정하고, 가까이하려 하지 않아요. 소설가 앙드레 말로Andre Georges Malraux의 표현을 빌리면, "모든 인간은 운명적으로 자신의 한계인 죽음에 항거하는 '반 운명적' 동물"입니다. 문화인류학자 어네스트 베커Ernest Becker도 《죽음의 부정》에서 비슷한 주장을 한 바 있습니다. "우리는 죽을 운명이라는 것을 객관적으로 알고 있지만, 이 엄청난 진실을 회피하기 위해 온갖 획책을 다한다." 이처럼 우리는 언젠가는 죽는다는 사실을 알고 있지만, 굳이 생각하려 하지 않거나 모른 척 회피하며 살고 있습니다.

나뭇잎의 죽음이 그러하듯이, 인간에게 있어 죽음 또한 부정적으로 해석할 일만은 아닙니다. 사실 삶과 죽음은 그리 멀리 떨어진 개념이 아닙니다. 삶과 죽음은 한 치의 틈도 없이 맞닿아 있지요. 인도의 시인 타고르Rabindranath Tagore가 삶과 죽음이 연결되어 있다면서 이렇게 주장했습니다. "탄생이 삶이듯, 죽음도 삶이다. 드는 발도 걸음이고 내딛는 발도 걸음이다." 삶과 죽음이 가까이 연결되어 있다는 뜻입니다. 삶의 끝이 곧 죽음의 시작입니다. 따라서 삶은 연기된 죽음인지도 모릅니다. 인간이 죽음을 피할 수 없는 운명이라면 살아 있는 동안에 죽음을 생각해보는 것도 나쁘지만은 않을 것입니다. 죽음을 생각하는 일이 삶을 어떻게 살 것인가에 영향을 미치기 때문이지요.

흔히 사람들은 삶과 죽음은 신神이 결정하는 영역이라고 생각하지만 꼭 그렇지만은 않습니다. 세익스피어의 희곡에서 햄릿은 "사느냐 죽느냐, 그것이 문제로다"라는 유명한 말로 삶과 죽음의 문제를 진지하게 고민했습니다. "참으로 진지한 문제는 오직 하나뿐이다. 그것은 바로 자살이다"이라는 말로 시작되는 《시지프 신화》에서 알베르 카뮈는 "인생이 살 가치가 있느냐 없느냐를 판단하는 것이야말로 철학의 근본 문제에 답하는 것이다"라고 단언했습니다. 이처럼 삶과 죽음은 분리된 개념이 아닙니다. 삶과 죽음은 하나입니다. 죽음이 선택이 곧 삶의 선택이기 때문이지요. 누구에게나 언젠가는 닥칠 운명인 죽음을 어떻게 바라보는 것이 좋을까요? 철학자들도 죽음에 대해서 모두 동일하게 사유하지는 않았습니다. 죽음에 대한 철학자들의 관점은 크게 두 가지의 상반된 입장으로 구분할 수 있습니다. "죽음을 무시하며 살라"는 쪽과 "죽음을 숙고하라"는 쪽입니다.

"죽음을 무시하며 살라"고 주장하는 철학계의 대표주자는 에피쿠로스입니다. 그는 죽음에 대해 이렇게 주장했습니다. "죽음은 우리에게 아무것도 아니다. 왜냐하면 우리가 존재하는 한 죽음은 우리와 함께 있지 않으며, 죽음이 오면 이미 우리는 존재하지 않기 때문이다." 철학자다운 명쾌한 논리예요. 죽음은 살아 있는 사람이나 죽은 사람 모두에게 의미 없는 주제입니다. 살아 있는 사람에게는 아직 죽음이 찾아오지 않앉고, 죽은 사람은 이미 존재하지 않기 때문이지요. 에피쿠로스는 "실제로 일어날 시점에 아무런 문제도 야기하지 않을 '어떤 일'을 두고 미리 걱정하는 것은 부질없는 짓"이라고 했습니다. 물론 그가 말한 '어떤 일'이란 죽음을 뜻합니다. 실제 죽음이 찾아왔을 때 그것은 본인에게는 아무런 문제될 것이 없다는 논리예요. 쓸데없는 걱정말라는 소리입니다. 철학자 스피노자도 "자유로운 인간은 결코 죽음을 생각하지 않으며, 그의 지혜는 죽음이 아니라 삶에 대한 성찰이다"라면서 에피쿠로스의 주장에 힘을 실었습니다. 죽음을 생각하기 보다는 삶에 대해 성찰하는 것이 더욱 지혜롭다는 뜻이지요.

"죽음을 숙고하라"고 주장하는 철학자도 있습니다. 독일 철학자 하이데거Martin Heidegger가 대표주자입니다. 그는 죽음에 관한 생각을 넘어 "죽음을 향해 미리 달려가라"고 조언했습니다. 물론 그가 절벽을 향해 달음질하라며 자살을 권유하는 말은 절대 아닙니다. 살아 있는 동안에도 죽음을 염두에 두라는 뜻이지요. 죽음의 가능성을 마음속에 품고 있을 때 오히려 죽음으로부터 자유로워져서 한층 더 삶에 충실할 수 있기 때문입니다. 우리가 넘어설 수 없는 죽음의 가능성 앞에 서면, 여러 가지 현실적 대안 중에서 가장 중요한 것을 선택할 수 있습니다. 가령, 시한부 선고를 받고 3개월밖에 살 수 없는 사람은 남은 시간을 어떻게 보낼까요? 음주가무나 주색잡기로 흥청망청 써버릴까요? 그렇지는 않을 것입니다. 죽음을 눈앞에 두면 남은 생애 동안에 가장 소중하고 의미 있는 일을 선택하게 됩니다. 이처럼 죽음을 숙고하는 것의 가장 큰 장점은 가장 중요한 일에 시선을 돌리게 만든다는 데 있습니다. 결국 죽음은 현실의 여러 가능성 앞에서 올바른 선택을 할 수 있도록 도와줍니다.

에피쿠로스와 하이데거는 서로 다른 주장을 하는 것일까요? 그렇지 않습니다. 얼핏 보면 그들은 서로 다른 주장을 하는 듯 보이지만, 실은 동일한 주장을 하고 있는 셈이지요. 그것은 바로 '현재 삶에 충실하라'는 충고입니다. 에피쿠로스는 현재 삶에 충실하기 위한 방법으로 "죽음을 무시하라"고 말한 반면, 하이데거는 현재 삶에서 중요한 일에 집중하기 위해 "죽음을 숙고하라"고 말한 것입니다. 경로가 다를 뿐 최종 목적지는 동일하지요.

'메멘토 모리memento mori'라는 말이 있습니다. 라틴어로 '죽음을 기억하라'는 뜻이에요. 우리는 왜 죽음을 기억해야 할까요? 그 이유는 자신이 언젠가는 죽을 존재하는 사실을 깨닫는 일이 살아 있는 순간을 가치 있게 만들어주기 때문입니다. 만약 우리가 영원히 죽지 않고 살 수 있다고 가정해보지요. 그것은 축복일까요? 그렇지 않습니다. 만약 우리가 영원히 산다면 지금 당장 가치 있는 일을 할 필요가 없습니다. 새로운 시도를 할 이유도 없지요. 오늘 못하면 내일 하면 되고, 내일 못하면 모레 하면 됩니다. 우리 앞에 시간이 무한정 놓여 있다면 삶의 의미도 가치도 찾기 어렵지요. 결국 우리가 죽지 않고 영원히 산다면 그것은 축복이 아니라 재앙일 가능성이 높습니다. 삶이 유한하기 때문에 우리는 삶의 의미를 생각하고, 가치 있는 활동에 매진할 수 있습니다. 낙엽이 새 생명의 밑거름이 되듯이, 죽음 또한 삶의 의미를 밝히는 등불이 되기도 합니다.

사랑도 마찬가지입니다. '낙엽 따라' 사랑이 떠나가면 남겨진 사람은 실연의 고통에 빠질 겁니다. 이별은 사랑의 끝이자 죽음이에요. 하지만 낙엽이 그러하듯, 사랑의 종말은 또 다른 사랑의 가능성을 품고 있습니다. '시절인연'이란 말도 있듯이, 모든 인연에는 오고 가는 시기가 있지요. 사랑도 그렇습니다. 서로 몰랐던 남남이 인연이 닿아서 만났고 뜨거운 사랑에 빠졌습니다. 미래를 약속하기도 했지요. 하지만 세월이 흘러 서로를 향한 감정이 시들해졌습니다. 이런 경우라면 어떻게 해야 할까요? '검은 머리 파뿌리 될 때까지' 한 번 맺은 인연을 계속 유지해야 할까요? 그렇지 않습니다. 아름다운 기억을 간직한 채 '쿨'하게 헤어지는 편이 더 낫습니다. 왜 헤어져야 할까요? 시절인연이 끝났기 때문입니다. 인연의 끝을 억지로 붙잡고 있으면 모양새만 사나워집니다.

　게다가 인연의 끈을 놓아야 새로운 인연이 생길 수도 있습니다. 모든 사랑의 종말은 새로운 사랑의 출발입니다. 낙엽 따라 가버린 사랑을 영원히 안타까워하고 그리워만 하는 것은 부질없는 일이지요. 울고 불면서 바짓가랑이를 붙잡고 늘어져봐야 소용없습니다. 인연의 끈을 놓지 못해서 새로운 사랑마저 시작하지 못한다면 그것은 인생을 낭비하는 것입니다. 사랑의 마침표는 새로운 사랑의 시작을 알리는 신호이며, 이별은 새로운 만남의 출발점이에요. "사랑이 다른 사랑으로 잊혀지네"라는 가수 하림의 노랫말처럼, 낙엽 따라 가버린 사랑도 새로운 사랑으로 지워야 합니다. 사랑이 축복이 아니듯이 이별도 불행이 아닐 수 있습니다. 늦은 가을 떨어지는 낙엽을 보면서 그리움에 빠지거나 애석해할 필요는 없지 않을까요!